Compliance Program Development and Management: A Practical Legal Guide

변호사가 쓴 컴플라이언스 구축과 운영 실무

신명근

컴플라이언스, 선택이 아닌 생존의 조건

이론이 아닌 실무로, 변호사가 직접 안내하는 컴플라이언스 시스템의 모든 것

현장의 경험으로 쌓아 올린, 진짜 컴플라이언스 구축의 기술

박영사

머리말

이 책의 집필은 동기변호사의 전화 한 통으로 시작되었습니다.

법무팀장으로 근무하던 동기변호사가 컴플라이언스 시스템 구축을 지시받고, 준법지원인으로 근무하던 저에게 자문을 구한 적이 있습니다. 동기에게 나름의 컴플라이언스 시스템의 구축과 운영에 대한 자문을 해주었지만 뭔가 석연치 않았습니다. 예산과 인력 없이 시작한 컴플라이언스 시스템 구축의 고생스러움과 그 결과물의 쓸모없음이 눈앞에 보여 저에게 자문을 구한 동기에게도 회사의 인력 및 예산 지원이 없으면 컴플라이언스 시스템을 시작하지 말 것을 조언하였습니다.

컴플라이언스 시스템은 한 사람의 힘으로 구축해서 운영할 수 있는 시스템은 아닙니다. 적절한 예산과 인력의 지원이 필요합니다. 하지만, 컴플라이언스 시스템을 처음 구축하는 실무자는 그 구성과 규모를 가늠할 수 없어 회사에 예산과 인력의 수요를 요청하기 어렵습니다.

동기와의 대화를 통해 준법통제체제 혹은 컴플라이언스 시스템 구축을 준비하는 과정에서 컴플라이언스 시스템이 어떤 체계를 갖추어야 하는 것이며, 어느 정도 수준의 인적·물적 자원이 소요되어야 하는지 알고 있어야, 컴플라이언스 시스템 구축을 기획하고 시행하는 데 도움이 될 것이라는 생각을 하게 되었습니다. 컴플라이언스 시스템의 규모가 어느 정도인지 알아야 회사에 지원을 요구할 수 있기 때문입니다.

2000년대 이후로 사내변호사들이 회사 내에서 컴플라이언스 시스템을 구축하여 운영하는 등 컴플라이언스 영역에서 활동하고 있습니다. 다만, 본격적인 컴플라이언스 활동을 경험해 보지 못한 사내변호사는 사내변호사의 활동을 통하여 컴플라이언스 시스템을 운영하고 있다는 착각을 하기 쉽습니다. 저 역시 본격적으로 컴플라이언스 시스템을 구축하기 전에는 컴플라이언스 시스템이 어떤 것인지 전혀 알지 못하였고, 제가 수행하는 회사 내부자문과 계약서 검토가 컴플라이언스 활동의 전부라고 생각하였습니다.

사내변호사의 소송관리, 계약서 검토, 기타 자문 등 활동이 컴플라이언스 활동에서 아주 중요한 구성축인 것은 분명하나, 컴플라이언스 활동의 일부일 뿐 전체 컴플라이언스 시스템을 대변할 수는 없습니다. 컴플라이언스 시스템은 사내변호사의 활동을 넘어선 계획, 실행, 점검, 개선의 사이클을 갖춘 시스템으로서 일정한 체계를 갖출 필요가 있고, 그 구축에 별도의 방법론이 필요하기 때문입니다.

컴플라이언스 시스템을 구축하고 운영한 경험이 있는 실무자로서, 앞으로 이 길을 걸으며 고생할 컴플라이언스 실무자들 및 사내변호사들과 컴플라이언스 시스템 구축 과정에서 취득한 노하우와 경험을 나누어 보고자 이 책을 쓰게 되었습니다.

이 책은 이론적 배경, 학문적 성취와는 크게 관계가 없고, 오로지 컴플라이언스 시스템 구축의 경험이 없는 실무자들이 컴플라이언스 시스템 구축을 고민할 때 그 대강을 이해하여 회사에 관련 자원을 요구할 수 있도록 하는 것을 목적으로 하였습니다. 또한, 컴플라이언스 시스템을 구축하면서 컨설턴트에게 묻기 어렵거나 컨설턴트로부터 들을 수 없는 실무적이고 속 시원한 이야기를 전하는 것도 부수적인 목적으로 하였습니다. 저 역시 컴플라이언스 프로젝트 수행과정에서 컨설턴트의 도움을 받았지만, 컨설턴트의 설명만으로는 채워지지 않는 목마름이 있었기 때문입니다.

책의 내용은 가급적 가볍고 쉽게 구성하였고, 컴플라이언스를 구축하려는 법무, 컴플라이언스 기획 관련 부서의 임직원들이 컴플라이언스 시스템의 대강을 이해하고 실무에 바로 사용할 수 있도록 관련 양식, 규정, 프로세스 등을 책에 최대한 많이 밀어넣으려고 노력하였습니다.

저자로서는 이 책이 실무자들에게 컴플라이언스 시스템 구축에 관한 계획을 수립하는 데 기초적인 정보를 제공하거나, 컴플라이언스 시스템 구축 과정에서 실무자들이 참고서 같이 참고삼아 자주 펼쳐보는 용도로 활용되기를 바라며, 이와 함께 컴플라이언스 분야로 활동영역을 넓히고자 하는 사내변호사들에도 도움이 되기를 희망합니다.

한국은 성숙한 자본주의 사회로 나아가고 있습니다. 이에 따라 주식회사에 대한 컴플라이언스 요구는 이미 시작되었습니다. 다가올 미래에는 ESG와 주주친화 경영의 키워드와 같이 회사에 대한 컴플라이언스 요구 메시지가 더욱 구체적이고 명확해질 것이고, 컴플라이언스 시스템의 도입은 선택의 영역에서 필수의 영역으로 전환될 것입니다. 그 전환의 시대에 독자의 회사와 일터를 더욱 건강하게 유지하고 그 가치를 높이는데 일조할 수 있는 컴플라이언스 시스템에 관심을 기울여주시기 바랍니다.

저자를 공정거래법과 컴플라이언스로 이끌어 주신 경북대학교 법학전문대학원 신영수 교수님, 집필에 많은 아이디어와 격려를 아낌없이 보내주신 현대그룹 이곤형 실장님, 일 욕심 많은 준법지원인을 믿고 함께 고생하며 컴플라이언스 시스템을 구축하고 운영한 현대무벡스 주식회사 법무팀 김 변호사, 최 매니저와 김재현 매니저, 얕은 지식과 미천한 글재주로 책상머리에서 고민하는 집필의 시간을 격려해준 집사람과 가족들에게 지면을 빌려 감사를 표합니다.

2025년 가을에
저자 신명근 배상

추천사

신영수(공정거래위원회 비상임위원, 경북대학교 교수)

제조업 중심으로 산업화를 성공적으로 정착시킨 한국경제는 최근 IT, 문화 산업으로 그 지평을 급속도로 확장해 가고 있습니다. 한국경제의 압축 성장은 국민들에게는 물질적 풍요를 선사해 주었으며 기업들에게는 치열한 경쟁 환경 속에서도 혁신과 도전의 아이콘으로서의 글로벌적 지위를 확보해 주었습니다.

하지만 숙성기를 거치지 않은 채 자본주의와 계약자유 이념이 여과 없이 신봉되는 과정에서 경직적인 기업 지배구조와 왜곡된 거래관행들이 출현하였고, 동시에 적지 않은 사회적 갈등과 법적 이슈들이 양산되어 왔음은 부인할 수 없는 사실입니다. 기업의 눈부신 성장의 이면에 준법통제 시스템과 자율준수 문화가 내실있게 자리잡지 못하고 있는 현실 또한 존재합니다. 특히 준법 통제가 미비한 상황에서 국내 기업들은 ESG의 도전과 새로운 무역장벽에 직면해 있으며, 자칫 사회적 책임에 대한 요구를 충족하지 못할 경우 국제적 경쟁에서 뒤처지는 것은 물론 새로운 위기를 맞게 될 것이라는 경고들을 다방면에서 듣고 있기도 합니다.

그간 실무 차원에서 상법상의 준법지원인 제도, ISO 규격, 공정거래위원회의 Compliance Program 등을 통하여 준법통제체제를 갖추려는 노력들이 다각도로 추진되어 왔음에도 여전히 갈 길이 멀게 느껴졌던 이유입니다. 더욱이 국가별, 회사별, 산업별 요구되는 준법통제의 모습이 상이하고, 국가 주도의 준법통제체제의 표준안 마련이 쉽지 않다는 점은 한국 기업들로 하여금 시급히 준법통제 체제에 대한 이해도와 대응력을 높일 것을 요구받게 하고 있습니다.

이 책은 이런 시점에서 준법통제체제의 구축과 운영 방법을 실무자의 수준에서 생생하게 소개하는 한편, 준법통제체제를 구축하고 있거나 구축을 염두에 둔 기업들이 숙지해야 할 알토란 같은 핵심 정보들을 담아 내고 있습니다. 실로 오랜 가뭄 끝에 거둔 노작(勞作)이 아닐 수 없습니다.

컴플라이언스와 맞닿아 있는 기업 법무 및 실무적 이슈와 대응방안들을 심도 깊으면서도 가독성 높은 언어로 전달해 주고 있습니다. 책은 겸양이 묻어나는 제목에서 이슈에 대한 접근을 변호사적 관점에서 조망한 것으로 국한했지만 실무 차원을 넘어 정책적 측면에서 고려해야 할 주목되는 아이디어들을 다수 수록하고 있기도 합니다. 이 책이 다양한 독자층에게 읽힐 것으로 기대되는 이유이기도 합니다.

책의 완성도는 오랜 기간 변호사로서 송무 및 기업의 사내 법무를 수행해오면서 축적해 온 저자 신명근 변호사님의 컴플라이언스 관련 독보적 경험과 역량에 기초하고 있습니다. 오랜 인고의 과정을 거쳐 형성한 지적 자산을 사회에 공유하려는 저자의 선의는 이 책이 지닌 높은 정보적 가치와 더불어 지속적으로 존중될 것으로 확신합니다.

차례

제 1 편

컴플라이언스 제도의 이해

1. 컴플라이언스란 무엇인가
2. 국내 컴플라이언스 현황
3. 컴플라이언스 관련 다른 제도

1 컴플라이언스란 무엇인가

1.1 컴플라이언스의 정의

Compliance의 사전적 의미는 following law, obedience로서 법규를 준수한다는 의미이거나 순응한다는 뜻이다. 한국에서는 컴플라이언스를 규범 준수로 번역하여 사용한다. 현대의 기업에서 컴플라이언스는 법령, 회계규칙, 사규, 안전규정, 소비자보호 규정, 반부패정책 등 회사가 부담하는 의무를 이행하고, 관련된 리스크를 회피하는 활동을 의미한다.

1.2 컴플라이언스의 의의

현대 사회는 사회 구성원의 자유와 재산, 그리고 환경이 시장을 통하여 복잡하게 얽혀 있고, 이를 관장하는 수많은 법률이 정부, 개인, 기업 및 기타 활동주체들의 활동을 제한한다. 시장에서 활동하는 주체는 기업이고, 기업은 사람과 자산이 모여서 이윤추구를 위하여 활동하는 집합물이다.

현대의 기업은 정보통신 기술을 통하여 지리적, 시간적 제한을 뛰어 넘어 활동하고 있고, 그에 따라 국경을 넘어 자본을 집중하여 더욱 대규모로 성장하고 있다. 또한, 기업은 그 영업을 위하여 생산, 거래, 노동, 연구, 건설, 운송 등 다양한 행위를 직접 하거나 이해관계자들과 관계를 맺고 있다. 삼성, 지멘스 같은 글로벌 기업을 상상해 보

자. 이런 기업들은 매일 수십 종류의 계약을 수십 개의 국가에서 수천 건 이상씩 체결하고 있을 것이다.

또한, 자본의 집합인 기업은 본질적으로 이윤추구를 목적으로 하고, 기업의 이윤추구의 동기는 아주 강력하게 작동한다. 이와 더불어, 기업은 그 활동을 위하여 회사의 여러 가지 기능을 쪼개어 팀, 그룹 같은 기능적 조직으로 관리하는 바, 기업의 이윤추구 본질과 분화된 기능적 조직이 만나 이윤추구 본질이 통제되지 않거나 법령과 의무의 위반, 반사회적인 행위로 나아갈 위험성이 있다. 우리는 역사적으로 많은 사례에서 통제되지 않는 기업의 위험성을 여러 차례 경험하였다.

이에, 기업을 둘러싸고 있는 법제도에서 준수해야 할 법령을 확인하고, 임직원들에게 법령의 준수를 요구하여, 기업이 법적, 윤리적 한계 안에서 활동할 것을 요구할 필요성이 대두되었고, 컴플라이언스 관련 제도가 인증제도 또는 법령의 모습으로 나타나게 되었다.

컴플라이언스 제도는 기업의 법률 및 규정의 준수를 통하여 합법성과 평판을 유지하고 기업과 기업의 임직원에게 책임 있는 행동을 강제하여 법령 및 사규 위반 또는 위법 행위의 가능성을 줄이는 것을 목적으로 한다.

현대의 기업은 국가 단위를 넘어서 경제, 문화 등에 큰 영향력을 미치므로 법령과 윤리의 준수요구가 더욱 거세지고 있고, 컴플라이언스 제도를 갖추지 않거나 법령과 윤리를 준수하지 않는 기업은 정부, 투자자, 소비자로부터 외면받을 가능성이 점점 더 높아지고 있다.

이에, 기업의 컴플라이언스 도입은 이제 선택이 아니라 필수라고 할 것이다.

2 국내 컴플라이언스 현황

2.1 | 컴플라이언스 도입의 배경

한국의 컴플라이언스는 2000년대 초 금융기관을 중심으로 도입되었다. 당시 개정 증권거래법은 내부통제기준을 담당하는 자로서 준법감시인을 요구하였다. 증권거래법 상의 내부통제기준과 준법감시인 제도는 현재 금융회사의 지배구조에 관한 법률에 남아있다[1].

한편, 금융기관 외 일반 주식회사의 컴플라이언스에 관한 기준은 2011년 상법 개정을 통하여 제도화되었다.

2000년대 중반 대기업의 불법 비자금 사건을 통하여 준법경영 및 윤리경영에 관한 사회적 요구가 증가하였고, 이에 따라 2011. 4. 14. 상법 제542조의13에 자산 5,000억 원 이상을 보유한 상장회사의 경우 준법통제기준을 마련하고 준법지원인을 선임할 것을 규정하였다.[2]

2.2 | 상법상 준법통제기준

상법은 법령을 준수하고 회사경영을 적정하게 하는 것을 목적으로 아래와 같은 내

1 금융회사의 지배구조에 관한 법률 제4장 제24조 내지 제30조의4 참조.

2 상법 제542조의13 참조.

용을 담은 준법통제기준을 도입할 것을 요구한다[3].

1. 준법통제기준의 제정 및 변경의 절차에 관한 사항
2. 법 제542조의13제2항에 따른 준법지원인의 임면절차에 관한 사항
3. 준법지원인의 독립적 직무수행의 보장에 관한 사항
4. 임직원이 업무수행과정에서 준수해야 할 법규 및 법적 절차에 관한 사항
5. 임직원에 대한 준법통제기준 교육에 관한 사항
6. 임직원의 준법통제기준 준수 여부를 확인할 수 있는 절차 및 방법에 관한 사항
7. 준법통제기준을 위반하여 업무를 집행한 임직원의 처리에 관한 사항
8. 준법통제에 필요한 정보가 준법지원인에게 전달될 수 있도록 하는 방법에 관한 사항
9. 준법통제기준의 유효성 평가에 관한 사항

2.3 상법상 준법지원인

◆ 준법지원인의 자격

회사는 준법통제기준의 준수를 위하여 임기 3년 상근으로 근무하는 준법지원인을 두어야 한다. 이사회는 아래와 같은 요건을 충족하는 자를 준법지원인으로 임명할 수 있다.

1. 변호사 자격을 가진 사람
2. 「고등교육법」 제2조에 따른 학교에서 법률학을 가르치는 조교수 이상의 직에 5년 이상 근무한 사람
3. 그 밖에 법률적 지식과 경험이 풍부한 사람으로서 대통령령으로 정하는 사람[4]

---

3 상법 시행령 제40조 참조.

4 상법 시행령 제41조에 의하면 1. 상장회사에서 감사·감사위원·준법감시인 또는 이와 관련된 법무부서에서 근무한 경력이 합산하여 10년 이상인 사람 2. 법률학 석사 이상의 학위를 취득한 사람으로서 상장회사에서 감사·감사위원·준법감시인 또는 이와 관련된 법무부서에서 근무한 경력(학위 취득 전의 경력을 포함한다)이 합산하여 5년 이상인 사람은 준법지원인 자격이 있다.

◆ 준법지원인의 의무

준법지원인은 선량한 관리자의 주의로 그 직무를 수행하여야 하며, 재임 중 및 퇴임 후에도 직무상 알게 된 회사의 영업상 비밀을 유지할 의무를 부담한다.

선량한 관리자의 주의의무란 선관주의 의무(善管注意義務)로 불리는 의무로서, 채무자의 직업, 그 자가 속하는 사회적·경제적인 지위 등에서 일반적으로 요구되는 정도의 주의를 다하는 의무이다. 아직 준법지원인의 선관주의 의무에 대한 판례는 존재하지 않지만, 준법통제기준 및 준법지원인 제도의 도입 목적 및 회사의 이사[5] 또는 금융기관의 임원[6]에 대하여 요구되는 선관주의 의무에 비추어 보면, 회사 임직원이 회사의 운영에 있어서 준법통제제도를 구축하여 법령을 준수하는지 여부를 감시하고, 준법통제제도의 운영에 관한 사항을 이사회에 보고할 의무를 부담한다고 볼 수 있다.

◆ 준법지원인의 지위

회사는 준법지원인이 독립적으로 업무를 수행할 수 있도록 독립적 권한을 제공하여야 하고, 준법지원인이 직무상 수행한 업무를 원인으로 준법지원인에게 인사상 불이익을 제공할 수 없다. 또한, 회사의 임직원은 준법지원인이 요구하는 정보를 제공하는 등 협조할 의무를 부담한다.

2.4 | 준법통제체제에 대한 법원의 태도

우리 법원은 2008년 이래로 기업의 등기이사 등 회사의 임원은 회사에 준법통제체제를 구축하고 회사의 활동, 다른 임직원의 활동이 법령에 위반되는지 여부를 감시하여야 한다고 판단하고 있다.

---

5 주식회사의 이사는 담당업무는 물론 다른 업무담당이사의 업무집행을 감시할 의무가 있으므로 스스로 법령을 준수해야 할 뿐 아니라 다른 업무담당이사들도 법령을 준수하여 업무를 수행하도록 감시·감독하여야 할 의무를 부담한다(대법원 2021. 11. 11. 선고 2017다222368 판결 참조).

6 금융기관 감사위원이 위와 같은 선량한 관리자의 주의의무를 위반하여 자신의 임무를 게을리하였는지 여부는 개별 대출에 대한 감사를 함에 있어 통상의 감사위원으로서 간과해서는 안 될 잘못이 있는지 여부를 제반 규정 준수 여부, 대출 조건과 내용 및 규모, 변제계획, 담보 유무와 내용, 채무자의 재산 및 경영상황, 성장 가능성 등 여러 가지 사항에 비추어 종합적으로 판정해야 한다(대법원 2017. 11. 23. 선고 2017다251694 판결 참조).

주식회사 대우의 분식회계를 원인으로 한 대우의 전직 이사들을 상대방으로 손해배상 청구 사건[7]에서 대법원은 **이사의 임무는 단지 이사회에 상정된 의안에 대하여 찬부의 의사표시를 하는 데에 그치지 않으며 대표이사를 비롯한 업무담당이사의 전반적인 업무집행을 감시하는 것이 포함되었다**고 판단하면서, 임원은 대표이사나 다른 임원들의 업무집행 방법이 위법하다고 판단할 사유가 있음에도 불구하고, 고의 또는 중대한 과실로 감시의무를 위반하여 이를 방치한 때에는 이를 원인으로 제3자가 입은 손해를 배상할 책임이 있다고 판단하였다.

한편, 대우와 같은 대규모 회사에서는 회사의 규모 때문에 이사가 회사의 직원 또는 다른 임원의 업무가 법령을 준수하는지 여부를 일상적으로 감시하기가 어려운데, 이에 관하여 대법원은 대우와 같이 **고도로 분업화되고 전문화된 대규모의 회사**에서는 대표이사와 이사들이 내부적인 사무분장에 따라 각자의 전문 분야를 전담하여 처리하는 것이 불가피하지만, 그럼에도 불구하고 다른 이사들의 업무집행에 관한 감시의무를 면할 수는 없다. 또한, 이 경우 **합리적인 정보 및 보고시스템과 준법통제시스템[8]을 구축하고 그것이 제대로 작동하도록 배려할 의무**가 이사회를 구성하는 개개의 이사들에게 주어지고, 준법통제시스템을 구축하지 않거나, 구축하였더라도 이를 이용한 회사 운영의 감시·감독을 하지 않아 다른 이사의 위법하거나 부적절한 업무집행을 알지 못한 경우에는, **다른 이사의 위법하거나 부적절한 업무집행을 구체적으로 알지 못하였다는 이유만으로 책임을 면할 수는 없다**고 판단하였다[9].

2008년 대우의 분식회계에 대한 이사 준법통제시스템 구축 및 운영을 통한 감시의무를 인정한 이후 법원은 이사에게 회사의 다른 이사의 업무집행을 감시할 의무가 있고, 대규모 회사의 경우 준법통제시스템을 갖추어 다른 이사의 업무를 감시해야 한다는 판단을 이어 내려오고 있다[10].

이후 법원은 유니온스틸의 담합을 이유로 한 손해배상 청구소송에서 **준법통제시스템의 감시 범위를 내부회계 통제에 한정하지 않고 회사의 전반적인 법률위반 여부에 대한 감시로 확대하는 취지**의 판단을 내놓았다[11].

---

7 대법원 2008. 9. 11. 선고 2007다31518 판결 참조.

8 대상 판결에서는 내부통제체제라고 판시하였음.

9 대법원 2008. 9. 11. 선고 2007다31518 판결 참조.

10 대법원 2021. 11. 11. 선고 2017다222368 판결, 대법원 2022. 5. 12. 선고 2021다279347 판결 참조.

11 내부통제시스템은 비단 회계의 부정을 방지하기 위한 회계관리제도에 국한되는 것이 아니라, 회사가 사업운영상 준수해야 하는 제반 법규를 체계적으로 파악하여 그 준수 여부를 관리하고, 위반사실을 발견한 경우 즉시 신고 또는 보고하여 시정 조치를 강구할 수 있는 형태로 구현되어야 한다(대법원 2021. 11. 11. 선고 2017다222368 판결 참조).

법원의 준법통제체제에 대한 요구는 더욱 확대되어 2022년도에는 **사외이사에게도 준법통제시스템의 구축 또는 운영에 관한 감시의무가 있다**는 판단을 하여, 준법통제시스템의 구축 및 운영 의무를 사외이사까지 확대하였다[12].

한편, 기업집단의 경우, 기업집단을 구성하는 개별 계열회사들은 각자 독립된 법인격을 가진 별개의 회사이므로, 개별 계열회사의 이사는 기업집단이나 다른 계열회사와 관련된 직무를 수행할 때에는 기업집단 전체의 이익 또는 다른 계열사의 이익이 아니라 이사가 속한 개별회사에 대하여 선관주의의무와 충실의무를 부담한다[13].

2.5 | 국내 기업집단의 컴플라이언스 구축 현황

◆ 삼성그룹

삼성그룹은 2009년 준법감시경영을 도입하였고, 2020년 5월 삼성그룹 외부에 독립적인 준법감시 기관인 삼성 준법감시위원회를 출범시켰다.[14] 준법감시위원회는 6인의 외부위원과 1인의 내부위원으로 구성되어 있고, 삼성의 중요 관계사인 삼성전자 삼성물산, 삼성 SDI, 삼성전기, 삼성 SDS, 삼성생명보험, 삼성화재해상보험에 대한 준법감시 및 통제기능을 수행한다.

삼성 준법감시위원회는 최고경영진의 컴플라이언스 위반을 독립적으로 감시 및 통제하는 권한, 컴플라이언스 리스크 높은 사안 검토 및 의견제시, 컴플라이언스 제도에 대한 점검 및 개선 권고 권한을 가지고 있다.

삼성그룹은 법과 윤리를 준수하고 깨끗한 조직문화를 유지한다는 등의 경영원칙을 세우고, 글로벌 반부패 및 뇌물방지 정책과 글로벌 반독점 및 공정거래 정책을 채택하여 글로벌 그룹으로서 ISO 37001; 2016 규격[15]과 ISO 37301:2021 규격에도 대응하는 모습이다.

---

12 회사의 업무집행을 담당하지 않는 사외이사 등은 내부통제시스템이 전혀 구축되어 있지 않는데도 내부통제시스템 구축을 촉구하는 등의 노력을 하지 않거나 내부통제시스템이 구축되어 있더라도 제대로 운영되고 있지 않다고 의심할 만한 사유가 있는데도 이를 외면하고 방치하는 등의 경우에 감시의무 위반으로 인정될 수 있다(대법원 2022. 5. 12. 선고 2021다279347 판결 참조).

13 대법원 2023. 3. 30. 선고 2019다280481 판결 참조.

14 https://www.samsung.com/sec/sustainability/principle/compliance-ethics/ 웹사이트 참조.

15 반부패경영관리시스템, Anti-Bribery Management System.

◆ **엘지전자**

엘지전자는 2008년부터 리스크 관리체계를 정립하고, 2014년 리스크관리수준을 제고하였으며, 2015년부터 2019년까지 준법책임경영 문화를 확산시켰다. 이후 2020년부터 선도적인 준법문화 내재화를 통하여 준법경영을 시행하고 있다[16].

엘지전자는 HQ에 준법사무국을 두고, 사업본부와 법인에 컴플라이언스 매니저를 두어 리스크를 관리하고 있으며, 준법통제기준과 준법지원인을 두어 컴플라이언스 시스템을 운영하고 있다.

준법통제기준 하에 행동강령, 컴플라이언스 리스크 관리정책, 컴플라이언스 프로그램 활동별 가이드라인을 두었고, 컴플라이언스 리스크 관리정책 하위에 컴플라이언스 리스크별 사내규정을 두고 체계적으로 리스크 관리를 하고 있다.

◆ **포스코 그룹**

포스코 그룹[17]은 ESG 활동을 적극적으로 수행하면서, ESG의 일부로서 준법통제체제를 구축하여 적극 운영하고 있다. 전사적 ESG 활동의 한 꼭지로 Governance에 투명경영, 윤리경영, 정보보호를 위치시켰고, 투명경영 하에 RMS(Risk Management System, 경영 리스크 관리)와 세무관리정책을 운영하고 있고, 윤리경영 하에 공정거래를 운영하고 있다.

준법통제체제와 관련이 있는 RMS의 경우에는 대표이사 산하에 정도경영실을 운영하고 있고, 정도경영실이 현업부서에 대하여 모니터링을 하고 대표이사에게 보고하는 구조이다.

포스코 그룹은 공정거래와 관련하여는 2002년 자율준수 프로그램(Compliance Program)을 도입하였다. 포스코 그룹은 자율준수 프로그램의 운영을 위하여 자율준수관리자를 임명하였고, 자율준수편람을 제작하고 자율준수교육을 시행하는 등 체계적으로 자율준수 프로그램을 운영하고 있다.

---

16 https://www.lge.co.kr/company/compliance/compliance. 웹사이트 참조.

17 https://sustainability.posco.com/S91/S91F10/kor/index.do. 웹사이트 참조.

3 컴플라이언스 관련 다른 제도

3.1 ISO 37301:2021규격

◆ International Organization for Standardization

ISO 37301:2021 규격은 ISO가 2021년에 제시한 컴플라이언스 규격이다. ISO는 International Organization for Standardization 즉, 국제표준기구로서 1974년에 설립된 국제적인 표준화를 담당하는 비정부기구이다. 전세계 165개국 이상의 회원국을 보유하고 있으며 ISO 37301을 비롯한 여러 표준을 개발하여 발행하고 있다.

ISO는 2014년 컴플라이언스 가이드라인으로서 ISO 19600:2014[18]를 발행하였다. ISO 19600:2014는 조직 내에서 효과적이고 유연한 컴플라이언스 경영시스템을 구축, 개발, 구현, 평가, 유지 및 개선하기 위한 지침이었다.

ISO는 2021년 ISO 19600:2014를 기초로 하여 컴플라이언스 인증 규격인 ISO 37301:2021을 발행하였다. ISO 37301:2021은 다음과 같은 구조로 구성되어 있다.

◆ Organization(제4장)

제4장 Organization은 기업이라는 조직의 상황을 확인하고, 기업을 둘러싸고 있는 또는 기업 내에서 활동하는 여러 이해관계자의 상태, 요구사항 등을 설명한다. 또한, CMS(Compliance Management System)의 적용범위, 컴플라이언스 의무식별 & 리스크 평가를 설명한다.

18 Compliance management systems Requirements with guidance for use.

◆ **Leadership(제5장)**

제5장 Leadership은 지배기구와 최고경영진의 컴플라이언스에 대한 리더십과 이에 대한 조직에의 의지표명을 설명한다. 최고경영진은 조직의 가치 수립 및 유지, 규범준수 목표 달성을 위한 프로세스의 개발 및 실행을 보장하고, 규범준수 문화를 개발하여 조직에 전파하여야 한다. 또한 독립적 권한의 규범준수 책임자를 임명하여 규범준수 거버넌스를 갖추고, 기업의 경영진, 규범준수 책임, 나머지 임직원들의 컴플라이언스 의무를 설정하여야 한다.

◆ **Plan(제6장)**

제6장 Plan은 리스크와 기회를 다루는 조치의 계획에 관하여 설명한다. 이와 더불어 리스크와 기회를 다룰 조치를 컴플라이언스 프로세스에 포함시킬 것을 요구한다. 또한, 컴플라이언스 목표를 방침과 일과성 있고, 모니터링 가능하고, 의사소통 가능한 문서로 준비할 것을 요구한다. 제4장부터 6장까지가 Plan - Do - Check - Act(이하 PDCA)에서 PLAN에 해당한다

◆ **Support (제7장)**

제7장 Support는 컴플라이언스 시스템을 계획한 이후 이를 운영하는 데 필요한 자원의 제공, 임직원의 역량 확인, 컴플라이언스를 위한 교육, 의사소통, 각종 정보와 실행의 문서화를 요구한다.

◆ **Operation(제8장)**

제8장 Operation은 운용기획, 관리절차의 수립과 관리에 관하여 규정하고 있다. 또한, 운용은 우려사항의 제기와 조사프로세스를 요구한다. 제7장, 제8장은 PDCA에서 Do에 해당한다

◆ **Performance Evaluation(제9장)**

제9장 Performance Evaluation 은 리스크 평가 및 통제활동 등 조직과 컴플라이언스 활동에 대한 모니터링, 평가, 내부심사와 경영검토 및 이에 관한 문서화를 요구한다. 제9장은 PDCA 중 Check에 해당한다.

◆ Improve(제10장)

제10장 Improve는 성과평가를 통하여 발견한 부적합하거나 개선의 여지가 남아있는 컴플라이언스 활동 조직에 대하여 개선조치를 시작하는 것이다. 제10장은 PDCA의 Act에 해당한다.

◆ 기타

ISO 37001:2016과 ISO 37301:2021은 나라표준인증 사이트에서 전문을 확인할 수 있고[19], 각 인증에 대한 소개는 KSA 한국표준인증 웹페이지에서 확인할 수 있다[20].

ISO 37001:2016는 ISO 37301:2021과 비교하였을 때 많은 부분에서 유사하나 ISO 37301:2021과 비교하였을 때 그 대상 범위가 뇌물, 부패에 한정되어 있어, 전체적으로 보면 ISO 37301:2021에 포함된다고 할 수 있다. 또한 ISO 37001:2016이 2016년에 발행된데 비하여 ISO 37301:2021는 2021년도에 발행되어 ISO 37001:2016보다 개량된 형태의 인증 규격이라 할 수 있다.

ISO 37001:2016은 ISO 37301:2021과 다르게 실사(Due Diligence)를 요구하는 차이가 있어서, 컴플라이언스 시스템을 구축하면서 ISO 37001:2016과 ISO 37301:2021을 모두 충족하는 시스템을 구축하기 위하여서는 ISO 37301:2021을 기준으로 하되, ISO 37001:2016의 충족을 위하여 실사를 포함시키는 것이 타당하다.

ISO의 규격을 실제로 본다면 굉장히 추상적이고 선언적인 용어로 기재되어 있는 특징이 있어, 규격만 본다면 규격이 어떤 방식의 컴플라이언스 시스템 구축과 운용을 요구하는 것인지 쉽게 이해하기 어려울 수 있다. 이는 ISO 규격의 범용성에 기인하는 특징이다. ISO 규격은 전 세계 모든 기업과 기관에 적용될 수 있도록 구성이 되어 있기 때문에, 다소 상위 수준에서 적용될 수 있는 범용적이고 추상적인 용어로 구성되어 있다.

---

19 https://standard.go.kr/KSCI/portalindex.do

20 https://ksa.or.kr/ksa_kr/index.do

3.2 | ESG

ESG는 기업의 환경(Environment), 사회(Social), 지배구조(Governance) 측면에서의 지속가능성과 책임을 평가하는 기준이다. 이는 단순한 재무적 성과가 아니라, 기업이 얼마나 지속가능하고 윤리적으로 운영되는지를 보여주는 지표로 활용된다.

컴플라이언스 시스템의 구축 및 운영은 회사의 소유 및 지분구조, 이사회와 지배주주와의 관계, 모회사 및 자회사의 관리, 이사의 책임 경영, 이사회의 운영 등 ESG의 거버넌스(G) 강화에 긍정적인 영향을 미치며, 노동분야, 공정거래 및 하도급거래 분야, 산업안전 및 제품안전 분야, 기타 위법 행위 방지 및 리스크 관리 분야 등 ESG 중 사회적 책임(S)의 요소를 강화하고 관련 정보 문서화에 도움이 된다.

ESG와 컴플라이언스 시스템의 관계에 관하여 보다 구체적으로 살펴본다면 ESG는 기업이 어디로 가야 하는가에 관한 질문이고, 컴플라이언스는 ESG가 제시하는 방향으로 어떻게 갈 것인가, 기업을 둘러싼 환경에 대처하기 위한 방법은 무엇인가 또는 기업에 대한 여러 가지 제한을 피하기 위하여 무엇을 어떻게 할 것인가에 관한 기준에 해당한다. 이에 ESG를 보다 상위 기준으로 삼을 수 있고[21] 컴플라이언스 시스템을 통하여 준수하여야 할 규범은 ESG가 제시하는 방향에 비하여 폭이 넓다고 이해할 수 있다.

3.3 | 공정거래 자율준수제도

독점규제 및 공정거래에 관한 법률(이하 공정거래법)[22]은 공정거래자율준수 문화를 확산시키기 위하여 공정거래자율준수제도(이하 CP제도라고만 한다)의 구축 및 운영을 장려한다.

CP 제도는 회사의 방침을 수립하여 공포하고, 자율준수책임자를 선임하고, 내부적

21 다만, 컴플라이언스 시스템을 ESG가 설정한 기준에 도달하기 위한 방법으로 이해할 수도 있다.

22 공정거래법 제120조의2(공정거래 자율준수 문화의 확산) ① 공정거래위원회는 경쟁촉진의 일환으로 공정거래 자율준수 문화를 확산시키기 위한 시책을 마련하고 추진할 수 있다. ② 공정거래위원회는 공정거래위원회 소관 법령을 자율적으로 준수하기 위하여 내부준법제도(이하 "공정거래 자율준수제도"라 한다)를 운영하는 사업자를 대상으로 그 운영상황에 대하여 평가(이하 "공정거래 자율준수평가"라 한다)를 할 수 있다.

인 리스크 식별, 모니터링, 제도개선 등의 절차를 이행하는 측면에서 ISO 규격 및 상법상 준법통제제도와 유사하다. 다만, CP 제도는 공정거래법 및 동법 시행령, 공정거래 자율준수제도(CP) 운영·평가에 관한 규정 등 법령에 의한 구축 및 심사에 관한 근거와 기준이 법령에 명확히 제시되어 있는 점, 정부기관이 등급평가를 하는 점, 공정거래 관련 법령의 준수에 중점을 맞추고 있는 점에 있어서 ISO 규격 및 상법상 준법통제제도와 차이가 있다.

CP제도를 구축하여 운영할 경우, 공정거래위원회가 지정하는 기관에서 CP 제도 구축 및 운영 실적을 기반으로 평가를 받아 일정한 등급을 받을 수 있다. CP 등급은 AAA부터 AA, A, B, C, D, F로 구분되고, A이상의 등급을 받을 경우, 당해 등급을 받은 이후 공정거래 관련 규정을 위반하여 공정거래위원회로부터 제재를 받을 경우, 과징금 감경 등의 혜택을 받을 수 있다[23]. 이러한 이유 때문에 최근 CP제도 구축 및 등급평가에 많은 회사들이 관심을 기울이고 있다.

CP 제도의 구축 및 운영은 ISO 규격에 따른 컴플라이언스 시스템, 상법상 준법통제체제와 많은 부분을 공유하고 있으므로, 컴플라이언스 시스템 구축 시 CP 제도의 요구사항을 반영하여 구축할 경우, 컴플라이언스 자원을 보다 효율적으로 활용할 수 있다.

---

23 공정거래 자율준수제도(CP) 운영·평가에 관한 규정(공정거래위원회고시 제2024-25호, 2024. 10. 17. 시행) 제19조(시정 조치 또는 과징금 감경) ① 공정거래위원회는 공정거래 관련 법규를 위반한 기업 등이 공정거래 자율준수평가에서 A이상의 등급을 받은 경우에는 「공정거래위원회로부터 시정명령을 받은 사실의 공표에 관한 운영지침」(이하 "공표지침"이라 한다)상의 시정명령을 받은 사실의 공표를 다음 각 호에 따라 유효기간 내 1회에 한하여 감경할 수 있다.

1. A, AA : 공표지침 5. 나. 5)에 의한 간행물 공표에 대한 공표크기와 매체수 1단계 하향조정 및 공표지침 5. 다. 3) 가)에 의한 사업장 공표와 5. 라. 3)에 의한 전자매체 공표에 대한 공표기간 단축
2. AAA : 공표지침 5. 나. 5)에 의한 간행물 공표에 대한 공표크기와 매체수 2단계 하향조정 및 공표지침 5. 다. 3) 가)에 의한 사업장 공표와 5. 라. 3)에 의한 전자매체 공표에 대한 공표기간 단축

② 공정거래위원회는 공정거래 자율준수평가에서 AA이상의 등급을 받은 기업 등에 대하여 「과징금부과 세부기준 등에 관한 고시(이하 "과징금 고시"라 한다)」상의 2차 조정 단계에서 다음 각 호의 비율에 따라 유효기간 내 1회에 한하여 과징금을 감경할 수 있다. 단, 당해 사건에 대한 조사개시 전에 기업 등이 CP의 효과적 운영을 통해 당해 법 위반행위를 탐지하여 중단하였음을 입증한 경우에는 다음 각 호의 감경률에 더하여 100분의 5 범위 내에서 추가로 감경할 수 있다.

제2편

컴플라이언스 시스템 구축 전 고려할 사항

4 컴플라이언스 시스템의 구성요소

4.1 | 회사 컴플라이언스 시스템의 구성

회사 컴플라이언스 시스템의 핵심적인 구성요소는 아래와 같다.

리스크 식별, 리스크 통제, 모니터링

핵심적인 구성요소 이외에는 **컴플라이언스 방침 선언, 준법통제기준 제정, 준법지원인 선임, 회사의 상황 파악, 컴플라이언스 의무 확인, 컴플라이언스 의무 설정, 내부제보 시스템 구축, 내부심사, 이사회 보고 및 경영평가 및 개선**이 있다.

본장에서는 컴플라이언스 시스템 구축 및 운영의 핵심적인 구성요소가 무엇인지 개략적으로 살펴본다. 핵심적인 구성요소를 개략적으로 살펴보면서 컴플라이언스 시스템의 골격과 운영방법을 상상해 보자.

4.2 | 리스크 식별

회사는 회사의 존립 목적인 영업활동 또는 영리활동을 하면서 여러 가지 법적, 사회적 리스크를 부담할 수밖에 없다. 다만, 회사의 안정적인 영업활동을 위하여는 회사가 어떠한 리스크를 부담하고 있는지 확인하고, 이를 통제하여 리스크를 최소화하는 것이 필요하다. 리스크의 통제 및 최소화가 컴플라이언스 활동의 근본적인 목적이고,

리스크를 통제하기 위하여는 우선 리스크를 식별해야 한다.

예를 들어, 회사가 노동자를 고용하면 근로기준법을 준수할 의무를 부담한다. 근로기준법[24]이 주 52시간 근로를 원칙으로 규정하고 있기 때문에, 회사가 노동자에게 주 52시간 초과근로를 명령하는 것은 근로기준법 위반으로서 회사의 리스크에 해당한다.

제조업이나 건설업을 영위하는 경우, 하수급업체에 업무를 위탁하는 경우가 많은데, 이 경우 하도급거래의 공정화에 관한 법률(이하 하도급법이라 한다)을 준수할 의무를 부담한다. 회사가 하수급업체에 서면을 교부하지 않거나[25], 하도급계약을 부당하게 취소할 경우[26] 하도급법에 따라 시정 조치[27], 과징금[28], 벌금[29] 등의 처분을 받을 수 있고, 위 처분과 함께 영업정지 및 입찰참가자격제한[30]의 처분 역시 받을 수 있다.

---

24 근로기준법 제50조(근로시간) ① 1주 간의 근로시간은 휴게시간을 제외하고 40시간을 초과할 수 없다.
제53조(연장 근로의 제한) ① 당사자 간에 합의하면 1주 간에 12시간을 한도로 제50조의 근로시간을 연장할 수 있다.

25 하도급법 제3조(서면의 발급 및 서류의 보존) ① 원사업자가 수급사업자에게 제조등의 위탁을 하는 경우 및 제조등의 위탁을 한 이후에 해당 계약내역에 없는 제조등의 위탁 또는 계약내역을 변경하는 위탁을 하는 경우에는 제2항의 사항을 적은 서면을 다음 각 호의 구분에 따른 기한까지 수급사업자에게 발급하여야 한다.
1. 제조위탁의 경우: 수급사업자가 제조등의 위탁 및 추가·변경위탁에 따른 물품 납품을 위한 작업을 시작하기 전(이하 생략)

26 하도급법 제8조(부당한 위탁취소의 금지 등) ① 원사업자는 제조등의 위탁을 한 후 수급사업자의 책임으로 돌릴 사유가 없는 경우에는 다음 각 호의 어느 하나에 해당하는 행위를 하여서는 아니 된다. 다만, 용역위탁 가운데 역무의 공급을 위탁한 경우에는 제2호를 적용하지 아니한다.
1. 제조등의 위탁을 임의로 취소하거나 변경하는 행위
2. 목적물등의 납품등에 대한 수령 또는 인수를 거부하거나 지연하는 행위

27 하도급법 제25조(시정 조치) ① 공정거래위원회는 (중략)의 규정을 위반한 **발주자와 원사업자에 대하여 하도급대금 등의 지급, 공시의무의 이행 또는 공시내용의 정정, 법 위반행위의 중지, 특약의 삭제나 수정, 향후 재발방지, 그 밖에 시정에 필요한 조치를 명할 수** 있다.

28 제25조의3(과징금) ① 공정거래위원회는 다음 각 호의 어느 하나에 해당하는 발주자·원사업자 또는 수급사업자에 대하여 수급사업자에게 제조등의 위탁을 한 하도급대금이나 발주자·원사업자로부터 제조등의 위탁을 받은 하도급대금의 2배를 초과하지 아니하는 범위에서 과징금을 부과할 수 있다.
1. 제3조제1항, 제2항(제3호는 제외한다), 제6항, 제7항을 위반한 원사업자

29 하도급법 제30조(벌칙) ① 다음 각 호의 어느 하나에 해당하는 원사업자는 수급사업자에게 제조등의 위탁을 한 **하도급대금의 2배에 상당하는 금액 이하의 벌금**에 처한다.

30 제26조(관계 행정기관의 장의 협조) ① 공정거래위원회는 이 법을 시행하기 위하여 필요하다고 인정할 때에는 관계 행정기관의 장의 의견을 듣거나 관계 행정기관의 장에게 조사를 위한 인원의 지원이나 그 밖에 필요한 협조를 요청할 수 있다.
② 공정거래위원회는 제3조제1항부터 제7항까지 및 제12항, 제3조의4, 제4조부터 제12조까지, 제12조의2, 제12조의3, 제13조, 제13조의2, 제14조부터 제16조까지, 제16조의2제10항 및 제17조부터 제20조까지의 규정을 위반한 원사업자 또는 수급사업자에 대하여 그 위반 및 피해의 정도를 고려하여 대통령령으로 정하는 벌점을 부과하고, 그 벌점이 대통령령으로 정하는 기준을 초과하는 경우에는 **관계 행정기관의 장에게 입찰참가자격의 제한, 「건설산업기본법」 제82조제1항제7호에 따른 영업정지**, 그 밖에 하도급거래의 공정화를 위하여 필요한 조치를 취할 것을 요청하여야 한다.

또한, 하도급 대금의 몇배에 해당하는 손해배상 책임을 부담할 수 있는 바[31], 이는 하도급법 위반에 대하여 회사가 부담하는 리스크에 해당한다.

근로기준법 또는 하도급법이 사용자 또는 원사업자의 지위를 가지는 회사에 요구하는 '주 52시간 초과근로 금지', '하도급 업무 전 서면발급', '부당한 위탁 취소 금지'와 같은 부담을 컴플라이언스 시스템에서 의무라하고, 주52시간 초과 근무 지시, 서면 미교부 등 의무를 위반하는 행위 및 위반을 통하여 회사가 부담하는 행정적·형사적 위험을 리스크 또는 컴플라이언스 리스크라 한다.

리스크에는 위와 같은 행정 형사적 리스크 이외에 민사소송에 따른 손해배상의 리스크도 있고, 회사의 위법 또는 부당한 행위를 원인으로 회사의 평판, 명성 등이 저해되는 평판 리스크도 있다.

컴플라이언스 시스템은 회사의 리스크 회피 및 최소화를 목적으로 하기 때문에, 컴플라이언스 구축을 할 때 가장 먼저 수행해야 할 활동은 회사가 부담하는 의무와 의무를 위반할 때 발생하는 리스크를 확인하고, 리스크를 평가하는 것이다.

컴플라이언스 시스템에서 리스크를 확인하고 평가하는 작업을 **리스크 식별**이라 한다.

4.3 | 리스크 통제활동

리스크 식별을 하였다면 그 후속 조치로 리스크를 통제한다. 이를 리스크 통제활동이라 한다. 리스크 통제활동은 리스크가 현실화되는 것을 사전에 예방하는 활동이다[32]. 이와 유사한 개념으로 식별한 개별 리스크를 제거하기 위한 방법인 리스크 통제수단(또는 통제수단)이 있다[33]. 식별한 리스크 각각에 대하여 통제할 수단을 가져야 하기 때문에, 각 리스크마다 리스크를 통제할 수단을 설정한다.

예를 들어, 주 52시간 초과근로의 리스크를 예방하기 위하여, 교육 주관부서(또는

31 제35조(손해배상 책임) ② 원사업자가 (중략) 를 위반함으로써 손해를 입은 자가 있는 경우에는 그 자에게 발생한 손해에 대하여 다음 각 호에서 정한 범위에서 배상책임을 진다. 다만, 원사업자가 고의 또는 과실이 없음을 입증한 경우에는 그러하지 아니하다. **1. 제4조, 제8조제1항, 제10조, 제11조제1항·제2항 및 제19조를 위반한 경우: 손해의 3배 이내**

32 리스크 통제활동은 통제수단을 실시하는 그 자체를 의미하기도 한다.

33 본저에서는 통제활동과 통제수단이라는 용어를 구분한다. 다만, 회사의 컴플라이언스 시스템 구축 정책에 따라 통제수단과 통제활동을 혼용하거나 구분하지 않고 사용하는 것도 가능하다.

인사팀)이 각 부서의 부서장들에게 주 52시간을 준수하여 팀원들을 적시에 퇴근시키라는 내용의 교육 또는 안내를 할 수 있다. 만약, 교육 주관부서(또는 인사팀)의 교육 또는 안내에도 불구하고 주 52시간 근로가 준수되지 않는다면, 일과시간 종료 후 회사가 PC 전원을 차단하는 PC OFF제를 도입할 수 있다.

위와 같이, 주 52시간 초과근로 리스크에 대하여 **관련 교육 또는 안내**를 하거나 **PC OFF제를 도입**하는 것을 리스크 통제수단이라 한다.

또 다른 예를 들어 본다. 앞서 언급한 하도급법에 관한 리스크이다. 원사업자인 회사가 하수급업체에 서면을 교부하지 않거나, 하도급대금을 늦게 지급하는 리스크가 있다면, 회사는 회사의 법무팀 또는 구매팀에게 하도급 계약에 관한 프로세스를 만들어 시행할 것을 요구할 수 있다. 만약, 하도급 계약 프로세스를 시행해도 하도급법 위반이 계속되어 하도급법 위반 리스크가 상존한다면, 회사는 추가적인 통제수단으로서 주기적인 실태조사를 하거나 관련 교육을 시행할 수도 있다.

회사는 회사가 부담하는 각 리스크 및 회사의 컴플라이언스 자원 수준, 회사의 상황에 따라 통제수단의 방법, 종류, 횟수 등을 선택할 수 있다.

4.4 | 모니터링

모니터링은 회사의 컴플라이언스 시스템이 적절히 구축되어 있는지, 임직원이 컴플라이언스 활동을 적절히 시행하고 있는지, 회사가 구축한 컴플라이언스 시스템이 정상적으로 작동되고 있는지 여부를 확인하는 것이다.

회사의 영업범위, 영업방법 및 인적자산은 지속적으로 변동하고, 회사의 컴플라이언스 상황 역시 변동한다. 이에 따라 회사의 리스크 식별 및 통제활동이 적절히 작동하고 있는지 또는 통제수단이 적절하고 유효한 수단인지를 확인할 필요가 있기 때문에 모니터링 활동을 한다.

모니터링은 컴플라이언스 시스템의 각 구성요소를 평가하고 평가 결과를 시스템에 반영하여 개선하는 절차로 진행되며, 컴플라이언스 시스템을 구축한 이후 운영의 단계에서 실시한다.

컴플라이언스 시스템에서 모니터링은 회사의 컴플라이언스 목표, 리스크 식별, 통제활동, 준법교육, 준법제보 등 회사의 컴플라이언스 활동 대부분을 대상으로 하고, 주관부서[34] 와 개별부서가 각 수행한다.

통제활동에 대하여도 모니터링을 시행하는데, 통제활동에 대한 모니터링은 통제수단을 시행하고 있는지 여부와 통제수단이 리스크를 감소시키고 있는지 여부를 대상으로 한다.

예를 들어 회사가 하도급법 준수를 위한 통제수단으로 하도급계약에 관한 프로세스를 만들어서 시행을 하였다면, 구매팀이 해당 프로세스를 준수하여 해당 프로세스에 따라서 계약하고 있는지 여부가 모니터링 대상이다. 모니터링 결과 구매팀이 하도급 계약 프로세스를 준수하고 있다면 **적합평가**를 받을 것이고, 구매팀이 하도급 계약 프로세스를 준수하고 있지 않다면 주관부서는 구매팀에 **부적합 평가**와 함께 개선조치의 계획의 수립과 개선조치의 시행을 요구한다[35].

통제수단이 리스크를 감소시키고 있는지 여부에 대한 모니터링은 주 52시간 초과근로를 예로 들어본다. 주 52시간 초과근로 리스크를 통제하기 위하여 개별부서 부서장들에 대한 근로기준법 교육을 통제수단으로 설정하여 시행하였지만, 회사 전반적으로 주 52시간 근로가 지켜지지 않는다면 **'부서장에 대한 교육'이라는 통제수단은 통제수단으로서 효과가 없어 통제수단이 리스크를 감소시키지 못한다는 결론**이 난다. 이 경우, 회사는 개별부서 부서장에 대한 교육이라는 통제수단에 부적합을 내려 교체하거나 통제수단의 유효성을 재평가하여 추가적인 통제수단을 적용할 수 있다.

위와 같이, 모니터링은 회사가 구축하여 운영하는 컴플라이언스 시스템의 약점을 찾아내고 보완하여, 회사의 컴플라이언스 시스템이 더욱 건강하고 활기차게 작동하도록 기능한다.

4.5 | 기타 컴플라이언스 활동

위에서 살펴본 컴플라이언스 시스템의 핵심 요소를 제외한 나머지 구성요소에는 컴플라이언스 방침 선언, 준법통제기준 제정, 준법지원인 선임, 회사의 상황 파악, 컴

34 컴플라이언스 시스템을 구축하고 운영하는 부서를 통상 주관부서라 한다.

35 모니터링의 결과는 적합, 부적합, 개선이 기회로 구성할 수도 있고, 횟수, 퍼센트 등 수치로 구성할 수도 있으며, 자유기술식의 평가를 내릴 수도 있다.

플라이언스 의무 확인, 컴플라이언스 의무 설정, 내부제보 시스템 구축, 내부심사, 이사회 보고 및 경영평가 및 개선이 있다. 이외에도 구축 및 운영의 세부적인 단계에서는 위 기술한 컴플라이언스 활동 이외의 활동들이 있으나 별도의 장에서 설명하고, 본 장에서는 상기 컴플라이언스 활동에 관하여 살펴본다[36].

4.5.1 컴플라이언스 방침

컴플라이언스 방침은 회사의 컴플라이언스 시스템 운영의 선언문이다. 회사의 컴플라이언스의 개시, 컴플라이언스 원칙으로 구성한다. 회사는 컴플라이언스 방침을 공표하여 내부적으로 컴플라이언스 활동을 시작할 것을 명령하고, 대외적으로는 회사의 컴플라이언스 시행을 홍보하고, 회사의 컴플라이언스 정책에 협조할 것을 요구한다. 컴플라이언스 방침은 컴플라이언스 시스템 구축 마지막 단계에 마련하여도 무방하고, 운영을 시작하면서 발표하여도 무방하다. 논리적으로는 컴플라이언스 구축의 시작이지만, 실질적으로는 컴플라이언스 구축에서는 마지막 단계에 해당한다.

4.5.2 준법통제기준

준법통제기준[37]은 컴플라이언스 시스템 운영에 관한 기본적인 규정이다. 따라서, 컴플라이언스 시스템 구축의 첫 단계로 제정해야 한다. 회사 각 기관, 조직, 임직원의 컴플라이언스에 관한 의무와 권한을 규정하고, 컴플라이언스 시스템의 가장 기본인 준법지원인 선임, 리스크 식별, 모니터링, 내부심사, 경영평가 등에 관한 권한, 의무 및 방법과 절차에 관하여 대략적으로 규정한다.

4.5.3 준법지원인 선임

컴플라이언스 시스템의 형식적 운영자는 회사의 대표이사지만, 회사 내부에서 실질적으로 운영하는 사람은 준법지원인이다[38]. 준법지원인은 회사의 컴플라이언스 시

---

36 본장에서 설명하지 않은 기타 컴플라이언스 활동도 있는 바 이는 개별 편에서 살펴본다.

37 준법통제기준은 상법상 준법통제체제의 기본 규정을 칭하는 것이다. ISO 규격에서는 경우 컴플라이언스 매뉴얼이라고 칭하고, CP 제도에서는 자율준수편람이라고 칭하기도 한다. 컴플라이언스 시스템에 관한 기본 규정이라는 점에는 동일하며 어떤 명칭으로 호칭하는지는 관계가 없다.

38 준법지원인은 상법상 용어이며, ISO 규격에서는 규범준수책임자라고 하고, CP 제도에서는 자율준수관리자라고 한다.

스템 구축 전 또는 구축 중에 선임하여, 컴플라이언스 시스템을 일관성 있게 구축하도록 하는 것이 타당하다.

상법은 준법지원인의 자격을 규정하고 있고, CP 제도에서는 준법지원인에게 일정한 권한과 독립성을 제공할 것이 요구된다[39].

4.5.4 회사의 상황 파악

컴플라이언스 시스템을 구축하기 위하여는 회사의 상황을 파악하여야 한다. 회사의 상황이란 회사의 영업범위, 거래 상대방, 공급망, 시장의 특수성, 조직의 규모 및 범위, 관련 공장, 사무실 등 사업장의 범위, 적용되는 법령의 범위 등이다.

위와 같은 회사의 상황을 파악하여야 회사가 구축하고 운영하여야 할 컴플라이언스 시스템의 범위와 수준을 결정할 수 있다. 예를 들어, 회사가 영업하는 지리적 범위를 확정하여야 회사가 관리할 컴플라이언스 의무, 리스크 등을 확인할 수 있고, 회사의 조직의 규모 등을 확인하여야 투입하여야 할 컴플라이언스 자원의 규모를 확인할 수 있다. 또한, 회사의 영업분야를 확정해야 회사가 부담하는 의무와 리스크를 검토 확정할 수 있다.

따라서, 준법지원인이 선임되어 있다면 구체적인 컴플라이언스 시스템 구축 전 회사의 상황파악을 수행해야 한다.

4.5.5 컴플라이언스 의무

컴플라이언스 시스템에서 리스크는 회사가 부담하는 의무를 이행하지 않는 행위이다. 따라서, 컴플라이언스 시스템에서 리스크 식별 전 수행해야 할 과업이 회사가 부담하는 의무가 무엇인지를 확인하는 작업이다.

컴플라이언스 의무는 주로 행정, 형사, 민사 등 실정법에 근거하는 경우가 많으나, 실정법 이외에 회사의 평판, 투자자와의 관계 등 법령에 근거하지 않는 경우도 있다.

4.5.6 준법제보 시스템

준법제보 시스템은 회사 또는 임직원의 컴플라이언스 위반에 대하여 제보를 받는

39 공정거래 자율준수제도(CP) 운영·평가에 관한 규정 별표 2
C2.1.2 임명된 CP 관리자는 CP의 기획, 감독, 성과보고 등과 같은 책임과 권한을 부여받고 독립성을 인정받고 있는가?

시스템이다. 준법제보 시스템은 컴플라이언스 시스템이 정상적으로 작동하지 않는 지점을 찾아내는 중요한 기능을 하는 장치로서 준법제보의 접수 채널 확보, 준법제보 처리 과정 및 처리과정에서 준수해야 할 절차 등을 의미한다.

준법제보 시스템은 법무부의 표준준법통제기준, ISO 규격, CP 제도 평가기준에서 컴플라이언스 시스템의 구성요소로 삼고 있으므로, 반드시 구축할 필요가 있다. 준법제보 시스템은 컴플라이언스 시스템 운영 시에 작동하면 되므로 구축 단계 중 다른 구성 요소의 완성 여부와 관계없이 별도로 구축을 진행할 수 있다.

4.5.7 내부심사

내부심사는 컴플라이언스 시스템이 정상적으로 작동하고 있는지 여부를 확인하는 활동이다[40]. 컴플라이언스 시스템을 구축하고 일정기간 운영한 이후 연말 또는 다음 해에 실시한다. 내부심사를 위해서는 내부심사원을 선발하여 교육한다.

4.5.8 이사회 보고 및 경영평가

준법지원인은 컴플라이언스 시스템을 구축하여 운영하고, 관련 모니터링과 내부심사를 마친 이후에 한해의 컴플라이언스 시스템 운영에 관한 사항을 정리하여 대표이사를 통하여 이사회에 보고한다.[41]

경영평가를 보고 받은 이사회는 이를 평가하여 준법지원인에게 컴플라이언스 시스템의 개선사항을 요구하고[42], 준법지원인은 이를 다음 해 컴플라이언스 시스템 운영에 반영한다.

---

40 내부심사는 상법상 준법통제제도, ISO 규격, CP 제도가 모두 요구한다.

41 이사회 보고 및 이사회의 경영평가는 상법상 준법통제제도, ISO 규격, CP 제도가 모두 요구한다.

42 실무에서는 준법지원인이 이사회 보고 시 경영평가 사항을 함께 정리하여 보고하여 승인을 받는다.

5 컴플라이언스 시스템 구축 방법론

5.1 컴플라이언스 구축 방법론

컴플라이언스 시스템은 준법통제기준, ISO 37301:2021 규격에 맞게 구축하여야 한다. 컴플라이언스 시스템의 기준인 준법통제기준과 ISO 37301:2021 규격은 컴플라이언스 시스템이 갖추어야 할 사항을 규정하고 있으나, 컴플라이언스 시스템을 어떠한 방법으로 구축해야 하는지에 관하여는 규정하고 있지 않다.

이에 컴플라이언스 시스템을 구축한 경험을 토대로 나름의 컴플라이언스 시스템 구축 방법론을 제시한다.

컴플라이언스 시스템 구축의 상황을 가정해 본다. 컴플라이언스 시스템의 구축되어 있지 않은 회사에서 관련 부서 역시 없다. 대표이사 또는 본부장이 실무책임자에게 컴플라이언스 시스템을 구축검토를 지시를 하였다.

자, 컴플라이언스 시스템 구축의 명을 받은 실무책임자는 어디에서 무엇을 어떻게 시작하여야 하는가.

◆ 컴플라이언스 구축 목적 확인

우선 컴플라이언스 시스템을 구축하려는 목적을 확인하여야 한다. 진정으로 작동하는 컴플라이언스 시스템을 구축하는 것이 목적인지, 컴플라이언스 시스템을 형식적으로 구축하여 컴플라이언스 시스템의 외관만 만들어 내려는 것이 경영진의 목적인지를 확인하여야 한다.

회사의 경영진이 형식적인 수준의 컴플라이언스 시스템 구축을 요구하는 것이 확인될 경우, 실무책임자에게 컴플라이언스 구축에서 손을 떼는 것을 제안한다. 형식적 수준의 컴플라이언스는 회사와 경영진이 스스로 위험을 회피하고 있다고 착각하게 하고 회사의 리스크 회피능력을 오히려 감소시키기 때문이다.[43] 가능하다면 실무책임자는 경영진을 설득하여 실제로 작동하는 컴플라이언스 시스템을 구축하여야 한다. 실제 작동하는 컴플라이언스 시스템은 형식적인 수준의 컴플라이언스 시스템의 구축과 비교하여 소요하는 자원의 수준은 비슷하나, 회사의 지속가능한 발전에 도움이 된다.

◆ 회사의 상황 조사 분석

실질적인 컴플라이언스 시스템 구축이 결정되었다면, 회사의 상황을 조사하여 분석한다. 회사의 상황은 회사의 영업 분야, 회사의 공급망 및 관련 관공서 등 외부 관계자, 회사의 사업장, 내부 조직의 구성 등이다. 이를 통하여 회사가 어떤 기회를 가지고 있고 어떤 위험과 의무를 부담하고 있는지 대략적인 파악이 가능하다.

◆ 컴플라이언스 구축 정도/범위 결정

회사의 상황을 조사 분석하였다면, 이를 근거로 컴플라이언스 시스템 구축의 정도와 범위를 결정한다. 컴플라이언스 시스템을 적용할 영업분야, 사업장, 관련 외부 이해관계자, 혹은 조직 내 부서의 어느 범위까지 컴플라이언스 시스템을 구축할지 여부를 결정하여야 한다. 예를 들어, 외국 사업장이나 법인이 있는 회사 또는 자회사를 보유한 회사의 경우, 외국 사업장 또는 자회사를 컴플라이언스 구축 및 운영 대상에 포함하는지 여부에 관한 의사결정을 할 수 있다. 이는 회사의 컴플라이언스 자원 등을 기초로 한 정책적인 결정이다. 회사는 컴플라이언스 시스템 구축 이후에도 컴플라이언스 시스템의 범위를 확대하거나 축소할 수 있다.

또한, 회사의 컴플라이언스 자원, 회사 영업적 특성을 기준으로 하여 컴플라이언스 시스템 구축의 정도를 결정할 수 있다. 영업 분야가 규제산업이라면 강한 정도의 컴플라이언스 시스템 구축을 하여야 하나, 영업 분야가 규제산업이 아니라면 약한 정도의 컴플라이언스 시스템 구축을 결정할 수도 가능하다.

컴플라이언스 시스템 구축의 정도는 여러 가지 기준을 둘 수가 있다. 거래 또는 계약의 규모, 준수할 법령의 종류, 고려의 대상에 포함할 행정청의 범위 및 행정청 처분

43 형식적인 수준의 컴플라이언스는 실무책임자의 시간을 낭비하고 실무부서원 전체의 커리어를 갉아먹는 부수적인 효과도 있다.

의 범위 및 종류, 관리 대상에 포함시킬 외부 이해관계자의 범위, 회사 사규를 컴플라이언스 의무에 포함시킬지 여부 등이다. 거래관계를 예로 든다면, 회사의 거래 중 5억 원 이상의 거래에 대해서 컴플라이언스 시스템을 적용하고, 5억 원 미만의 거래는 컴플라이언스 시스템에 따른 통제의 대상에서 제외할 수도 있다.

회사의 영업이 공정거래위원회 소관 법령과 관련이 있다면 CP등급 획득을 감안하여 컴플라이언스 시스템을 구축할 수 있고, 해외 진출필요가 있거나 외국의 투자자와의 관계가 중요하다면 해외의 컴플라이언스 기준인 ISO 37301:2021 규격과 ISO 37001:2016 규격에 따른 컴플라이언스 시스템 구축을 고려해 볼 수 있다[44].

◆ 컴플라이언스 조직 구성

컴플라이언스 구축을 결정하였다면 구축을 담당할 조직을 구성한다. 컴플라이언스 구축을 결정한 즉시 컴플라이언스 조직을 구성하는 것이 가장 좋고, 늦어도 회사가 구축할 컴플라이언스 시스템의 범위와 정도를 결정한 시기에는 컴플라이언스 조직을 구성한다. 컴플라이언스 조직은 회사의 규모, 팀의 수 등을 고려하여 결정한다. 컴플라이언스 시스템을 구축하면서 조직의 규모를 확대하거나 축소할 수도 있다.

컴플라이언스 담당자가 구성되면 컴플라이언스 담당자에게 컴플라이언스 시스템에 대하여 교육한다.

컴플라이언스 조직을 구성하면서 준법지원인을 선임할 수도 있고, 컴플라이언스 시스템 구축을 완료한 후 운영을 개시한 이후에 선임할 수도 있다. 혹은, 준법통제기준을 제정한 이후에 선임할 수도 있다.

◆ 컴플라이언스 컨설턴트 선임

컴플라이언스 시스템 구축을 결정한 회사는 컴플라이언스 컨설턴트를 선임을 고려해야 한다. 컨설턴트의 선임은 컴플라이언스 시스템 구축 명령을 받은 시기부터 컴플라이언스 규정 마련 사이에 컨설턴트 선임에 관한 업무를 진행하는 것이 업무 정리 및 일정 정리에 편리하다.

44 인도네시아는 인도네시아 진출 건설회사에 37001:2016 규격에 따른 반부패경영관리시스템의 구축과 ISO 인증을 요구한다.

◆ 컴플라이언스 규정 마련

컴플라이언스 조직이 갖추고 난 후에는 가장 기본적인 규정인 방침, 준법통제기준[45]을 갖추어야 하고, 필요한 수준에서 컴플라이언스 프로세스를 마련하여야 한다. 컴플라이언스 프로세스는 일단 전체 프로세스를 갖춘 이후에 관련 프로세스에 관한 업무를 진행하면서 수정하는 것이 실무상 업무의 흐름이 부드럽다. 이외에도 준법제도 관련 지침 등이 추가될 수 있다.

컴플라이언스 규정은 컴플라이언스 시스템 구축 중 시행할 수도 있고, 컴플라이언스 시스템 운영을 개시하면서 시행할 수도 있다.

◆ 부서별 담당자 선발

컴플라이언스 규정을 마련한 즈음에는 각 부서별 컴플라이언스 담당자를 선발하고 교육한다. 담당자에 대한 교육은 컴플라이언스 시스템 일반, 컴플라이언스 관련 규정, 의무등록부 및 리스크 식별표의 작성방법을 주요 내용으로 한다. 부서별 담당자는 내부심사원을 겸하는 것이 효율적이다. 주관부서는 부서별 담당자를 통하여 이후의 컴플라이언스 시스템 구축과 운영을 함께 하므로 선발과 교육을 신중하게 하여야 한다.

◆ 의무 및 리스크 식별

주관부서는 의무등록부와 리스크 식별표 양식을 만들고 이를 작성하는 기본적인 규칙을 정한다. 양식과 규칙이 결정되면 주관부서는 부서별 담당자를 소집하여 관련 교육을 시행한다.

주관부서는 회사의 상황 분석 결과를 바탕으로 회사가 부담하고 있는 의무를 식별하고, 이후 개별부서 담당자에게 부서별 의무를 배분하여 각 부서별로 부담하는 의무를 정리한다.

주관부서는 각 부서별로 부담하는 하는 의무를 식별하여 확정한 이후 개별부서 담당자와 함께 각 부서가 부담하는 리스크를 식별한다[46].

---

45 준법통제기준은 이사회 동의로 대표이사가 제정한다. 따라서, 준법통제기준을 마련하였다면 이사회의 의결을 받아야 한다.

46 주관부서는 기본적인 리스크를 식별한 이후 이를 개별부서에 제공하면서, 개별부서와의 면담 등을 통하여 개별부서의 리스크를 이끌어 내어 식별하는 방법을 사용할 수 있다.

리스크 식별 시 각 리스크의 발생가능성과 리스크의 크기를 평가하여 고유리스크[47]를 평가한다. 또한, 리스크 식별 단계에서는 리스크 식별과 함께 리스크를 제거하거나 줄일 수 있는 리스크 통제수단을 함께 설정한다.

◆ 컴플라이언스 목표 설정

리스크 식별과 통제수단 설정이 완료되었다면, 주관부서는 전사적인 컴플라이언스 목표를 설정하고, 개별부서는 개별부서의 컴플라이언스 목표를 설정한다. 컴플라이언스 시스템 구축 시 개별부서는 컴플라이언스 목표 설정에 어려움을 겪으므로, 주관부서가 부서별 컴플라이언스 목표의 예시를 작성하여 각 부서에 배포하여 선택하게 하는 것이 업무 진행 상에 도움이 된다.

◆ 컴플라이언스 시스템에 관한 전사적 교육

컴플라이언스 시스템 체계, 규정 리스크 식별 및 통제활동 등 전사적인 컴플라이언스 정책에 관하여 전임직원을 대상으로 교육한다.[48]

◆ 준법제보 시스템의 구축

리스크 식별 작업은 상당히 오랜 시간이 소요된다. 따라서 리스크 식별 작업을 진행하는 와중에 준법제보 시스템을 구축한다. 준법제보 시스템은 회사의 내·외부 전산자산을 이용하여 구축하고, 내외부에 준법제보 시스템의 시행을 알려서 개시한다. 준법제보 시스템 역시 컴플라이언스 시스템 운영 개시 전후에 운영 시기를 결정할 수 있다.

◆ 컴플라이언스 시스템 운영의 개시

리스크 식별과 통제수단의 설정을 마쳤다면 컴플라이언스 시스템 운영의 준비는 사실상 완료되었다. 통제수단의 설정이 완료되는 대로 각 부서에 통제수단을 실시할 것을 요구하여 컴플라이언스 시스템 운영을 개시한다.

---

47 고유리스크란 리스크 발생가능성과 영향도를 곱하여 산출한 리스크의 "크기" 또는 "위험성"을 의미한다.

48 전사적 교육이므로 임직원의 출결 관리가 참여가 쉽지 않다. 따라서, 컴플라이언스 자원에 여유가 된다면 컴플라이언스 시스템 구축 중 온라인으로 교육을 녹화하여 컴플라이언스 시스템 구축 중 또는 컴플라이언스 시스템 운영 개시 직후 온라인 교육시스템을 이용한 교육을 추천한다.

이때, 몇 가지 확인할 사항이 있다. 방침을 선언하였는지 여부, 준법통제기준, 컴플라이언스 프로세스 등 컴플라이언스 관련 규정이 시행되어 있는지 여부, 준법제보 시스템이 작동하고 있는지 여부, 준법지원인을 선임하였는지 여부를 확인하여야 한다.

컴플라이언스 시스템 운영은 보통 컴플라이언스 시스템 운영에 관한 대표이사의 메시지로 시행한다. 대표이사의 메시지는 회사 홈페이지, 그룹웨어, 이메일로 배포한다.

◆ 컴플라이언스 시스템의 운영

컴플라이언스 시스템 운영을 개시하였다면 우선 각 개별부서가 통제수단을 시행하는 것을 지원한다. 통제수단의 설정과 시행은 다른 차원의 문제이기 때문에, 실무상 발생하는 난관을 주관부서가 적절히 지원할 필요가 있다.

주관부서는 시스템 개시 전 완료하지 못한 사항이 있다면 이를 보완한다. 또한, 컴플라이언스 관련 세부 규정 또는 관련 양식을 작성하여 배포하고, 컴플라이언스 교육, 준법점검, 내부심사, 모니터링 등에 관하여 계획을 하고, 계획에 따라 관련 컴플라이언스 활동을 개시한다.

5.2 | ISO 인증 및 CP 등급 평가신청

ISO 인증과 CP 등급평가 신청은 컴플라이언스 시스템을 1년 이상 시행하여, 임직원과 주관부서가 컴플라이언스 시스템 운영에 익숙해지고, 컴플라이언스 시스템의 하자를 어느 정도 제거한 이후에 진행하는 것이 좋다. 컴플라이언스 시스템 운영을 개시하자 마자 인증심사 또는 CP 등급평가를 신청할 경우, 주관부서와 각 개별부서가 컴플라이언스 시스템 운영에 익숙하지 않은 상태에서 심사를 받게 되어 인증심사에 실패하거나 낮은 수준의 CP 등급을 받을 가능성도 있기 때문이다.

그럼에도 불구하고, 속도의 한국인은 컴플라이언스 시스템을 구축하자 마자 ISO인증심사와 CP 등급 평가를 신청하는 경우도 있고, 실제로 인증심사를 통과하고 우수한 수준의 CP 등급평가를 받는 경우도 있으니, 회사의 정책 및 컴플라이언스 수준에 따라 관련 인증 등의 신청 시기를 결정하기 바란다.

6 컴플라이언스 시스템 구축기반 다지기

6.1 | 회사 상황의 파악

◆ **회사 상황의 파악**

회사 상황의 파악은 컴플라이언스 구축 방법론에서 살펴본 바와 같이 회사의 비즈니스 모델, 내외부 이해관계자, 관련 법령 등을 파악하여 컴플라이언스 시스템 구축 범위 등을 확정하기 위한 준비단계이다. 이에 관하여는 반도체 장비를 생산 및 설치하는 가상의 A社 상황파악 예를 통하여 확인해 보자.

◆ **회사 상황 파악의 예시**

회사 상황 및 이해관계자들의 요구 등

작성기준일: 2024. 1. 2.

1. **회사 상황의 이해 및 컴플라이언스 이슈 결정**

가. 대외적 고려 사항

1) 비즈니스 모델

주요 사업내용

반도체 생산 장비의 설계, 제조 및 설치

반도체 생산 장비 운용 관련 소프트웨어의 개발

반도체 생산 장비 유지보수 및 업그레이드

주요 운영전략

고객 생산 반도체의 특성, 생산 공장의 배치 등 고객의 요구사항에 따라 맞춤형으로 관련 설비를 설계, 생산

다품종 소량생산, 주문제작 방식의 거래방식

고객의 투자결정 시부터 고객과 소통하며 고객의 요구사항을 반영 고객의 요구사항을 예측하여 R&D

기계 및 소프트웨어 기술과 인력 개발이 회사 경쟁력 유지의 핵심

규모와 규모의 복잡성

매출액(2023년): 3,500억 원

본사소재지: 서울 성동구 XX 동

임직원현황: 3본부, 30팀, 392명(2023년 12월 기준)

2) 제3자와의 비즈니스 관계의 성질과 범위

고객: 국내외 반도체 생산 기업

수급사업자: 반도체 생산 시설 설계, 제조, 설치 국내외 기업

3) 관련 법령 및 규제상황

분야	적용법규
인사/노무	근로기준법 등
거래관계	민법, 상법, 공정거래법 등
생산 등	하도급법, 건설산업기본법, 상생법, 민법 등
안전·보건	중대재해처벌법, 산업안전보건법
R&D	부정경쟁방지법, 산업기술보호법, 저작권법, 특허법 등

4) 경제상황

반도체 경기순환에 선행하는 투자결정에 따르지만, 엔지니어링 역량, 수주실적, 원가경쟁력 보유 업체 위주로 주요 사업에 대한 수주가 이루어지면서 일정 수준 과점 시장 형성

5) 사회문화 환경적 상황

AI 투자 확대로 반도체 수요 증가

챗 GPT 서비스의 발표 이후 전 세계적으로 반도체 수요가 증가함에 따라 국내외적으로 반도체 설비에 대한 수요 증가 추세.

반도체 무기화 현상의 가속

선진국 중심으로 반도체를 국가 핵심 자원으로 관리하고, 반도체 공장 자국 유치 움직임 가속화.

반도체 생산설비 동아시아에서 미국 및 유럽으로 이동 경향 증가, 국가핵심기술 지정으로, 반도체 생산설비 자원화·무기화, 국가간 이동 제한 가능성 상승.

나. 대내적 고려 사항

1) 자원

컴플라이언스 시스템 관련 자원

교육 관련 부서가 전사적으로 개인정보보호, 영업비밀보호, 직장내 성희롱 및 괴롭힘 방지 등 법령 요구 교육 수행 중.

품질 안전 환경 관련 안전보건관리체계를 갖추고ISO14001, 9001, 45001 인증 취득, 정보보호 관련 ISMS 인증 취득.

2023년 영업비밀침해방지 및 중대재해처벌법 관련 교육 실시.

회사 사내전산팀 사내포털과 홈페이지 운영, 컴플라이언스 자원 활용 가능.

컴플라이언스 관리 체계 및 역할

대표이사 직속 법무실, 법무팀

컴플라이언스 시스템 구축 시 법무실 실장(임원) 준법지원인 선임하고, 법무팀장을 컴플라이언스 실무 책임자로 임명 예정

사내전산팀은 컴플라이언스 활동 관련 기술지원 가능

2) 규범준수 문화

회사에 상법 제542조의13에 따른 준법통제체제 미구축이나, 2015년부터 법무팀 및 사내변호사 활용하여 계약서 검토, 법률자문 등 거래상 리스크와 법령 위반 회피하기 위한 기본적인 체계 유지.

2. 관련 이해관계자 결정 및 요구사항

가. 외부 이해관계자 요구사항

고객사 납기준수, 설비성능 신뢰도, 영업비밀보호, 가격경쟁력 확보

주주 및 투자자 매출 및 순이익 성장, 우발채무 방지, 리스크 관리

수급사업자 공정거래 자율준수 체계 확립, 하도급법 준수, 안정적 매출

정부 하도급법, 건설산업기본법 등 법령 및 규제 준수

지역사회 환경오염 방지, RE100 실천, 지역 상권활성화

나. 내부임직원 요구사항

임직원 일과 삶의 균형, 근로기준법 준수, 처우개선, 복지향상

이사회 이사회에 대한 철저한 보고, 사업의 합법성 확보

6.2 구축 범위의 설정

컴플라이언스 시스템 구축의 원칙은 전사를 구축의 범위로 삼는 것이다. 규모가 작은 회사는 컴플라이언스 시스템 구축의 범위를 전사적으로 설정해도 어려움이 없으나 여러 개의 공장을 운영하고 있거나, 해외지사 또는 법인을 운영하고 있는 경우 등 조직이 방대하고 관리포인트가 많은 회사의 경우 회사의 일부, 공장의 일부 또는 사업의 일부를 컴플라이언스 시스템 구축의 대상으로 한정할 수 있다. 이 경우 컴플라이언스 시스템 도입의 필요성(부담 의무 또는 고유리스크의 중대성 등을 근거로 판단한다), 회사의 지분구조, 지리적, 영업적 특성을 기준으로 컴플라이언스 시스템 구축 범위를 판단한다.

회사의 조직 또는 영업 일부로 범위를 한정하여 컴플라이언스 시스템을 구축한 이후 제도가 정착되는 과정에서 구축 범위를 단계적으로 확대하는 단계적 구축 전략을 사용할 수도 있다. 컴플라이언스 시스템 구축이 처음이고 회사 내에 컴플라이언스 전문가가 존재하지 않는다면 시스템 구축과 운용에 있어서 발생할 수 있는 비용과 시행착오를 최소화하기 위해 단계적 구축 전략을 선택할 수 있다. 아래에서 컴플라이언스 시스템 구축 범위 결정의 예를 살펴본다.

◆ 컴플라이언스 시스템 구축 범위 결정의 예

컴플라이언스 시스템 적용(구축) 범위 결정

1) 컴플라이언스 의무: 컴플라이언스 의무등록부[49]

2) 컴플라이언스 리스크 평가: 컴플라이언스 리스크 식별 평가표

---

49 회사가 작성한 의무등록부 기재 의무로 한정하여 컴플라이언스 시스템을 구축한다는 의미이다.

3) 지리적 범위: 본사 및 생산공장

본사: 서울특별시 성동구 XX동

생산공장: 경기도 용인시 처인구 XX동

6.3 | 컴플라이언스 조직 구성

주관부서는 컴플라이언스 시스템 구축 및 운영에 관한 사항을 전반적으로 검토하여, 컴플라이언스 시스템을 설계하고, 리스크 식별표의 작성 및 배포 등을 수행한다. 이에 주관부서는 최소 회사에 입사한 후 1년 이상으로서 회사의 영업 흐름, 각 부서의 업무 범위 등에 관하여 숙지하고 있는 직원을 선별하여 구성하는 것이 좋다. 신입사원을 채용하여 컴플라이언스를 구축할 경우, 컴플라이언스 시스템을 오해없이 받아들여 컴플라이언스 자체에 대한 이해가 높은 장점이 있는 반면에 회사 전반적인 사항에 대한 이해와 인적 네트워크의 부족의 단점이 있을 수 있다.

주관부서가 구성이 된다면 상법이 요구하는 수준의 자격을 갖춘 준법지원인을 선임하거나 지명한다. 상법상 준법지원인의 선임은 이사회의 결의를 요구하고 있으므로, 준법지원인 선임을 전후로 이사회 결의를 받는 것이 타당하다. 다만, 준법지원인 선임의 근거가 준법통제기준에 규정되어 있으므로, 준법통제기준의 제정 이후에 준법지원인[50]을 선임하는 것도 무방하다.

컴플라이언스 조직은 회사의 규모, 구축 예정인 컴플라이언스 제도의 업무량에 따라서 차이가 나지만 최소 3명 이상으로 구성해야 한다.

6.4 | 컴플라이언스 예산 확보

컴플라이언스 조직을 구성한 이후에는 컴플라이언스 예산을 확보하여야 한다. 컴플라이언스 예산에는 다음과 같은 예산을 포함시키는 것이 타당하다.

50 회사가 CP 등급 신청까지 고려하고 있다면, 준법지원인을 자율준수책임자로 함께 임명한다. 또한, 이 경우 준법지원인이 이사, 임원 등 독립적인 지위를 가지고 있다면 CP 등급 신청 시 보다 높은 점수를 받을 수 있다.

◆ **컴플라이언스 예산 구성의 예**

컨설팅 비용 및 인증비용[51]
주관부서, 내부심사원, 임직원 컴플라이언스 교육 비용[52]
수료증, 상장, 임명장, 관련 서적구매 등을 위한 비용
주관부서 사기진작을 위한 회식비용

6.5 | 컴플라이언스 컨설턴트 선임

컴플라이언스 예산을 확보하였다면, 컴플라이언스 시스템 구축을 지원할 컨설턴트를 선임한다. 컨설턴트는 컴플라이언스 시스템 구축 전반에 관하여 회사에 조언을 할 수 있으므로, 주관부서 내에 컴플라이언스 시스템 구축 및 운영의 경험자가 없는 회사라면 컨설턴트 선임은 필수적이다. 다만, 회사가 상대적으로 소규모이거나 회사 내부에 컴플라이언스 전문가나 제도 구축 및 운영에 관한 경험자가 있는 경우에는 컨설턴트 선임이 없이도 제도 구축이 가능할 것이다.

컨설턴트는 회사의 영업 범위에 따라 적절한 리스크 및 통제수단을 제안하며 컴플라이언스 제도 구축에 필수적인 여러 가지 규정, 리스크 식별표 양식, 모니터링 체크리스트 등을 제공하고, 관련 양식을 작성하거나 회사의 실정에 맞는 현지화에 도움을 제공하므로, 컨설턴트 선임은 제도 구축에 소요되는 시간과 자원 절약에 도움이 된다.

6.6 | 컴플라이언스 시스템 구축 선언

컴플라이언스 시스템은 구축과 운영에 개별부서의 실행과 조력이 절대적으로 필요하다. 따라서, 컴플라이언스 시스템 구축을 결정한 이후에는 대표이사(이사회 또는 최고

51 ISO 37301:2021, ISO 37001:2016, CP 등급 신청 등 컴플라이언스 시스템 구축 목적과 신청 인증 등의 종류에 따라 컨설팅 비용과 인증비용은 차이가 발생한다.

52 일부 교육은 컴플라이언스 컨설팅 과정에서 제공된다.

경영자)가 전사적으로 컴플라이언스 시스템 도입을 선언하고, 시스템 구축에 대한 전사적 협조 요청을 구하는 절차가 필요하다.

6.7 | 주관부서 교육

주관부서는 컴플라이언스 제도 구축을 위하여 컴플라이언스 시스템이 무엇인지에 대한 공통적인 시각을 갖출 필요가 있어 컴플라이언스 시스템 자체에 대한 교육을 이수하여야 한다[53]. 주관부서에 대한 교육은 컴플라이언스 시스템의 구성 원리와 구축 및 운영에 관한 교육이 중심이 되어야 한다. 앞서 살펴본 컴플라이언스의 구성요소와 컴플라이언스 구축 방법론이 주요 교육의 내용이다. 만약, 회사가 추구하는 독자적인 방향성이나 목적이 있다면, 이 역시 함께 교육내용에 포함한다.

6.8 | 개별부서 담당자 선임 및 교육

주관부서에 대한 교육이 완료되면 전사적으로 개별부서 담당자를 선임한다. 부서별 담당자는 각 부서별 컴플라이언스 활동을 수행하는 담당자이므로 부서의 상황을 잘 알고 있는 경력 있는 직원을 선임한다. 개별부서 담당자의 역할은 각 부서별 의무등록부와 리스크 식별표를 작성하고, 통제활동 및 모니터링을 실시하는 것이다.

개별부서 담당자는 개별부서의 컴플라이언스 활동을 책임지는 것뿐만 아니라 타부서에 대한 내부심사를 수행하는 내부심사원으로 역할 하는 경우가 많아, 개별부서 담당자의 선발과 교육은 컴플라이언스 시스템 구축과 운영의 성패를 결정지을 만큼 중요하다.

53 컨설턴트를 선임할 경우 컨설턴트가 주관부서를 교육하는 것이 보통이다.

제3편

컴플라이언스 시스템 구축

7 컴플라이언스 의무 식별

7.1 | 컴플라이언스 의무 식별의 의의

◆ 의무가 있는 곳에 리스크가 있다

의무의 불이행이 리스크이다. 따라서, 컴플라이언스 의무의 식별은 리스크 식별의 선행작업이다.

컴플라이언스 의무 식별은 회사가 부담하는 모든 의무 중 회사가 인지하고 주의해야할 의무를 선별하는 활동이다. 컴플라이언스 의무 식별 시 모든 의무를 컴플라이언스 의무로 식별할 수는 없다. 음주운전을 예로 들어본다. 도로교통법은 음주운전을 금지하고 있으므로, 운전하는 사람은 모두 음주운전 금지 의무를 부담한다. 그렇다면 음주운전 금지를 회사의 컴플라이언스 의무로 식별하는 것이 타당한 것인가? 그렇지 않다. 음주운전 금지는 누구에게나 해당하는 너무나 당연한 의무이기도 하고, 임직원의 음주운전 금지를 일일이 통제할 수도 없으므로, 이러한 의무까지 회사의 컴플라이언스 의무로 식별하지 않는다.

하지만, 음주운전 금지 의무를 항상 컴플라이언스 의무로 식별하지 않는 것도 아니다. 예를 들어, 여객 또는 화물 운송을 업으로 하는 회사라면 차량 또는 항공기 등의 운전사 및 조종사의 안전한 운전 및 운항이 회사 영업의 핵심적인 사항이고, 승객의 생명에도 영향을 미치는 요소이다. 이 경우, 음주운전 금지는 회사의 영업에 결정적인 영향을 미치는 것이므로 회사의 의무에 포함하는 것이 타당할 것이다.

위와 같이 컴플라이언스 의무의 포섭여부는 고정된 것이 아니고, 회사가 영업 범위 등에 의하여 정책적으로 결정할 수 있다.

7.2 | 컴플라이언스 의무의 종류

컴플라이언스 의무는 크게 계약에 의하여 발생하는 의무, 회사 내규에 의하여 발생하는 의무, 법령에 의하여 발생하는 의무로 구분할 수 있다.

◆ 계약에 의하여 발생하는 의무

계약[54]은 거래 당사자 간에 거래에 관한 권리와 의무를 규정하는 행위이므로, 계약을 체결하면 회사는 의무를 부담한다. 회사가 계약을 통하여 부담하는 의무는 계약 체결 시 마다 계약서에 기재에 따라 의무의 종류와 범위가 달라지므로 컴플라이언스 측면에서 다루기가 쉽지 않다.

하지만, 회사가 계약에 의하여 부담하는 의무를 완전히 무시할 수도 없기 때문에, 계약에 의하여 발생하는 의무는 통상 영업팀 또는 구매팀이 부담하는 것으로 설정하고, 이를 법무팀 또는 외부 자문변호사가 계약서를 검토는 방법으로 리스크를 통제한다.

◆ 회사 내규에 의하여 발생하는 의무

회사 내규는 취업규칙과 같이 실정법이 요구하는 내규, 실정법과 관계없이 자치 질서를 위하여 마련한 내규, 실정법을 구체화한 내규로 나누어진다. 이중 실정법이 요구하는 경우와 실정법을 구체화한 내규는 법률에 의하여 발생하는 의무에서 다룰 수 있다.

회사내 자치 질서를 위한 내규의 예는 임직원의 품위유지 의무나 회사의 전결 규정 등이 있다. 당해 내규의 위반이 회사의 영업, 자금관리, 평판 등에 영향을 미칠 수 있을 경우, 회사는 이를 컴플라이언스 의무로 식별한다.

◆ 법령에 의하여 발생하는 의무

법령에 의하여 발생하는 의무는 컴플라이언스 시스템에서 가장 대표적인 의무이다.

한국의 법령은 가나다 순으로 10·27법난 피해자의 명예회복 등에 관한 법률부터 희귀질환관리법까지 총 1,659개의 법률과 이들 법률의 하위규정인 1562개의 시행령이 있고, 시행령의 하위에는 시행규칙이 있다. 법률, 시행령, 시행규칙 중 사인(私人)의

---

54 계약의 일방당사자만 의무를 부담하는 증여와 같은 편무계약은 제외한다.

권리와 의무를 설정하고 제한하는 규정이 컴플라이언스 시스템에서 의무의 범위로 인식하는 규정이다.

또한, 1,659개의 법률에는 각종 특별법, 국가기관 구성에 관한 법, 공공기관의 구성에 관한 법률 등이 포함되어 있어, 회사의 컴플라이언스에 모두 적용이 되지는 않는다.

회사의 영업에 관하여 주로 적용되는 법률은 공정거래법 등 공정거래위원회 소관법령, 근로기준법 등 고용노동부 소관법령, 특허법 등 특허청 소관 법령, 건설산업기본법 등 국토교통부 소관법령, 자본시장과 금융투자업에 관한 법률 등 금융위위원회 소관 법령, 개인정보 보호법 등 개인정보위원회 소관 법령, 물관리기본법 등 환경부 소관법령, 식품위생법 등 식품의약품안전처 소관 법령 등이 있다.

공정거래법상 사업자는 불공정거래를 하지 않을 의무를 부담하고[55], 대규모 기업집단에 해당하는 상호출자제한기업집단 및 공사대상기업집단[56]은 계열회사 간 부당지원 금지 의무를 부담한다.[57]

---

55 공정거래법 제45조(불공정거래행위의 금지) ① 사업자는 다음 각 호의 어느 하나에 해당하는 행위로서 공정한 거래를 해칠 우려가 있는 행위(이하 "불공정거래행위"라 한다)를 하거나, 계열회사 또는 다른 사업자로 하여금 이를 하도록 하여서는 아니 된다.

1. 부당하게 거래를 거절하는 행위
2. 부당하게 거래의 상대방을 차별하여 취급하는 행위
3. 부당하게 경쟁자를 배제하는 행위
4. 부당하게 경쟁자의 고객을 자기와 거래하도록 유인하는 행위
5. 부당하게 경쟁자의 고객을 자기와 거래하도록 강제하는 행위
6. 자기의 거래상의 지위를 부당하게 이용하여 상대방과 거래하는 행위
7. 거래의 상대방의 사업활동을 부당하게 구속하는 조건으로 거래하는 행위
8. 부당하게 다른 사업자의 사업활동을 방해하는 행위
9. 부당하게 다음 각 목의 어느 하나에 해당하는 행위를 통하여 특수관계인 또는 다른 회사를 지원하는 행위
   가. 특수관계인 또는 다른 회사에 가지급금·대여금·인력·부동산·유가증권·상품·용역·무체재산권 등을 제공하거나 상당히 유리한 조건으로 거래하는 행위
   나. 다른 사업자와 직접 상품·용역을 거래하면 상당히 유리함에도 불구하고 거래상 실질적인 역할이 없는 특수관계인이나 다른 회사를 매개로 거래하는 행위
10. 그 밖의 행위로서 공정한 거래를 해칠 우려가 있는 행위

56 공정거래법 제31조(상호출자제한기업집단 등의 지정 등) ① 공정거래위원회는 대통령령으로 정하는 바에 따라 산정한 자산총액이 5조원 이상인 기업집단을 대통령령으로 정하는 바에 따라 공시대상기업집단으로 지정하고, 지정된 공시대상기업집단 중 자산총액이 국내총생산액의 1천분의 5에 해당하는 금액 이상인 기업집단을 대통령령으로 정하는 바에 따라 상호출자제한기업집단으로 지정한다. 이 경우 공정거래위원회는 지정된 기업집단에 속하는 국내 회사와 그 회사를 지배하는 동일인의 특수관계인인 공익법인에 지정 사실을 대통령령으로 정하는 바에 따라 통지하여야 한다.

57 공정거래법 제47조(특수관계인에 대한 부당한 이익제공 등 금지) ① 공시대상기업집단(동일인이 자연인인 기업집단으로 한정한다)에 속하는 국내 회사는 특수관계인(동일인 및 그 친족으로 한정한다. 이하 이 조에서 같다), 동일인이 단독으로 또는 다른 특수관계인과 합하여 발행주식총수의 100분의 20 이상의 주식을 소유한 국내 계열회사 또는 그 계열회사가 단독으로 발행주식총수의 100분의 50을 초과하는 주식을 소유한 국내 계열회사와 다음 각 호의 어느 하나에

회사의 영업 분야마다 각 다른 법률의 적용을 받기 때문에 회사의 영업분야에 따라 적용되는 법령을 검색하여 회사가 부담하는 의무를 파악해야 한다.

회사의 영업 분야마다 다르겠지만, 아래의 법률은 어느 정도 규모가 되는 회사에 공통적으로 적용되는 법률이므로 회사의 의무 식별 시 참조하기 바란다.

◆ 공통 적용 법률

노동 관련 법률
근로기준법, 남녀고용평등과 일·가정 양립 지원에 관한 법률 기간제 및 단시간근로자 보호 등에 관한 법률, 파견근로자 보호 등에 관한 법률, 장애인고용촉진 및 직업재활법, 장애인차별금지 및 권리구제 등에 관한 법률, 최저임금법, 채용절차의 공정화에 관한 법률, 근로자퇴직급여보장법, 산업재해보상보험법, 고용보험법, 국민연금법, 국민건강보험법, 노동조합 및 노동관계 조정법, 근로자참여 및 협력증진에 관한 법, 개인정보 보호법

영업에 관한 법률 등
민법, 상법, 주식회사 등의 외부감사에 관한 법률, 자본시장과 금융투자업에 관한 법률, 부정청탁 및 금품등 수수의 금지에 관한 법률 부정경쟁방지 및 영업비밀보호에 관한 법률, 산업안전보건법, 중대재해 처벌 등에 관한 법률, 공정거래법, 약관의규제에관한법률, 하도급거래 공정화에 관한 법률, 대·중소기업 상생협력 촉진에 관한 법률, 특허법, 디자인보호법, 실용신안법, 저작권법, 상표법, 개인정보 보호법

해당하는 행위를 통하여 특수관계인에게 부당한 이익을 귀속시키는 행위를 하여서는 아니 된다. 이 경우 다음 각 호에 해당하는 행위의 유형 및 기준은 대통령령으로 정한다.

1. 정상적인 거래에서 적용되거나 적용될 것으로 판단되는 조건보다 상당히 유리한 조건으로 거래하는 행위
2. 회사가 직접 또는 자신이 지배하고 있는 회사를 통하여 수행할 경우 회사에 상당한 이익이 될 사업기회를 제공하는 행위
3. 특수관계인과 현금이나 그 밖의 금융상품을 상당히 유리한 조건으로 거래하는 행위
4. 사업능력, 재무상태, 신용도, 기술력, 품질, 가격 또는 거래조건 등에 대한 합리적인 고려나 다른 사업자와의 비교 없이 상당한 규모로 거래하는 행위

7.3 | 개별부서 의무 식별

회사가 부담하는 전체 의무를 확인하였다면, 이를 근거로 각 부서가 부담하는 의무를 기록하여 문서화하여야 한다. 이를 의무등록부라 한다. 의무등록부는 아래와 같이 조직의 부서명과 법률명(의무명)을 기재하여 작성한다.

부서별 의무등록부 예시

부서명	법률명(또는 의무명)
인사팀	근로기준법, 남녀고용평등과 일·가정 양립 지원에 관한 법률, 개인정보 보호법 등
영업팀	부정청탁 및 금품등 수수의 금지에 관한 법률, 부정경쟁방지 및 영업비밀보호에 관한 법률, 독점규제 및 공정거래에 관한 법률 등
구매팀	독점규제 및 공정거래에 관한 법률, 하도급거래 공정화에 관한 법률, 대·중소기업 상생협력 촉진에 관한 법률 등
R&D팀	특허법, 디자인보호법, 실용신안법, 저작권법 등

8 컴플라이언스 리스크 식별

8.1 리스크 식별

리스크 식별은 컴플라이언스 시스템 구축의 시작이자 끝이며, 컴플라이언스 활동의 꽃이라 부를 수 있다. 의무등록부를 작성하였다면, 회사가 의무 불이행으로 발생할 수 있는 리스크를 식별해야 한다. 개별부서 담당자가 부서업무에 따른 리스크를 식별하고, 주관부서가 이를 지원한다.

리스크 식별은 개별부서에서 발생할 수 있는 리스크의 종류, 위험성을 파악하는 것이다. 리스크 식별 시 리스크가 발생 원인 또는 상황을 함께 정리하면 해당 리스크를 통제하는 통제수단을 설정할 때 도움이 된다. 인사팀의 리스크를 예로 들어본다.

◆ 리스크 식별의 예 - 인사팀

근로기준법에 따라 회사의 직원은 주 52시간을 초과하여 근로할 수 없다. 따라서, 인사팀은 직원이 주 52시간 초과근로를 하는 내용의 근로기준법 위반 리스크를 식별할 수 있다. 이러한 리스크가 발생하는 원인은 회사 직원의 근로시간이 계산(또는 통제)되고 있지 않거나 초과근로를 하고 있음을 알고 있음에도 불구하고 시급한 프로젝트의 해결을 위하여 해당 부서의 부서장이 52시간 초과근로를 명령하였기 때문이다.[58]

인사팀 리스크의 또 다른 예로는 퇴직금 지급기일이 있다. 근로기준법 제36조 및

58 52시간 초과근로 금지 의무에 대하여 근로시간 미통제, 부서장의 명령이라는 두 가지 리스크를 설정할 수도 있고, 52시간 초과근로 금지 위반 리스크를 설정하고 그 원인으로 근로시간 미통제, 부서장 명령의 두 가지 원인을 설정할 수도 있다.

제109조에 따라[59] 근로자가 퇴직할 경우 퇴직일로부터 14일 이내에 퇴직금을 지급해야 하고, 이를 이행하지 않을 경우, 3년 이하의 징역 또는 3천만 원 이하의 벌금에 처해질 수 있으므로[60], 퇴직 근로자에게 14일 이내에 퇴직금을 지급하지 않는 행위 역시 리스크로 식별할 수 있다. 퇴직금 미지급 리스크의 원인으로는 회사의 퇴직충당금이 부족하지 않은 이상, 퇴직급여 담당자가 관련 규정을 숙지하지 못하여 퇴직급여 지급을 지연하였을 가능성이 높다.

인사팀 리스크 식별표

의무	원인	발생상황	조문	벌칙
근로기준법	규정미숙지 인력부족	근로자에 대한 주 52시간을 초과하여 근로를 지시	제53조①	2년 이하의 징역 또는 2천만원 이하의 벌금
근로기준법	규정미숙지 예산부족	퇴직일 15일 이후 퇴직금 지급	제36조	3년 이하의 징역 또는 3천만원 이하의 벌금

◆ 리스크 식별의 예 - 구매팀

하도급법은 하도급거래에 관한 서면 발급 이전에 도급인이 하수급인에게 과업을 지시하는 것을 금지하고 있다. 따라서, 구매팀이 하도급 계약서에 대한 기명날인 이전에 하수급인에게 업무를 지시한다면 이는 서면 미발급으로서 하도급법 위반의 리스크이다.

구매팀이 부담하는 리스크의 또 다른 예는 경쟁입찰로 하수급인을 선정하면서 입찰 이후에 하수급인과 협상을 계속해서 하도급 대금을 감액하는 행위이다. 도급인으로서는 예산이 빠듯하거나 이익을 극대화하기 위하여 경쟁입찰 이후에 하수급인과 협상을 지속하는 경우가 있는데, 입찰 후 재협상은 협상을 정당화할 특별한 사유가 있는 경우 외에는 하도급법 위반에 해당할 가능성이 아주 높다[61]. 이러한 리스크가 발생하

---

59 근로기준법 제36조(금품 청산) 사용자는 근로자가 사망 또는 퇴직한 경우에는 그 지급 사유가 발생한 때부터 14일 이내에 임금, 보상금, 그 밖의 모든 금품을 지급하여야 한다. 다만, 특별한 사정이 있을 경우에는 당사자 사이의 합의에 의하여 기일을 연장할 수 있다.

60 제109조(벌칙) ① 제36조, 제43조, 제44조, 제44조의2, 제46조, 제51조의3, 제52조 제2항제2호, 제56조, 제65조, 제72조 또는 제76조의3제6항을 위반한 자는 3년 이하의 징역 또는 3천만원 이하의 벌금에 처한다.

61 제4조(부당한 하도급대금의 결정 금지) ② 다음 각 호의 어느 하나에 해당하는 원사업자의 행위는 부당한 하도급대금의 결정으로 본다. (중략) 7. 경쟁입찰에 의하여 하도급계약을 체결할 때 정당한 사유 없이 최저가로 입찰한 금액보다 낮은 금액으로 하도급대금을 결정하는 행위

는 이유는 구매팀이 하도급법 규정을 인지하지 못하고 있거나, 인지하고 있음에도 불구하고 원가경쟁력 압력을 받은 구매팀 또는 경영진이 잘못된 결정을 하기 때문이다.

하나의 리스크가 동시에 여러 개별부서의 리스크가 될 수도 있고, 여러 개의 부서가 하나의 리스크를 동시에 부담할 수도 있다. 동일한 리스크가 적용 국면을 달리하여 다른 부서에 적용될 수도 있다. 예를 들어, 위에서 살펴본 하도급법에 따른 서면 미발급 리스크는 구매팀의 리스크인 동시에 생산부서의 리스크일 수도 있다. 즉, 구매팀의 리스크는 업무 지시 이전에 "서면 계약을 체결하지 않은 것"이지만, 이는 동시에 서면 계약 체결 이전에 "업무 지시를 한" 생산부서의 리스크로 식별될 수 있다.

하나의 리스크는 다양한 발생원인 및 발생상황을 가질 수 있다. 서면 미발급을 다시 예로 들어본다. 서면미발급은 생산부서가 하수급인에게 업무지시를 하기 이전에 구매계약 체결 사실을 확인하지 않아 발생할 수도 있고, 구매계약 미체결 사실을 알고 있었음에도 불구하고 해당 리스크를 무시(또는 감내)하려고 하였기 때문에 발생할 수도 있다. 예를 들어, 생산부서와 하수급인이 오랫동안 손발을 맞추어 서면발급(계약서 날인)에 큰 의미를 부여하지 않거나, 생산부서의 생산일정이 타이트하여 하도급법을 위반하면서까지 업무를 이행하려고 하였기 때문에 발생할 수 있다.

구매팀 리스크 식별표 1

의무	원인	발생상황	조문	벌칙
하도급법	부서간 의사교환 미숙 납기촉박	하도급 업무 개시 이전에 서면계약서 미발급, 하도급법이 요구하는 사항을 하도급계약서에 미반영, 하도급계약서에 양 당사자 기명날인 누락	제3조 ①	하도급대금 2배에 달하는 벌금

구매팀 리스크 식별표 2

의무	원인	발생상황	조문	벌칙
하도급법	법규 미숙지 부서간 의사교환 미숙	경쟁입찰로 하수급인을 선정한 이후, 특별한 이유 없이 하수급인과 단가 또는 총액에 관하여 협상을 하거나 협상을 하나 계약대금을 변경	제4조 ①	하도급대금 2배에 달하는 벌금

8.2 | 주요 리스크

위에서는 인사팀과 구매팀의 리스크 예시를 살펴보았다. 아래에서는 주식회사가 부담하는 주요 리스크 중 일부를 살펴본다.

◆ 거버넌스 등 관련 리스크

상법, 공정거래법, 자본시장법은 주식회사의 주식, 기관, 주주, 회사의 조직 등에 관하여 회사가 준수해야 할 의무를 굉장히 광범위하게 규정하고 있는 바, 당해 규정의 위반은 사법(私法) 및 공법상 리스크를 구성할 수 있다. 거버넌스 관련 리스크는 개괄적으로 회사의 설립, 신주의 발행, 취득, 신주양수권의 양수도에 관한 등 주식에 관한 리스크, 회사의 기관으로서 이사회 및 주주총회의 개최, 의결 및 주주와 이사의 지위에 관한 리스크, 회사의 합병 등 조직의 변경에 관한 리스크, 회사 임직원의 내부정보를 이용한 주식 매매 등 임직원 리스크로 구분할 수 있다.

예를 들어, 회사가 다른 회사의 주식을 10분의 1 이상 취득할 경우, 이를 다른 회사에 통지하여야 하고(상법 제369조 제1항 참조), 회사의 주식매수선택권을 부여하거나 신주인수권을 부여할 경우에도 상법 및 정관이 규정한 절차를 준수하여야 한다. 회사가 다른 회사의 주식을 취득하여 모·자회사 관계가 될 경우 자회사는 상법상 특별한 사유가 없을 경우 모회사의 주식을 취득할 수 없고, 주식취득, 합병, 임원 겸임 등을 통한 기업결합이 있을 경우, 이를 공거래위원회에 신고[62]하지 않을 경우 제재를 받을 수 있으므로 이 역시 지배구조 관련 리스크에 해당한다.[63]

---

62 법률에는 신고라고 규정되어 있으나 실무는 승인으로 해석하여 시행한다.

63 공정거래법 제11조(기업결합의 신고) ① 자산총액 또는 매출액의 규모가 대통령령으로 정하는 기준에 해당하는 회사(제3호에 해당하는 기업결합을 하는 경우에는 대규모회사만을 말하며, 이하 이 조에서 "기업결합신고대상회사"라 한다) 또는 그 특수관계인이 자산총액 또는 매출액의 규모가 대통령령으로 정하는 기준에 해당하는 다른 회사(이하 이 조에서 "상대회사"라 한다)에 대하여 제1호부터 제4호까지의 규정 중 어느 하나에 해당하는 기업결합을 하거나 기업결합신고대상회사 또는 그 특수관계인이 상대회사 또는 그 특수관계인과 공동으로 제5호의 기업결합을 하는 경우와 기업결합신고대상회사 외의 회사로서 상대회사의 규모에 해당하는 회사 또는 그 특수관계인이 기업결합신고대상회사에 대하여 제1호부터 제4호까지의 규정 중 어느 하나에 해당하는 기업결합을 하거나 기업결합신고대상회사 외의 회사로서 상대회사의 규모에 해당하는 회사 또는 그 특수관계인이 기업결합신고대상회사 또는 그 특수관계인과 공동으로 제5호의 기업결합을 하는 경우에는 대통령령으로 정하는 바에 따라 공정거래위원회에 신고하여야 한다.

1. 다른 회사의 발행주식총수(「상법」 제344조의3제1항 및 제369조제2항·제3항의 의결권 없는 주식의 수는 제외한다. 이하 이 장에서 같다)의 100분의 20[「자본시장과 금융투자업에 관한 법률」에 따른 주권상장법인(이하 "상장법

한편, 회사의 기관인 이사회 및 주주총회를 개최하고 의결을 위하여서는 상법이 규정한 방법에 따른 절차를 준수하여야 한다(상법 제362조, 제363조, 제390조 및 제391조 참조). 이를 준수하지 않을 경우 이사회 및 주주총회의 결의가 추후 취소되거나 무효확인[64]을 받을 수 있어 회사의 리스크이다.

또한, 이사회의 구성에 있어서 그 자격이 없는 자는 이사에 선임될 수도 없고, 이사에 선임된 상태라고 하더라도 권리와 의무를 행사할 수 없으므로, 이사회 구성에서도 리스크가 발생한다.[65] 회사가 다른 회사의 주식을 10분의 1 이상을 가질 경우, 다른 회사는 회사의 주주총회에서 의결권을 행사할 수 없고(상법 제369조 제2항 참조), 회사에 특별이해관계를 가진 자는 회사의 주주총회에서 의결권을 행사할 수 없다(상법 제368조 참조).[66]

인"이라 한다)의 경우에는 100분의 15를 말한다] 이상을 소유하게 되는 경우

2. 다른 회사의 발행주식을 제1호에 따른 비율 이상으로 소유한 자가 그 회사의 주식을 추가로 취득하여 최다출자자가 되는 경우
3. 임원겸임의 경우. 다만, 다음 각 목의 경우는 제외한다.
   가. 계열회사의 임원을 겸임하는 경우
   나. 겸임하는 임원 수가 임원이 겸임되는 회사 임원 총수의 3분의 1 미만이면서 대표이사가 아닌 임원을 겸임하는 경우
4. 제9조제1항제3호 또는 제4호에 해당하는 행위를 하는 경우(「상법」 제342조의2에 따라 모회사와 자회사 간에 합병하거나 영업양수하는 경우는 제외한다)
5. 새로운 회사설립에 참여하여 그 회사의 최다출자자가 되는 경우

64 주주총회를 소집할 권한이 없는 자가 이사회의 주주총회 소집결정도 없이 소집한 주주총회에서 이루어진 결의는 특별한 사정이 없는 한 총회 및 결의라고 볼 만한 것이 사실상 존재한다고 하더라도 그 성립과정에 중대한 하자가 있어 법률상 존재하지 않는다고 보아야 한다(대법원 2022. 11. 10. 선고 2021다271282 판결 참조).

65 특정경제범죄 가중처벌 등에 관한 법률(이하 '특정경제범죄법'이라 한다) 제14조 제1항에 의하면, 이득액 5억 원 이상의 사기, 횡령 등 특정경제범죄법 제3조에 의하여 가중처벌되는 특정재산범죄로 유죄판결을 받은 사람은 법무부장관의 승인을 받은 경우가 아닌 한 유죄판결이 확정된 때부터 특정경제범죄법 제14조 제1항 각호의 기간 동안 유죄판결된 범죄행위와 밀접한 관련이 있는 기업체에 취업할 수 없다. 이는 유죄판결된 범죄사실과 밀접하게 관련된 기업체에 대한 취업을 제한함으로써 중요 경제범죄의 재발을 방지하고 이를 통하여 건전한 경제질서를 확립하며 나아가 국민경제 발전에 이바지하고자 하는 데 그 취지가 있다. 임기 만료 당시 이사 정원에 결원이 생기거나 후임 대표이사가 선임되지 아니하여 퇴임이사 또는 퇴임대표이사의 지위에 있던 중 특정재산범죄로 유죄판결이 확정된 사람은 유죄판결된 범죄행위와 밀접한 관련이 있는 기업체의 퇴임이사 또는 퇴임대표이사로서의 권리의무를 상실한다고 보아야 한다(대법원 2022. 11. 10. 선고 2021다271282 판결 참조).

66 남양유업의 이사이자 대주주가 임원보수 총액을 승인하는 주주총회 결의 관련 의결권을 행사한 사건에서 법원은 상법 제368조 제3항은 주주총회 결의에 관하여 개인적 이해를 가지는 자가 자기의 개인적 이익을 고려하여 의결권을 행사할 염려가 있으므로, 결의의 공정성을 꾀하기 위하여 의결권의 행사를 일반적으로 금지시킨 규정인 바, 위 조항의 '특별한 이해관계'는 특정한 주주가 주주의 입장을 떠나서 개인적으로 이해관계를 가지는 경우를 의미하고, 피고의 이사인 C은 이사의 보수한도액을 정하는 이 사건 결의가 이루어지면 그 한도 내에서 보수를 지급받을 수 있게 되므로 위 결의에 개인적인 이해관계를 가지는 특별이해관계인에 해당한다고 보는 것이 타당하는 취지로 판결하였다(서울중앙지방법원 2024. 5. 31. 선고 2023가합66328 판결, 서울고등법원 2025. 1. 22. 선고 2024나2027590, 2024나2051821 판결, 대법원 2025. 4. 24. 선고 2025다210138 판결 참조).

상장회사의 경우, 주주총회 소집의 공고 절차[67], 사외이사의 선임[68], 주요 주주 등과의 거래[69], 상근감사의 선임[70] 등에 관하여 특례 적용을 받고, 이를 위반한 경우 징역형에 처해지거나[71] 과태료 부과처분을 받을 수 있다(상법 제635조 제3항 등 참조).

주권상장법인은 자기주식의 취득, 합병, 주식매수청구권 등에 관하여 자본시장법 특례 규정을 적용받는다.[72]

주권상장법인의 임직원, 주요주주 및 법인과 교섭을 하는 자 또는 이들로부터 회사의 미공개중요정보를 알게 된 자는 당해 미공개 정보를 이용하여 관련 회사의 주식거래를 할 수 없다(자본시장법 제174조(미공개중요정보 이용행위 금지) 참조). 이를 위반한 자는 1년 이상의 유기징역 또는 그 위반행위로 얻은 이익 또는 회피한 손실액의 4배 이

---

67 상법 제542조의4(주주총회 소집공고 등) ① 상장회사가 주주총회를 소집하는 경우 대통령령으로 정하는 수 이하의 주식을 소유하는 주주에게는 정관으로 정하는 바에 따라 주주총회일의 2주 전에 주주총회를 소집하는 뜻과 회의의 목적사항을 둘 이상의 일간신문에 각각 2회 이상 공고하거나 대통령령으로 정하는 바에 따라 전자적 방법으로 공고함으로써 제363조제1항의 소집통지를 갈음할 수 있다.

② 상장회사가 이사·감사의 선임에 관한 사항을 목적으로 하는 주주총회를 소집통지 또는 공고하는 경우에는 이사·감사 후보자의 성명, 약력, 추천인, 그 밖에 대통령령으로 정하는 후보자에 관한 사항을 통지하거나 공고하여야 한다.

③ 상장회사가 주주총회 소집의 통지 또는 공고를 하는 경우에는 사외이사 등의 활동내역과 보수에 관한 사항, 사업개요 등 대통령령으로 정하는 사항을 통지 또는 공고하여야 한다. 다만, 상장회사가 그 사항을 대통령령으로 정하는 방법으로 일반인이 열람할 수 있도록 하는 경우에는 그러하지 아니하다.

68 상법 제542조의8(사외이사의 선임) ① 상장회사는 자산 규모 등을 고려하여 대통령령으로 정하는 경우를 제외하고는 이사 총수의 4분의 1 이상을 사외이사로 하여야 한다. 다만, 자산 규모 등을 고려하여 대통령령으로 정하는 상장회사의 사외이사는 3명 이상으로 하되, 이사 총수의 과반수가 되도록 하여야 한다.

69 상법 제542조의9(주요주주 등 이해관계자와의 거래) ① 상장회사는 다음 각 호의 어느 하나에 해당하는 자를 상대방으로 하거나 그를 위하여 신용공여(금전 등 경제적 가치가 있는 재산의 대여, 채무이행의 보증, 자금 지원적 성격의 증권 매입, 그 밖에 거래상의 신용위험이 따르는 직접적·간접적 거래로서 대통령령으로 정하는 거래를 말한다. 이하 이 조에서 같다)를 하여서는 아니 된다.

1. 주요주주 및 그의 특수관계인
2. 이사(제401조의2제1항 각 호의 어느 하나에 해당하는 자를 포함한다. 이하 이 조에서 같다) 및 집행임원
3. 감사

70 상법 제542조의10(상근감사) ① 대통령령으로 정하는 상장회사는 주주총회 결의에 의하여 회사에 상근하면서 감사업무를 수행하는 감사(이하 "상근감사"라고 한다)를 1명 이상 두어야 한다. 다만, 이 절 및 다른 법률에 따라 감사위원회를 설치한 경우(감사위원회 설치 의무가 없는 상장회사가 이 절의 요건을 갖춘 감사위원회를 설치한 경우를 포함한다)에는 그러하지 아니하다.

71 상법 제624조의2(주요주주 등 이해관계자와의 거래 위반의 죄) 제542조의9제1항을 위반하여 신용공여를 한 자는 5년 이하의 징역 또는 2억원 이하의 벌금에 처한다.

72 자본시장법 제165조의2(적용범위) ① 이 장은 다음 각 호의 어느 하나에 해당하지 아니하는 주권상장법인에 대하여 적용한다.

1. 외국법인등. 다만, 제165조의16 및 제165조의18은 그러하지 아니하다.
2. 투자회사

② 이 장은 주권상장법인에 관하여 「상법」 제3편에 우선하여 적용한다.

상 6배 이하에 상당하는 벌금형에 처해진다(자본시장법 제443조(벌칙) 제1항 제1호 참조).

또한, 주권상장법인의 임직원 및 주요주주 등 내부자로서 6개월 이내에 매매하여 수익(단기매매차익)을 얻은 경우, 당해 수익을 반환하여야 하고[73], 주권상장법인의 임직원 또는 주권상장법인은 주식의 소유상황을 증권선물위원회와 거래소에 보고하여야 한다.[74]

◆ 개인정보에 관한 리스크

개인정보처리 및 보호는 과거 정보통신망이용촉진및정보보호등에관한법률(이하 정보통신망법이라고만 한다)과 개인정보 보호법에 각자 규정되어 있었는데, 정보통신망법이 법률 제16955호로 개정되면서 개인정보처리 및 보호에 관한 규정 대부분을 개인정보 보호법으로 이관하면서 정보통신망법에서는 삭제되었다. 이에, 개인정보처리 및 보호에 관한 의무 및 리스크는 개인정보 보호법을 기준으로 한다.

개인정보처리 및 보호에 관한 리스크는 크게 개인정보 수집, 개인정보 이용, 개인정보 보호의 영역으로 구분할 수 있다.

개인정보 수집의 리스크는 개인정보를 적법하게 수집하는가의 문제이다. 이에 관하여는 개인정보 수집에 관한 동의를 받았는지 여부[75]와 개인정보 수집에 관하여 동

---

73 자본시장법 제172조(내부자의 단기매매차익 반환) ① 주권상장법인의 임원(「상법」 제401조의2제1항 각 호의 자를 포함한다. 이하 이 장에서 같다), 직원(직무상 제174조제1항의 미공개중요정보를 알 수 있는 자로서 대통령령으로 정하는 자에 한한다. 이하 이 조에서 같다) 또는 주요주주가 다음 각 호의 어느 하나에 해당하는 금융투자상품(이하 "특정증권등"이라 한다)을 매수(권리 행사의 상대방이 되는 경우로서 매수자의 지위를 가지게 되는 특정증권등의 매도를 포함한다. 이하 이 조에서 같다)한 후 6개월 이내에 매도(권리를 행사할 수 있는 경우로서 매도자의 지위를 가지게 되는 특정증권등의 매수를 포함한다. 이하 이 조에서 같다)하거나 특정증권등을 매도한 후 6개월 이내에 매수하여 이익을 얻은 경우에는 그 법인은 그 임직원 또는 주요주주에게 그 이익(이하 "단기매매차익"이라 한다)을 그 법인에게 반환할 것을 청구할 수 있다. 이 경우 이익의 산정기준·반환절차 등에 관하여 필요한 사항은 대통령령으로 정한다.

74 자본시장법 제173조(임원 등의 특정증권등 소유상황 보고) ① 주권상장법인의 임원 또는 주요주주는 임원 또는 주요주주가 된 날부터 5일(대통령령으로 정하는 날은 산입하지 아니한다. 이하 이 조에서 같다) 이내에 누구의 명의로 하든지 자기의 계산으로 소유하고 있는 특정증권등의 소유상황을, 그 특정증권등의 소유상황에 변동이 있는 경우(대통령령으로 정하는 경미한 소유상황의 변동은 제외한다. 이하 이 조에서 같다)에는 그 변동이 있는 날부터 5일까지 그 내용을 대통령령으로 정하는 방법에 따라 각각 증권선물위원회와 거래소에 보고하여야 한다. 이 경우 대통령령으로 정하는 부득이한 사유에 따라 특정증권등의 소유상황에 변동이 있는 경우와 전문투자자 중 대통령령으로 정하는 자에 대하여는 그 보고 내용 및 시기를 대통령령으로 달리 정할 수 있다.

75 개인정보 보호법 제15조(개인정보의 수집·이용) ① 개인정보처리자는 다음 각 호의 어느 하나에 해당하는 경우에는 개인정보를 수집할 수 있으며 그 수집 목적의 범위에서 이용할 수 있다.

1. 정보주체의 동의를 받은 경우
2. 법률에 특별한 규정이 있거나 법령상 의무를 준수하기 위하여 불가피한 경우
3. 공공기관이 법령 등에서 정하는 소관 업무의 수행을 위하여 불가피한 경우

의를 받았다고 하더라도 수집한 개인정보가 필요 최소한의 정보인지[76]의 리스크가 있고, 개인정보처리자가 개인정보주체로부터 직접 개인정보를 수집하지 않고 영업양도를 통하여 개인정보를 이관시키는 영업양도에 따른 개인정보의 이동에 관한 리스크(개인정보 보호법 제27조 참조)도 개인정보 수집의 리스크에 해당한다. 개인정보 수집 시에는 개인정보주체에게 개인정보 수집에 관한 정보제공을 하여야 한다.[77] 개인정보 중 특수한 취급을 받는 민감정보, 고유식별정보 및 주민등록번호의 경우에는 별도의 동의 절차를 받아야 하므로, 이 역시 개인정보 수집의 리스크에 해당한다. 고유식별정보의 경우, 별도의 동의를 받거나 법령에서 고유식별정보의 처리를 요구할 경우, 개인정보 처리자가 처리할 수 있고(개인정보 보호법 제24조 제1항 참조), 주민등록번호의 경우, 고유식별정보에 해당하지만, 개인정보 보호법 제24조의2에 별도로 그 처리를 제한하는 규정이 있어, 법률로 "주민등록번호의 처리"가 규정되어 있지 않는 한, 개인정보처리자가 처리할 수 없다.[78]

개인정보 이용에 관련된 리스크는 개인정보를 제3자에게 제공하거나(개인정보 보호법 제17조 참조), 개인정보처리를 제3자에게 위탁하거나(동법 제26조 참조), 개인정보의 파기(동법 제21조 참조), 개인정보주체 이외의 자로부터 수집한 개인정보의 처리(동법

---

4. 정보주체와 체결한 계약을 이행하거나 계약을 체결하는 과정에서 정보주체의 요청에 따른 조치를 이행하기 위하여 필요한 경우
5. 명백히 정보주체 또는 제3자의 급박한 생명, 신체, 재산의 이익을 위하여 필요하다고 인정되는 경우
6. 개인정보처리자의 정당한 이익을 달성하기 위하여 필요한 경우로서 명백하게 정보주체의 권리보다 우선하는 경우. 이 경우 개인정보처리자의 정당한 이익과 상당한 관련이 있고 합리적인 범위를 초과하지 아니하는 경우에 한한다.
7. 공중위생 등 공공의 안전과 안녕을 위하여 긴급히 필요한 경우

76 개인정보 보호법 제16조(개인정보의 수집 제한) ① 개인정보처리자는 제15조제1항 각 호의 어느 하나에 해당하여 개인정보를 수집하는 경우에는 그 목적에 필요한 최소한의 개인정보를 수집하여야 한다. 이 경우 최소한의 개인정보 수집이라는 입증책임은 개인정보처리자가 부담한다.

77 개인정보 보호법 제15조(개인정보의 수집·이용) ② 개인정보처리자는 제1항제1호에 따른 동의를 받을 때에는 다음 각 호의 사항을 정보주체에게 알려야 한다. 다음 각 호의 어느 하나의 사항을 변경하는 경우에도 이를 알리고 동의를 받아야 한다.
1. 개인정보의 수집·이용 목적
2. 수집하려는 개인정보의 항목
3. 개인정보의 보유 및 이용 기간
4. 동의를 거부할 권리가 있다는 사실 및 동의 거부에 따른 불이익이 있는 경우에는 그 불이익의 내용

78 개인정보 보호법 제24조의2(주민등록번호 처리의 제한) ① 제24조제1항에도 불구하고 개인정보처리자는 다음 각 호의 어느 하나에 해당하는 경우를 제외하고는 주민등록번호를 처리할 수 없다.
1. 법률·대통령령·국회규칙·대법원규칙·헌법재판소규칙·중앙선거관리위원회규칙 및 감사원규칙에서 구체적으로 주민등록번호의 처리를 요구하거나 허용한 경우
2. 정보주체 또는 제3자의 급박한 생명, 신체, 재산의 이익을 위하여 명백히 필요하다고 인정되는 경우
3. 제1호 및 제2호에 준하여 주민등록번호 처리가 불가피한 경우로서 보호위원회가 고시로 정하는 경우

제20조 참조), 가명정보의 처리(개인정보 보호법 제28조의2 내지 제28조의7 참조)등 개인정보를 이용하는 과정에서 발생할 수 있는 리스크이다. 또한, 개인정보를 수집한 이후에는 개인정보를 수집한 목적의 내에서만 사용하여야 하고, 수집목적을 초과하는 범위로 개인정보를 사용하고자 할 경우에는 개인정보주체로부터 별도의 동의를 받거나 개인정보 보호법이 허용하는 수준에서만 개인정보를 이용할 수 있으므로 이 역시 개인정보 이용의 리스크에 포함된다.[79]

개인정보처리자는 개인정보 보호책임자를 지정하고, 개인정보 처리방침을 수립하여 이를 관리하고, 시행하여야 한다. 또한, 물리적, 관리적, 기술적 보호조치를 통하여 개인정보를 보호하는 안전조치의무를 이행하여야 한다. 또한, 개인정보처리자는 개인정보 유출 시 개인정보주체 및 관련기관에 통지하고, 개인정보보호에 관한 인증(ISMS 인증)을 받아야 한다(동법 제4장 제29조 내지 제34조의2 참조).

개인정보보호에 관한 주무부서인 개인정보보호위원회는 법령의 시행에 관하여 다양한 수준의 고시를 운영한다.[80] 다른 규제기관 역시 여러 가지 수준의 법령의 해석, 업무절차, 실무례 등을 고시로 운영하므로 참고하기 바란다.

◆ 영업비밀 보호에 관한 리스크

영업비밀보호에 관한 리스크는 회사 영업비밀의 외부 유출 리스크와 회사 임직원의 경쟁사(또는 타회사)의 영업비밀 침해 리스크가 있다.

---

79 개인정보 보호법 제18조(개인정보의 목적 외 이용·제공 제한) ① 개인정보처리자는 개인정보를 제15조제1항에 따른 범위를 초과하여 이용하거나 제17조제1항 및 제28조의8제1항에 따른 범위를 초과하여 제3자에게 제공하여서는 아니 된다.

② 제1항에도 불구하고 개인정보처리자는 다음 각 호의 어느 하나에 해당하는 경우에는 정보주체 또는 제3자의 이익을 부당하게 침해할 우려가 있을 때를 제외하고는 개인정보를 목적 외의 용도로 이용하거나 이를 제3자에게 제공할 수 있다. 다만, 제5호부터 제9호까지에 따른 경우는 공공기관의 경우로 한정한다.

1. 정보주체로부터 별도의 동의를 받은 경우
2. 다른 법률에 특별한 규정이 있는 경우
3. 명백히 정보주체 또는 제3자의 급박한 생명, 신체, 재산의 이익을 위하여 필요하다고 인정되는 경우(후략)

80 개인정보 보호법과 관련하여 개인정보 보호위원회가 관리하는 고시는 가명정보의 결합 및 반출 등에 관한 고시, 개인정보 국외 이전 운영 등에 관한 규정, 개인정보 보호법 위반에 대한 과징금 부과기준, 개인정보 보호수준 평가에 관한 고시, 개인정보 보호책임자 경력 인정에 관한 고시, 개인정보 영향평가에 관한 고시, 개인정보 전송 및 개인정보관리 전문기관 지정 등에 관한 고시, 개인정보 처리 방법에 관한 고시, 개인정보 처리방침 평가에 관한 고시, 개인정보의 안전성 확보조치 기준, 보건의료 분야 개인정보 전송에 관한 고시, 자동화된 결정에 대한 개인정보처리자의 조치 기준, 정보보호 및 개인정보보호 관리체계 인증 등에 관한 고시, 통신 분야 개인정보 전송에 관한 고시, 표준 개인정보 보호지침 과 같이 있다.

영업비밀이란 공공연히 알려져 있지 아니하고 독립된 경제적 가치를 가지는 것으로서, 비밀로 관리된 생산방법, 판매방법, 그 밖에 영업활동에 유용한 기술상 또는 경영상의 정보를 말한다(부정경쟁방지법 제2조 2호 참조). 비밀로 관리가 된다면 기술정보, 경영상의 정보를 구분하지 않는다. 정보가 영업비밀에 해당하기 위하여는 독립된 경제적 가치를 가지고 있는 것과 함께 비밀로 관리될 필요가 있다.

따라서 회사가 보유하는 주요 관리적, 기술적, 경영적인 정보가 있다면, 당해 회사는 영업비밀을 가지고 있는 것이고, 영업비밀 보호의 리스크를 가지고 있다고 할 수 있다.

영업비밀에 관한 리스크는 회사의 영업비밀이 유출되는 리스크와 함께 회사가 타 회사의 영업비밀을 침해하는 리스크를 포함한다. 회사의 임직원이 경쟁사의 정보를 취득하거나, 회사에 경력사원이 입사하면서 이전 근무지의 정보를 USB등에 담아 사용하는 것이 해당한다. 회사가 이를 알고 있는 상태에서 당해 정보의 사용을 방치하고 유지할 경우, 회사 역시 영업비밀 침해의 리스크를 부담한다.[81]

◆ 공정거래관련 리스크

공정거래에 관한 리스크는 공정거래법, 약관규제법, 소비자기본법을 기초로 하며, 공정거래법을 기본법으로 한 하위법률로 하도급거래 공정화에 관한 법률, 대·중소기업 상생협력 촉진에 관한법률, 표시광고의 공정화에 관한 법률, 할부거래에 관한 법률, 방문판매 등에 관한 법률, 전자상거래 등에서의 소비자보호에 관한 법률, 대규모 유통업에서의 거래 공정화에 관한 법률, 가맹사업거래의 공정화에 관한 법률, 대리점

---

81 부정경쟁방지법 제2조 제3호 "영업비밀 침해행위"란 다음 각 목의 어느 하나에 해당하는 행위를 말한다.

가. 절취(竊取), 기망(欺罔), 협박, 그 밖의 부정한 수단으로 영업비밀을 취득하는 행위(이하 "부정취득행위"라 한다) 또는 그 취득한 영업비밀을 사용하거나 공개(비밀을 유지하면서 특정인에게 알리는 것을 포함한다. 이하 같다)하는 행위

나. 영업비밀에 대하여 부정취득행위가 개입된 사실을 알거나 중대한 과실로 알지 못하고 그 영업비밀을 취득하는 행위 또는 그 취득한 영업비밀을 사용하거나 공개하는 행위

다. 영업비밀을 취득한 후에 그 영업비밀에 대하여 부정취득행위가 개입된 사실을 알거나 중대한 과실로 알지 못하고 그 영업비밀을 사용하거나 공개하는 행위

라. 계약관계 등에 따라 영업비밀을 비밀로서 유지하여야 할 의무가 있는 자가 부정한 이익을 얻거나 그 영업비밀의 보유자에게 손해를 입힐 목적으로 그 영업비밀을 사용하거나 공개하는 행위

마. 영업비밀이 라목에 따라 공개된 사실 또는 그러한 공개행위가 개입된 사실을 알거나 중대한 과실로 알지 못하고 그 영업비밀을 취득하는 행위 또는 그 취득한 영업비밀을 사용하거나 공개하는 행위

바. 영업비밀을 취득한 후에 그 영업비밀이 라목에 따라 공개된 사실 또는 그러한 공개행위가 개입된 사실을 알거나 중대한 과실로 알지 못하고 그 영업비밀을 사용하거나 공개하는 행위

거래의 공정화에 관한 법률 등이 있다.

공정거래에 관한 리스크는 정보, 경제력의 차이가 있는 대기업-중소기업, 기업 - 소비자 간 공정거래 거래를 유도하는 것을 목적으로 하므로, 기업의 거래 조건, 계약 체결 이후의 이행, 대금의 지급 및 지급의 방법 등에 관한 리스크에 해당한다.

또한, 공정거래법은 독과점 시장에서의 시장지배적 지위를 가진 사업자의 불공정 행위와 시장교란 행위를 규제하고 있으므로 작은 시장에서 활동하는 기업 또는 독점적 지위에 있는 기업의 경우 이에 관한 리스크에 노출될 수 있다. 독과점 시장의 경계라는 측면에서 공정거래법은 기업의 결합에 관하여서도 규제하고 있다.

공정거래법은 이외에도 소위 재벌체제 내 계열회사 간 부당한 지원, 경제력 집중에 관한 규제도 하고 있는 바, 상호출자제한기업집단 및 대규모기업집단의 지정과 당해 기업집단에 대한 공시의무가 이에 해당한다.

공정거래 관련 리스크는 공정거래위원회가 주관하나, 중소벤처기업부, 건설교통부, 식품의약품안전처 등 역시 규제당국으로 활동한다.

◆ 산업안전에 관한 리스크

산업안전에 관한 리스크는 회사가 산업안전보건법의 적용을 받을 때 발생한다. 산업안전에 관한 리스크는 크게 산업안전의 체계를 갖추는 것에 관한 리스크, 산업안전보건 활동을 실제로 이행하는가에 관한 리스크, 산업안전에 관한 체계를 점검하고 개선하는 사항에 관한 리스크로 구분이 된다.

산업안전의 체계에 관하여 회사는 산업안전보건법에 따라 안전보건관리 책임자를 선임하고, 회사의 안전 및 보건 관련 계획을 작성하여 이사회의 승인을 받아야 하고, 각 사업장의 관리감독자가 산업 안전 및 보건에 관한 법적 의무를 수행하도록 하여야 하고, 각 사업장에 관리감독자에게 지도 조언할 안전관리자를 두어야 한다.[82]

---

82 산업안전보건법 아래 규정을 참조한다.

제14조(이사회 보고 및 승인 등) ① 「상법」 제170조에 따른 주식회사 중 대통령령으로 정하는 회사의 대표이사는 대통령령으로 정하는 바에 따라 매년 회사의 안전 및 보건에 관한 계획을 수립하여 이사회에 보고하고 승인을 받아야 한다.

제15조(안전보건관리 책임자) ① 사업주는 사업장을 실질적으로 총괄하여 관리하는 사람에게 해당 사업장의 다음 각 호의 업무를 총괄하여 관리하도록 하여야 한다.

제16조(관리감독자) ① 사업주는 사업장의 생산과 관련되는 업무와 그 소속 직원을 직접 지휘·감독하는 직위에 있는사람(이하 "관리감독자"라 한다)에게 산업 안전 및 보건에 관한 업무로서 대통령령으로 정하는 업무를 수행하도록 하여야 한다.

제17조(안전관리자) ① 사업주는 사업장에 제15조제1항 각 호의 사항 중 안전에 관한 기술적인 사항에 관하여 사업주 또는 안전보건관리 책임자를 보좌하고 관리감독자에게 지도·조언하는 업무를 수행하는 사람(이하 "안전관리자"라 한

또한, 산업안전보건 활동을 실제로 이행하는 것에 관하여는 유해한 작업의 도급 행위,[83] 산업안전보건위원회 활동을 하지 않는 행위, 사업장 근로자들에게 안전보건교육을 이수시키지 않는 행위, 유해하거나 위험한 시설/물질에 대하여 안전보건표지를 부착하지 않는 행위[84]가 해당한다.

산업안전에 관한 체계를 점검하고 개선시키는 것에 관하여 유해위험방지계획서를 작성하지 않거나 계획서를 제출하지 않는 행위, 사업장에서의 안전사고와 관련하여 점검하지 않는 행위, 공정안전보고서의 미이행 행위 등이 리스크에 해당한다.

산업안전보건법의 미이행은 중대재해처벌법에 따른 처벌로 이어져 경영진의 구성에 대한 리스크로 이어질 수 있다.

◆ 반부패 관련 리스크

반부패 관련 리스크는 주로 부정청탁 및 금품등 수수의 금지에 관한 법률(통칭 김영란법, 이하 부정청탁금지법)에 관한 리스크이다. 부정청탁금지법에 따라서 부정청탁이 금지되고, 직무관련성 유무를 불문하고 특정금액 이상의 금품등의 수수 및 수수의 약속이 금지된다.[85]

다)을 두어야 한다.

83 산업안전보건법 제58조(유해한 작업의 도급금지) ① 사업주는 근로자의 안전 및 보건에 유해하거나 위험한 작업으로서 다음 각 호의 어느 하나에 해당하는 작업을 도급하여 자신의 사업장에서 수급인의 근로자가 그 작업을 하도록 해서는 아니 된다.

1. 도금작업
2. 수은, 납 또는 카드뮴을 제련, 주입, 가공 및 가열하는 작업
3. 제118조제1항에 따른 허가대상물질을 제조하거나 사용하는 작업

84 산업안전보건법 제37조(안전보건표지의 설치 부착) ①사업주는 유해하거나 위험한 장소·시설·물질에 대한 경고, 비상시에 대처하기 위한 지시·안내 또는 그 밖에 근로자의 안전 및 보건 의식을 고취하기 위한 사항 등을 그림, 기호 및 글자 등으로 나타낸 표지(이하 이 조에서 "안전보건표지"라 한다)를 근로자가 쉽게 알아볼 수 있도록 설치하거나 붙여야 한다. 이 경우 「외국인근로자의 고용 등에 관한 법률」 제2조에 따른 외국인근로자(같은 조 단서에 따른 사람을 포함한다)를 사용하는 사업주는 안전보건표지를 고용노동부장관이 정하는 바에 따라 해당 외국인근로자의 모국어로 작성하여야 한다.

85 부정청탁금지법 제8조(금품등의 수수 금지) ① 공직자등은 직무 관련 여부 및 기부·후원·증여 등 그 명목에 관계없이 동일인으로부터 1회에 100만원 또는 매 회계연도에 300만원을 초과하는 금품등을 받거나 요구 또는 약속해서는 아니 된다.

② 공직자등은 직무와 관련하여 대가성 여부를 불문하고 제1항에서 정한 금액 이하의 금품등을 받거나 요구 또는 약속해서는 아니 된다.

③ 제10조의 외부강의등에 관한 사례금 또는 다음 각 호의 어느 하나에 해당하는 금품등의 경우에는 제1항 또는 제2항에서 수수를 금지하는 금품등에 해당하지 아니한다.

1. 공공기관이 소속 공직자등이나 파견 공직자등에게 지급하거나 상급 공직자등이 위로·격려·포상 등의 목적으로 하

반부패 관련 리스크는 회사의 임직원이 외부의 제3자에게 부당한 청탁을 하고 금품을 공여하는 것에 한정되지 않고, 외부의 제3자가 회사의 임직원에게 부당한 청탁을 하고 금품을 공여하는 것을 포함하며, 회사 임직원 간 부당한 금전거래 역시 이에 해당한다.

반부패 관련 리스크는 부정청탁금지법 이외에 형법 등에 의하여 규정되어 있으며, 회사의 윤리강령 등 사규를 근거로 할 수 있다.

8.3 | 고유리스크 평가

개별부서의 리스크를 식별하였다면 다음 단계로 리스크의 크기 즉, 고유리스크를 평가한다. 고유리스크를 평가하는 이유는 고유리스크의 정도에 따라 당해 리스크에 기울일 주의의 정도, 통제수단의 개수 및 종류가 달라지기 때문이다. 고유리스크는 아래와 같이 리스크의 발생가능성과 리스크의 영향도를 곱하여 평가한다.

고유리스크 = 리스크의 발생 가능성 × 리스크의 영향도

8.4 | 리스크의 발생 가능성

리스크의 발생 가능성은 얼마나 자주 리스크가 발생할 가능성이 있는가에 대한 평가이다. 컴플라이언스 시스템 구축 실무에서는 아래 표와 같이 과거 발생이력과 미래 발생 가능성을 기준으로 발생 가능성을 평가한다.

급 공직자등에게 제공하는 금품등

2. 원활한 직무수행 또는 사교·의례 또는 부조의 목적으로 제공되는 음식물·경조사비·선물 등으로서 대통령령으로 정하는 가액 범위 안의 금품등. 다만, 선물 중 「농수산물 품질관리법」 제2조제1항제1호에 따른 농수산물 및 같은 항 제13호에 따른 농수산가공품(농수산물을 원료 또는 재료의 50퍼센트를 넘게 사용하여 가공한 제품만 해당한다)은 대통령령으로 정하는 설날·추석을 포함한 기간에 한정하여 그 가액 범위를 두배로 한다.(이하생략)

리스크 발생가능성 평가표

발생가능성	발생가능성 평가	과거 및 미래 기준 판단	
		과거 (3)년내 발생	미래 발생가능성
5	매우 높다	있음	높음
4	높다		보통
3	보통이다	있음(없음)	낮음(높음)
2	낮다	없음	보통
1	거의 없다		낮음

발생가능성의 점수는 1점부터 5점 사이로 하고, 발생가능성은 위 표와 같이 '거의 없다'부터 '매우 높다'로 설정한다.[86] 리스크의 발생가능성은 과거 발생건수와 미래 발생가능성을 조합하여 리스크의 발생가능성을 평가한다.

◆ 과거발생 건수의 산정

과거의 발생 건수는 카운팅의 문제이므로 간단하다. 과거 발생 건수의 산정 기준은 통상 3년을 기준으로 한다[87]. 과거 발생 건수를 확인하여 과거 발생 사실이 있을 경우 3에서 5 사이에서, 과거 발생 건수가 없을 경우 1부터 3사이의 발생가능성을 선택할 수 있다.

◆ 미래 발생가능성의 평가

과거 발생건수와 다르게 미래 발생가능성은 평가의 문제이다. 미래 발생가능성의 정도(높음, 보통, 낮음)는 부서별 담당자가 평가한다.

미래 발생가능성은 리스크가 과거에 발생한 사실이 있는지, 당해 리스크가 발생할 수 있는 상황이 실무상 포착되어 있는지, 당해 리스크가 프로세스 또는 시스템을 통하여 통제될 수 있는지, 당해 리스크가 통제될 수 있는 영역에 있는지, 리스크의 성격상

86 회사의 정책에 따라 발생가능성을 1 ~ 3 사이로 설정할 수도 있다. 다만, 컴플라이언스 구축 실무는 통상 1 ~ 5 사이로 한다는 점은 참고하자.

87 산정 기준을 3년으로 삼는 것은 통상적이기는 하나 특별한 근거는 없다. 회사 정책에 따라 5년, 10년 등 다른 기준을 삼을 수 있다.

임직원이 리스크를 감수하거나 유발할 동기가 있거나 강한지 여부, 리스크 자체의 성질, 임직원의 리스크에 대한 인식 등을 기준으로 통합적으로 평가하여 판단한다. 따라서, 리스크의 미래 발생가능성은 리스크를 식별하는 부서에 따라 다르게 평가될 수 있고, 각 부서별 담당자의 판단에 따라 다르게 평가될 수 있다.

동일한 리스크가 부서별로 다르게 평가될 수 있는 예로 영업비밀 침해의 리스크를 살펴본다. 인사팀은 임직원의 채용 등에 관한 업무를 수행하므로, 인사팀의 업무가 영업비밀과 관련이 낮아 인사팀이 타회사의 영업비밀을 침해할 가능성은 낮다. 이에 반하여 영업팀, 설계팀 또는 R&D팀의 경우에는 업무상 영업비밀을 많이 다루고 있고, 회사의 경쟁력을 위하여 타회사의 영업비밀을 입수하거나 다루어야 할 필요성이 많아, 타회사 영업비밀 침해의 동기가 있거나 강하다. 이에 인사팀은 리스크의 발생가능성을 평가할 때 영업비밀 침해라는 리스크의 미래 발생가능성을 낮은 수준으로 평가할 수 있고, 영업팀, 설계팀 또는 R&D팀의 경우에는 영업비밀 침해 리스크의 미래 발생가능성을 높은 수준으로 평가할 수 있다.

구매팀의 예를 들어보자. 회사가 하수급인으로부터 구매하는 품목에 대하여 다수의 하수급인들이 경쟁을 하고 있다고 가정해 본다. 하수급인 간의 경쟁으로 회사가 매입단가 인하 시도를 하지 않아도 시장원리를 통해 매입원가가 자연스럽게 낮아진다면 구매팀이 위법하게 매입단가를 낮추는 리스크의 발생가능성은 낮은 것으로 평가할 수 있다. 하지만, 같은 상황에서도 하수급인 간의 경쟁이 심하여 회사가 위법하게 매입단가를 낮추려는 시도를 할 가능성이 높다고 평가할 수도 있다. 만약, 이 회사에 투명하고 공정한 입찰 시스템이 존재하고, 회사의 임직원이 임의로 구매가격을 조정할 여지가 없다면 위법한 매입단가 인하 리스크의 미래 발생가능성을 낮은 수준으로 평가할 수도 있다.

◆ 리스크 발생가능성이 없을 경우

리스크의 발생가능성을 평가하다 보면 리스크의 발생가능성이 전혀 없거나 지극히 낮은 경우를 마주할 수 있다.

이 경우 부서별 담당자가 리스크 미식별과 통제수단 미설정 사이에서 선택할 수 있다. 즉, 리스크 발생 가능성이 없거나 아주 낮을 경우, 당해 리스크를 리스크로 식별하지 않고 리스크 식별표에 기록하지 않는 방법을 선택할 수도 있고, 상징적인 수준에서 리스크로 식별하여 리스크 식별표에 기록하되 통제수단을 설정하지 않는 방법을 선택할 수도 있다. 부서별 담당자가 합리적 근거만 가진다면 두 선택 모두 컴플라이언스의 기준에서는 타당한 선택이다.

8.5 리스크의 영향도

8.5.1 리스크 영향도 평가의 필요성

리스크의 발생가능성을 평가한 이후에는 리스크의 영향도를 평가한다. 리스크 영향도는 리스크가 발생하였을 때 회사에 미치는 영향, 임팩트이자 파괴력이다. 리스크별로 당해 리스크가 발생하였을 경우 회사에 미치는 영향도가 다르기 때문에 고유리스크 평가를 위해 리스크 별 영향도를 평가한다.

8.5.2 영향도 평가의 기준

리스크의 영향도는 주로 형사처벌, 행정처분, 손해배상(민사상 채무불이행, 불법행위를 원인으로 하는 손해배상 또는 징벌적 손해배상), 평판저하 등을 기준으로 삼을 수 있다.

◆ 평판리스크 및 손해배상 영향도

평판리스크 영향도는 리스크 발생을 원인으로 회사의 명성, 평판이 저하되거나 고객, 소비자와의 거래, 소비에 영향을 미칠 정도에 관한 평가이다. 객관적인 접근이 어렵기 때문에 주관적인 평가방법을 많이 사용한다.

손해배상의 영향도는 민사상 채무불이행 또는 불법행위를 원인으로 회사가 부담하는 금전적 손해의 크기를 기준으로 판단할 수 있다. 다만, 손해배상 리스크의 영향도는 구체적인 분쟁이 발생한 단계에 이르러서야 예상할 수 있는 경우가 대부분이기 때문에, 계약 체결 시를 기준으로 손해배상액을 예상하여 평가하는 것이 부적절할 수 있다.

이에 계약과 관련된 개별부서는 계약서 체결에 따른 손해배상 리스크를 중간 이상으로 일괄적으로 평가하거나 리스크로 식별하지 않을 수도 있다.[88] 실무에서는 계약

88 손해배상 리스크의 통제는 법무팀의 계약서 검토라는 손쉽고 유일한 통제수단이 있으므로, 리스크를 식별하지 않거나 리스크의 영향도를 일괄적으로 평가해도 무방하다고 본다. 다만, 계약대금의 규모에 따라서 법무법인의 검토를 받아야 할지 여부를 세분화하여 관리할 수 있다.

체결에는 당연히 손해배상의 가능성이 있다고 보고, 계약의 종류 또는 계약대금의 규모에 따라서 법무팀의 검토, 표준계약서의 사용, 위임전결 규정에 따른 결재단계의 조정 등을 통제수단으로 설정하는 것이 효율적으로 보고 있다.

징벌적 손해배상의 경우에도 실제 징벌적 손해배상의 산정은 관련 거래의 대금 등에 영향을 받기 때문에, 징벌적 손해배상의 금액을 기준으로 영향도를 평가하는 것이 부적절하고, 징벌적 손해배상을 요구하는 법규정이 있을 경우, 이를 중간이상의 영향도의 범위로 포섭하여 영향도를 평가하는 것이 타당하다.

평판리스크 및 손해배상 영향도 예시

Rank	평가	평판 등	손해배상
5	극단적	장기간 영업 극히 침해	
4	높음	장기간 영업 침해	500억 이상의 계약
3	중간	단기간 영업 극히 침해	100억 이상의 계약, 징벌적 손해배상 규정
2	낮음	단기간 영업 침해	10억 이상의 계약
1	미미	평판 저하 가능성, 전파성 없거나 낮음	10억 미만의 계약

◆ 형사처벌의 영향도

형사처벌의 영향도는 형사법규를 위반하여 회사가 부담하는 형사처벌의 종류와 기간, 금액을 기준으로 판단한다. 형사처벌은 생명형[89], 자유형[90], 명예형[91], 재산형[92]으로 구분되고, 생명형을 제외한 나머지 처벌은 장기와 단기 또는 상한과 하한으로 정의되어 있다. 합리적 수준에서 판단하였을 때, 회사의 리스크는 사형과 같은 극형은 해당될 여지가 없으므로, 형사처벌에서 사형에 해당하는 리스크는 고려하지 않는 것이 일반적이다.

---

89 생명형은 사형을 의미한다.

90 징역형은 범죄자로부터 자유를 빼앗는 형벌. 무기징역과 유기징역이 있다. 무기징역은 종신형이고, 유기징역은 1개월에서 30년 이하. 금고는 교도소에 가두지만 노역이 없는 형벌이다.

91 명예형에는 자격상실과 자격정지가 있다. 명예형에 의하여는 공민권, 즉 공무원이 되는 자격, 공법상의 선거권과 피선거권, 법률로 요건을 정한 공법상의 업무에 관한 자격, 법인의 이사, 감사 또는 지배인 기타 법인의 업무에 관한 검사역이나 재산관리인이 되는 자격이 박탈된다.

92 5만 원 이상의 금액을 내게 하는 형벌이다.

통상적인 회사는 법인이므로 징역형은 임직원에게 처해지는 경우를 기준으로 한다. 징역형은 상한과 하한이 있다. 통상 징역형이 하한으로 규정된 범죄는 리스크가 영향도가 높은 범죄이고, 상한으로 규정된 범죄는 영향도가 낮은 범죄이다. 예를 들어, 살인죄는 사형, 무기징역 또는 5년 이상[93]의 징역형에 처한다. 법조문에는 5년 이상이라고 기재되어 있으나 5년 이상이라는 의미는 5년 이상 30년 이하이므로 극단적인 리스크로 평가한다.

공무집행방해죄는 5년 이하의 징역형에 처한다. "5년"이라는 기준이 제시된 것은 살인죄와 동일하나 상한이 5년이기 때문에 1개월 이상 5년 이하에 해당되는 범죄로 살인죄보다 리스크가 현저히 낮다고 평가할 수 있다.

징역형의 상한과 하한이 정해져 있는 경우, 경우에 따라 상한 또는 하한을 기준으로 하고, 형벌 중 벌금과 징역형이 함께 규정(병과)되어 있는 경우, 징역형을 기준으로 한다.

형사처벌 영향도 예시

Rank	평가	형사벌(법정형)
5	극단적	무기, 단기 1년 이상, 장기 5년 초과 징역
4	높음	장기 5년 이하 징역
3	중간	장기 1년 이하 징역, 벌금

◆ 행정처분의 영향도

행정처분은 행정 관련 법령에 따라 행정청이 내리는 처분을 의미한다. 행정처분 중 영업정지, 인허가 및 특허[94]의 취소, 시정 조치, 벌점, 과징금, 과태료 등으로 회사의 이익을 침해하는 침익적 처분이 리스크 식별의 대상이다. 회사별 영업에 영향을 미치는 처분의 종류가 다르기 때문에 회사별 상황에 맞는 리스크 식별이 필요하다.

행정처분의 영향도는 회사가 행정법규를 위반하여 부담할 수 있는 처분의 종류와 기간, 범위 등을 기준으로 평가한다. 통상적으로는 인허가 및 특허의 취소, 영업정지, 시정 조치 등이 높은 수준의 영향도에 해당하고, 과징금, 과태료 등이 낮은 수준의 영

93 5년 이상이므로 5년이 하한인 형벌이다.

94 허가는 일정한 행위를 법으로 금지했다가 법에서 정한 요건을 충족시 금지를 해제해주는 행위이고, 특허는 상대방에게 새로운 권리를 설정해주는 행위이다. 인가는 행정청이 당사자의 법률행위를 보충해 그 법률효과를 완성해 주는 행위로, 보충적 행위이자 효력발생요건이다.

향도를 구성한다.

행정처분 중 영업정지, 시정 조치, 과징금, 과태료 등이 병과될 경우, 가장 높은 점수를 기준으로 한다.

행정처분 영향도 예시

Rank	평가	행정처분의 종류 및 범위
5	극단적	영업정지, 인허가 및 특허의 취소
4	높음	시정 조치, 벌점
3	중간	과징금, 1억 원 초과 (과태료)
2	낮음	1억 원 이하 (과태료)
1	미미	0.5억 원 이하 (과태료)

◆ 영향도 교차적용의 방법

위와 같은 방법으로 리스크의 영향도를 평가한다. 리스크는 단수의 영향도를 가지는 경우가 있으나 많은 경우, 의무에 관한 규정에 의하여, 또는 의무 또는 리스크의 적용 국면에 따라서 복수의 영향도를 가질 수 있다.

예를 들어, 회사의 임직원이 회사의 공금을 횡령할 경우, 회사의 임직원은 횡령의 죄에 해당하는 처벌을 받게 되고, 회사에 대한 손해배상을 한다.

행정처분, 형사처벌, 민사상 손해배상의 리스크, 평판 리스크까지 한번에 부담하는 리스크도 있다. 부당한 공동행위, 즉 담합의 효과에 관하여 살펴본다. 만약, 회사가 담합을 한다면[95], 회사는 공정거래위원회로부터 시정 조치[96] 및 과징금[97]의 처분을 받으

95 공정거래법 제40조(부당한 공동행위의 금지) ① 사업자는 계약·협정·결의 또는 그 밖의 어떠한 방법으로도 다른 사업자와 공동으로 부당하게 경쟁을 제한하는 다음 각 호의 어느 하나에 해당하는 행위를 할 것을 합의(이하 "부당한 공동행위"라 한다)하거나 다른 사업자로 하여금 이를 하도록 하여서는 아니 된다.

96 공정거래법 제42조(시정 조치) ① 공정거래위원회는 부당한 공동행위가 있을 때에는 그 사업자에게 해당 행위의 중지, 시정명령을 받은 사실의 공표 또는 그 밖에 필요한 시정 조치를 명할 수 있다.

97 공정거래법 제43조(과징금) 공정거래위원회는 부당한 공동행위가 있을 때에는 그 사업자에게 대통령령으로 정하는 매출액에 100분의 20을 곱한 금액을 초과하지 아니하는 범위에서 과징금을 부과할 수 있다. 다만, 매출액이 없는 경우 등에는 40억원을 초과하지 아니하는 범위에서 과징금을 부과할 수 있다.

며, 공정거래위원회가 형사고발을 결정할 경우[98], 회사[99] 또는 관련 임직원[100]은 형사처벌을 받을 수 있다. 담합의 경우, 회사의 이사가 회사에 준법통제체제를 구축하지 않거나 감시의무를 게을리하여 담합이 발생한 것이라면 회사의 이사는 회사에 대하여 손해배상 책임을 부담하게 된다[101]. 또한, 담합으로 처벌받았다는 사실이 알려지면 시장과 소비자로부터 담합으로 시장을 교란시킨 사업자라는 사실이 알려져 평판에 영향을 미치고 장기적으로 영업에 부정적인 영향을 미치며, 각종 공공기관 입찰에 대한 참가 자격이 제한될 수 있다.

담합[102] = 행정처분 + 형사처벌 + 민사소송 + 평판 리스크[103]

---

98 공정거래법 제129조(고발) ① 제124조 및 제125조의 죄는 공정거래위원회의 고발이 있어야 공소를 제기할 수 있다. ② 공정거래위원회는 제124조 및 제125조의 죄 중 그 위반의 정도가 객관적으로 명백하고 중대하여 경쟁질서를 현저히 해친다고 인정하는 경우에는 검찰총장에게 고발하여야 한다.

99 제128조(양벌규정) 법인(법인격이 없는 단체를 포함한다. 이하 이 조에서 같다)의 대표자나 법인 또는 개인의 대리인, 사용인, 그 밖의 종업원이 그 법인 또는 개인의 업무에 관하여 제124조부터 제126조까지의 어느 하나에 해당하는 위반행위를 하면 그 행위자를 벌하는 외에 그 법인 또는 개인에게도 해당 조문의 벌금형을 과(科)한다. 다만, 법인 또는 개인이 그 위반행위를 방지하기 위하여 해당 업무에 관하여 상당한 주의와 감독을 게을리하지 아니한 경우에는 그러하지 아니하다.

100 제124조(벌칙) ① 다음 각 호의 어느 하나에 해당하는 자는 3년 이하의 징역 또는 2억원 이하의 벌금에 처한다.
(중략) 9. 제40조제1항을 위반하여 부당한 공동행위를 한 자 또는 이를 하도록 한 자

101 대법원은 담합을 이유로 회사에 발생한 손해를 회사의 임원진에게 청구한 사건(회사에 대한 소송)에서, 이사가 고의 또는 과실로 법령 또는 정관에 위반한 행위를 하거나 그 임무를 게을리한 경우에는 그 이사는 회사에 대하여 연대하여 손해를 배상할 책임이 있으며, 주식회사의 이사는 담당업무는 물론 다른 업무담당이사의 업무집행을 감시할 의무가 있고 판단한 다음, 회사의 임원진은 담합이 발생하지 않도록 다른 임원진을 감시할 의무를 부담하는데, 이를 이행하지 않아 회사에 손해가 발생하게 하였다는 이유로 담합으로 발생한 회사의 손해를 회사의 전임 임원진이 부담하도록 하였다(대법원 2022. 5. 12. 선고 2021다279347 판결 및 대법원 2021. 11. 11. 선고 2017다222368 판결 참조).

102 담합은 컴플라이언스 관련 리스크의 종합선물세트에 해당한다. 공정거래법 제45조에 규정된 불공정거래행위 역시 담합과 유사한 수준의 처분과 처벌을 예정하고 있으니 반드시 컴플라이언스 담당자라면 반드시 참고할 필요가 있다.

103 회사의 담합이 적발된다면 회사의 법무팀, 영업팀, IR 관련 부서, 컴플라이언스 주관부서에는 거의 지옥문이 열리는 수준으로 업무량이 늘어나고, 이를 방어하기 위한 법률 비용 및 영업비용 역시 상당한 수준으로 지출할 수밖에 없다. 따라서, 관련 리스크를 철저히 식별하여 통제하는 것은 회사와 주주를 위하여 선택이 아니라 필수라 생각해야 한다.

8.6 | 고유리스크 등급

8.6.1 고유리스크 등급화의 필요성

고유리스크란 회사가 식별한 리스크의 크기를 의미한다. 고유리스크는 앞서 살펴본 바와 같이 아래와 같은 방법으로 계산한다.

고유리스크 = 리스크 발생가능성 × 리스크 영향도

리스크 발생가능성과 리스크 영향도를 각 1부터 5사이로 설정하였다면, 고유리스크는 이론적으로 1 ~ 25 사이에 분포할 수 있다. 고유리스크를 계산하였다면, 고유리스크가 어느 정도 위험한 것인지를 평가할 필요가 있다[104]. 예를 들어, 개인정보유출리스크의 고유리스크가 15로 계산되었다면, 이를 어느 정도 위험한 것으로 보아야 하는가의 문제이다. 15의 고유리스크를 아주 위험한 리스크 정도로 평가할 수도 있고, 대수롭지 않은 낮은 수준의 등급으로 평가할 수도 있다. 이와 같이 고유리스크를 계산한 이후 고유리스크가 어느 정도 위험한지 여부를 직관적으로 파악하기 위하여 고유리스크를 등급화하여 관리한다.

고유리스크의 위험성을 등급화하여 관리할 경우, 임직원들이 ① 고유리스크가 어느 정도 위험한 것인지 직관적으로 인식할 수 있고, ② 동일한 등급 내의 리스크를 동일한 수준으로 관리할 수 있다. 특히, 전사적으로 한정된 컴플라이언스 자원을 적절히 배분하기 위해서는 고유리스크의 등급화가 필수적이다.[105] [106]

8.6.2 고유리스크 등급 단계

구체적으로 고유리스크의 등급은 어떠한 방식으로 구분하여야 하는가.

---

104 통상 '아주낮음', '낮음', '보통', '높음', '아주높음' 혹은 '1단계' ~' 5단계'의 방법으로 평가한다. 회사의 정책에 따라서 등급의 종류, 개수를 조정할 수 있다.

105 고유리스크의 위험성을 높게 평가하여 높은 수준의 통제수단을 투입하면 회사의 리스크를 줄이는 데는 도움이 되지만, 회사는 불필요한 컴플라이언스 비용을 지출할 수 있다는 점을 명심하자.

106 주관부서의 입장에서도 개별부서의 고유리스크가 어떤 수준인지를 일괄적으로 판단하고, 통제수단의 적절성을 판단하기 위하여 고유리스크의 위험성을 등급화하여 관리하는 것이 타당하다.

리스크 등급	균등 / 비균등 배분 3단계, 4단계, 5단계

고유리스크는 점수의 급간 별로 균등하게 또는 비균등하게 배분하여 등급을 평가할 수 있다. 또한, 전체 등급을 3 ~ 5 단계로 구분할 수 있다.

25점 만점의 리스크 평가 체계를 예로 들어본다. 고유리스크 구간을 균등하게 5등분하여 등급을 부여할 수 있고, 불균등하게 구분하여 등급을 배분할 수도 있으며, 등급을 3단계로 구분할 수도 있다.

고유리스크 등급 배분의 예 1

등급	5단계		3단계
5등급	1점 ~ 5점	1점 ~ 3점	-
4등급	6점 ~ 10점	4점 ~ 10점	
3등급	11점 ~ 15점	11점 ~ 18점	1점 ~ 5점
2등급	16점 ~ 20점	19점 ~ 21점	6점 ~ 19점
1등급	21점 ~ 25점	22점 ~ 25점	20점 ~ 25 점

통상 리스크의 등급에 따라서 통제수준을 결정하기 때문에 고유리스크 등급 숫자는 회사의 리스크 관리 정책에도 영향을 미친다.

고유리스크 등급을 지나치게 세밀하게 구분할 경우, 현실적으로 대응수준을 세밀하게 구분하여 구성하는 것이 쉽지 않은 문제점이 있고, 고유리스크 등급을 너무 적게 구분할 경우, 고유리스크 크기에 따른 적절한 통제활동의 배분이 어려울 수 있다. 따라서 위와 같은 사항을 통합적으로 고려하여 고유리스크 등급을 정책적으로 결정한다.

8.6.3 고유리스크 등급 설정의 기준

고유리스크 점수에 따라서 등급을 배분하는 방법에 정답이 있는 것은 아니다. 회사의 정책적인 고려, 컴플라이언스 자원, 컴플라이언스 주관부서의 정책에 따라 달라질 수 있다.

점수별 리스크 등급 배분의 예 2[107]

리스크 등급	점수	점수
VH 고위험	20 이상	16 이상
H 위험	16 이상	10 이상 15 이하
M 보통	10 이상 15 이하	4 이상 9 이하
L 낮음	6 이상 10 이하	1 이상 3 이하
VL 매우낮음	5 이하	

◆ 고유리스크의 위험성에 따른 등급 배분

고유리스크 등급 배분의 예 1 기재와 같이 각기 다르게 등급의 수를 정하고 각 등급마다 다른 고유리스크의 점수를 배정할 수 있다. 등급배분의 타당성, 관리의 효율성 등 타당한 이유가 있을 경우 모두 적절한 방법에 해당한다[108].

고유리스크 등급 배분의 예 2는 예 1과 다르게 등급을 1 ~ 5 등급으로 구분하지 않고, 매우낮음 등급부터 고위험 등급으로 구분하였다.

8.7 | 고유리스크 정도에 따른 대응수준

◆ 리스크 등급에 따른 대응수준

위와 같이 등급의 배분은 리스크의 위험성에 관한 평가의 결과 또는 과정이지만, 등급의 배분은 고유리스크별 대응수준에 영향을 미치기도 한다. 아래 표와 같이 리스크 등급에 따른 대응수준을 분류할 수 있다. 리스크 등급을 4단계로 할 경우, 4단계의 대응수준이 도출되고, 5단계로 할 경우 5단계의 대응수준을 도출될 수 있다.

---

107 예시는 고유리스크 등급을 5단계로 리스크 등급을 구분한 경우와 4단계로 구분한 경우를 보여준다.

108 고유리스크 16점은 발생가능성 4, 영향도 4를 최저점으로 계산되는 점수이므로, 16점의 고유리스크부터는 최고위험의 리스크로 관리하는 것 역시 합리적 판단에 해당한다.

리스크 등급에 따른 대응수준 예시1[109]

리스크 등급	점수	대응수준
VH 고위험	20 이상	통제수단 3개 적용
H 위험	16 이상	통제수단 3개 적용
M 보통	10 이상 15 이하	통제수단 2개 적용
L 낮음	6 이상 10 이하	통제수단 1개 적용
VL 매우낮음	5 이하	통제수단 미적용

리스크 등급에 따른 대응수준 예시1에서 등급에 따라 통제수단 미적용부터 통제수단 3개 적용까지 대응수준을 설정하였다. 이와 같은 방법은 통제수단의 개수를 통하여 리스크를 통제하는 방법으로서 가장 전통적인 리스크 대응수준 마련의 방법이다. 통상적으로 낮은 등급의 리스크에는 통제수단을 적용하지 않거나 1개의 리스크 통제수단을 적용하고, 보통 이상 등급의 리스크에 대하여는 2개 이상의 통제수단을 적용한다.

리스크 등급에 따른 대응수준 예시2

등급	점수	대응수준
VH 고위험	16 이상	H 수준 대응 + 단기 모니터링, 점검 등(분기별)
H 위험	10 이상 15 이하	M 수준 대응 + 전사적 관리(고위험 지정 및 관리), IT 시스템 통한 관리 방안 도입, 별도 교육 등 방안 마련 등
M 보통	4 이상 9 이하	교육, 결재문서 보존 등 체계적 관리
L 낮음	1 이상 3 이하	리스크 인지, 통제수단 미실시

한편, 리스크 등급에 따른 대응수준 예시2의 대응수준은 리스크 등급에 따른 대응수준 예시1의 대응수준보다 발전된 형태의 대응수준이다. 낮은 등급에 대한 대응방안을 기본 옵션으로 하고, 리스크 등급이 올라갈수록 새로운 차원으로 당해 리스크를 인

109 〈예시1〉은 5단계로 리스크 등급을 구분하고 고유리스크 점수를 균등하게 배분하였고, 예시2는 4단계로 리스크 등급을 구분하고 고유리스크 점수를 불균등하게 배분하였다.

식하여 보다 고차원적인 통제수단을 적용하게 하였다. 단순히 통제수단의 개수를 늘리는 것이 아니라 통제수단의 질적인 상승을 요구한다.

위 리스크 등급에 따른 대응수준 예시2에서는 3점 이하의 고유리스크[110]는 관리할 필요가 없다고 판단하였다. 3점 이하의 고유리스크는 발생가능성이 낮고, 발생하여도 회사에 큰 영향을 미치지 못하기 때문에 컴플라이언스 자원 관리의 차원에서 관리할 필요가 없는 리스크 등급으로 구분하였고, 이에 따라 통제수단을 적용하거나 기타 관리를 하지 않는다.

4점 이상 9점 이하[111]에 해당하는 리스크는 보통의 등급으로 인지하여 교육, 결재문서 보존 등의 대응수준을 설정하였다. 보통 등급의 리스크는 발생가능성이 상대적으로 낮거나, 발생가능성이 높아도 영향도가 낮은 수준의 리스크이므로 교육 또는 내부결재의 방법으로도 통제가 가능하므로 회사에서 통상적으로 수행하는 수준의 통제수단으로 대체할 수 있다고 평가하였다.

10점부터 16점 이하의 위험등급에 해당하는 리스크는 발생가능성이 높거나 영향도가 높은 수준이기 때문에, 리스크 정도 보통의 구간에서 시행하는 통제수단 외에, 전사적인 대책이 요구된다. 전사적인 리스크로 지정하여 임직원에게 그 위험성을 인식시키고, IT 솔루션 등을 도입하여 통제할 수 있도록 할 필요가 있다. 또는 관련 리스크에 관한 별도의 교육을 기획하여 리스크 관련 임직원에게 수강하게 하는 통제수단도 고려할 수 있다.

리스크 정도 '고위험'은 고유리스크가 16 이상이다. 발생가능성과 영향도가 4 이상인 고위험의 리스크이다. 이러한 리스크는 회사영업에 결정적인 영향을 미치는 위험을 가지고 있으면서도, 전사적 통제방법, 시스템적 통제방법 등이 효과적이지 않을 가능성이 많고, 일상적 업무 속에서 리스크 발생 위험이 상시 존재하는 리스크에 해당한다. 따라서, '고위험'의 리스크는 '위험' 수준의 통제수단에 더하여 실무부서, 실무부서의 임원, 주관부서가 관심을 가지고 당해 리스크의 형태, 발생원인 등을 기준으로 별도의 통제수단을 마련하거나 별도의 정기적 모니터링을 통하여 당해 리스크의 발생을 최대한 통제할 필요가 있다.

---

110 3점 이하의 고유리스크는 발생가능성이 1일 때 영향도가 3 이하이고, 발생가능성이 3일 때 영향도가 1이다.

111 리스크 정도 9 이하는 발생가능성 및 영향도 각 3점이거나, 발생가능성 4 영향도 2 또는 발생가능성 2 영향도 4까지가 해당한다.

8.8 | 잔여리스크에 따른 대응수준

8.8.1 잔여리스크란

잔여리스크란 리스크에 통제수단을 적용하여 고유리스크를 저감하고 난 이후에 남은 리스크의 크기를 의미한다.

예를 들어, 구매팀이 구매팀의 리스크로 하도급법 서면 미발급 리스크를 식별하였고, 그 통제수단으로 하도급법 교육을 선택하였다고 가정한다. 하도급법 리스크의 고유리스크가 20점이고, 하도급법 교육의 저감도가 70%가 된다고 하였을 때, 통제수단을 적합하게 활용하였을 경우에는 20점의 리스크에서 70%가 감해져서 남은 리스크의 점수가 6점인데, 이 6점의 리스크를 통제수단을 적용하였음에도 불구하고 남았다고 하여 잔여리스크라 한다.

8.8.2 잔여리스크에 대한 대응방안

회사는 잔여리스크가 남았을 때, 여러 가지 정책적인 결정을 할 수 있다. 고유리스크 수준에 따른 대응방법을 한 번 더 시행하거나, 잔여리스크의 성격 또는 발생원인에 맞추어 별도의 통제수단을 마련할 수도 있다. 또는, 고유리스크의 성격을 재검토하여 애초에 선택한 통제수단을 변경하거나 통제수단의 강도를 변경하여 통제수단의 효율성을 높이는 방법을 선택할 수도 있다.

잔여리스크의 크기를 변경하는 방법과는 다른 정책을 고려할 수도 있다. 즉, 잔여리스크의 크기와 잔여리스크의 크기를 줄이는 데 소요되는 컴플라이언스 자산의 크기를 비교하여 당해 리스크를 감내하는, 즉 Risk Taking의 판단도 가능하다.

잔여리스크 대응수준의 예시

등급	점수	대응수준
H위험	10 이상	추가 통제수단 설정 + 준법지원인의 별도 관리
M보통	4 이상 10 미만	추가 통제수단 설정
L낮음	0 이상 4 미만	추가 통제수단 미설정

위 표는 잔여리스크에 대한 평가 및 대응수준의 예시이다. 위 대응수준을 마련한 회사는 잔여리스크 점수가 4 미만일 경우 이를 리스크를 감내한다고 결정하였고, 10점 미만의 리스크는 상당한 수준이므로 추가적인 통제수단을 적용하여 이를 통제하도록 결정하였다.

◆ 높은 수준의 잔여리스크 발생의 원인

잔여리스크 대응수준의 예시 표에서 잔여리스크가 10점 이상일 경우 이를 위험한 수준으로 판단하여 준법지원인이 별도로 관리하도록 하였다. 특히, 통제수단을 적용하였음에도 불구하고 잔여리스크가 10 이상일 경우, 회사는 당해 리스크를 유심히 살펴보아야 한다. 즉, 잔여리스크가 10 이상이라는 것은 고유리스크가 극단적임에도 불구하고, 통제수단의 효과가 낮거나 리스크 성질상 통제하기 어려운 리스크라는 것을 의미하기 때문이다. 이와 같이 잔여리스크가 큰 리스크는 주로 임직원의 일탈을 원인으로 한 리스크이다.

◆ 높은 수준의 잔여리스크의 예시

통제가 어려운 리스크의 예시로 자본시장과 금융투자업에 관한 법률(이하 자본시장법이라 함)에 따른 미공개중요정보이용 거래금지 위반[112]이 있다. 회사의 임직원이 회

112 제174조(미공개중요정보 이용행위 금지) ① 다음 각 호의 어느 하나에 해당하는 자(제1호부터 제5호까지의 어느 하나의 자에 해당하지 아니하게 된 날부터 1년이 경과하지 아니한 자를 포함한다)는 상장법인[6개월 이내에 상장하는 법인 또는 6개월 이내에 상장법인과의 합병, 주식의 포괄적 교환, 그 밖에 대통령령으로 정하는 기업결합 방법에 따라 상장되는 효과가 있는 비상장법인(이하 이 항에서 "상장예정법인등"이라 한다)을 포함한다. 이하 이 항 및 제443조제1항제1호에서 같다]의 업무 등과 관련된 미공개중요정보(투자자의 투자판단에 중대한 영향을 미칠 수 있는 정보로서 대통령령으로 정하는 방법에 따라 불특정 다수인이 알 수 있도록 공개되기 전의 것을 말한다. 이하 이 항에서 같다)를 특정증권등(상장예정법인등이 발행한 해당 특정증권등을 포함한다. 이하 제443조제1항제1호에서 같다)의 매매, 그 밖의 거래에 이용하거나 타인에게 이용하게 하여서는 아니 된다.

1. 그 법인(그 계열회사를 포함한다. 이하 이 호 및 제2호에서 같다) 및 그 법인의 임직원·대리인으로서 그 직무와 관련하여 미공개중요정보를 알게 된 자
2. 그 법인의 주요주주로서 그 권리를 행사하는 과정에서 미공개중요정보를 알게 된 자
3. 그 법인에 대하여 법령에 따른 허가·인가·지도·감독, 그 밖의 권한을 가지는 자로서 그 권한을 행사하는 과정에서 미공개중요정보를 알게 된 자
4. 그 법인과 계약을 체결하고 있거나 체결을 교섭하고 있는 자로서 그 계약을 체결·교섭 또는 이행하는 과정에서 미공개중요정보를 알게 된 자
5. 제2호부터 제4호까지의 어느 하나에 해당하는 자의 대리인(이에 해당하는 자가 법인인 경우에는 그 임직원 및 대리인을 포함한다)·사용인, 그 밖의 종업원(제2호부터 제4호까지의 어느 하나에 해당하는 자가 법인인 경우에는 그 임직원 및 대리인)으로서 그 직무와 관련하여 미공개중요정보를 알게 된 자

사의 외부에 공시의 방법으로 알려지지 않은 회사 내부정보를 이용하여 주식을 거래하는 행위가 대표적인 예이다. 자본시장법 위반에 대한 처벌은 1년 이상의 징역과 실현시킨 이익의 4배 이상 6배 이하이고[113] 징역형과 벌금형이 병과될 정도로 강한 처벌이 예정되어 있고[114], 상장회사의 임직원이 내부정보를 이용하여 매매차익을 얻었다는 것이 언론을 통해 알려질 경우, 회사는 상장시장에서 투자자들에게 신뢰를 잃을 수 있는 강력한 평판리스크에 해당한다.

내부정보 이용 거래는 그 처벌이 강력하고 회사의 평판에 지대한 영향을 미치는 리스크 임에도 불구하고, 굉장히 통제가 까다로운 리스크이다. 회사가 리스크 예방을 위하여 임직원의 주식거래 계좌를 조사할 권한이 없고, 리스크의 통제를 회사 업무 프로세스 밖에서 임직원의 개인의 준법의식에 의존할 수밖에 없기 때문이다. 내부정보 이용 거래 리스크는 주로 내외부 제보, 금융당국 또는 수사기관의 수사를 통하여 사후적으로 알려지는 것이 대부분이다.

내부정보 이용 거래 리스크에 대하여 회사가 적용할 수 있는 통제수단이 제한적이고, 통제수단을 적용한다고 하더라도 통제수단의 효과도 극적이지 않아서, 상당한 수준의 잔여리스크가 남는다. 실제 사례에서는 회사의 직원뿐만 아니라 대표이사가 내부정보를 이용한 주식거래를 하는 것이 발각되기도 한다. 코스닥의 대형 상장사의 대표이사와 관련 임원들이 회사의 내부정보 및 차명계좌 등을 이용한 주식거래를 한 것은 사회 문제로 대두되기도 하였다.[115]

통제하기 어려운 리스크일수록 주관부서는 더욱 다양한 방식으로 잔여리스크를 낮은 수준으로 유지할 수 있는 방안을 찾아내야 한다. 높은 수준의 잔여리스크를 통제하는 방법의 구체적인 예는 다음 장에서 통제수단 추가적용과 함께 살펴본다.

---

6. 제1호부터 제5호까지의 어느 하나에 해당하는 자(제1호부터 제5호까지의 어느 하나의 자에 해당하지 아니하게 된 날부터 1년이 경과하지 아니한 자를 포함한다)로부터 미공개중요정보를 받은 자

113 제443조(벌칙) ① 다음 각 호의 어느 하나에 해당하는 자는 1년 이상의 유기징역 또는 그 위반행위로 얻은 이익 또는 회피한 손실액의 4배 이상 6배 이하에 상당하는 벌금에 처한다. 다만, 그 위반행위로 얻은 이익 또는 회피한 손실액이 없거나 산정하기 곤란한 경우 또는 그 위반행위로 얻은 이익 또는 회피한 손실액의 6배에 해당하는 금액이 5억원 이하인 경우에는 벌금의 상한액을 5억원으로 한다.

1. 제174조제1항을 위반하여 상장법인의 업무 등과 관련된 미공개중요정보를 특정증권등의 매매, 그 밖의 거래에 이용하거나 타인에게 이용하게 한 자

114 제447조(징역과 벌금의 병과) ① 제443조제1항(제10호는 제외한다) 및 제2항에 따라 징역에 처하는 경우에는 같은 조 제1항에 따른 벌금을 병과한다.

115 실제 코스닥 상장사의 대표이사는 내부정보를 이용한 주식거래를 이유로 2023. 5. 관련 형사재판에서 징역 2년, 벌금 22억 원 및 약 금 11억 원의 추징의 형을 선고받았고, 당해 이후 선고가 확정되었다. 또한, 관련 임직원 역시 동일한 이유로 다소 차이가 있으나 유사한 수준으로 처벌을 받았다(서울고등법원 2023. 5. 11. 선고 2022노2694 판결 참조).

9 통제수단의 설정

9.1 통제수단의 의의

통제수단은 회사가 식별한 리스크의 발생가능성 및 영향도를 감소시켜 리스크를 소멸시키거나 리스크의 크기를 감소시켜 통제하기 위하여 수행하는 개별 리스크에 대응하는 컴플라이언스 활동을 의미한다.

9.2 통제수단의 종류

통제수단은 리스크의 영향도와 발생가능성, 즉 고유리스크를 저감하기 위한 활동이므로, 리스크의 성격, 발생원인에 따라서 다양한 소스, 형태, 방법으로 구성할 수 있다.

통제수단은 통상 교육, 시스템을 통한 통제, 프로세스의 제정 및 시행, 관련 규정의 제정 및 시행 등의 형태를 가진다. 또한, 관련 리스크 관련하여 법령에 규정된 의무가 있을 경우, 이를 확인하여 시행하는 것 역시 통제수단에 해당한다.

예를 들어, 리스크의 발생원인이 법률에 대한 무지라면 회사는 주기적으로 법률교육을 실시하고, 법률이 사규에 규정할 것을 요구하고 있다면 주기적인 법률의 검토 및 당해 법률의 사규에 대한 반영을 통제수단으로 삼을 수 있다. 임직원의 특정 행동을 통제할 필요가 있을 경우에는 내부 결재 프로세스를 만들어서 시행하거나 IT 솔루션을 통하여 특정 행동을 통제할 수 있다.

◆ 거버넌스 관련 통제수단

주식회사는 지배구조, M&A, 이사의 선임 및 보수 등 거버넌스에 관한 통제수단을 갖추어야 하고, 관련 통제수단은 이사회와 주주총회 등 회사의 기관을 통해서 이루어지며, 공정거래위원회, 금융감독위원회, 증권선물위원회 등 규제당국과 관련이 있다.

이사의 보수를 결정하는 주주총회의 경우, 보수총액을 결정하는 주주총회라고 하더라도 이사인 주주는 특별이해관계인에 해당하여 관련 안건에 대한 의결권 행사가 제한되므로, 이러한 제한이 예상될 경우, 주주총회 시 의결권 제한여부를 관리하여 계산하는 통제수단을 갖추어야 한다.

지배구조 관련하여, 공시대상기업집단에 속하는 회사는 관련 사항을 공시하여야 한다.[116] 공정거래법이 규정하는 규모에 해당하는 회사 간 합병, 주식취득, 이사 선임 등의 방법을 통한 M&A의 경우에도 필요시 경쟁당국의 승인을 받을 수 있도록 관련 절차에 관한 통제수단을 마련한다.

공개시장에 상장한 주권상장법인의 경우 자본시장법 규정에 따라 임원 및 주요주주의 주식 거래에 관한 사항을 증권선물위원회와 거래소에 보고할 의무를 부담하므

116 제28조(기업집단현황 등에 관한 공시) ① 공시대상기업집단에 속하는 국내 회사 중 자산총액 등이 대통령령으로 정하는 기준에 해당하는 회사는 그 기업집단의 다음 각 호의 어느 하나에 해당하는 사항으로서 대통령령으로 정하는 사항을 공시하여야 한다.

1. 일반 현황
2. 주식소유 현황
3. 지주회사등이 아닌 국내 계열회사 현황[지주회사등의 자산총액 합계액이 기업집단 소속 국내 회사의 자산총액(금융업 또는 보험업을 영위하는 회사의 경우에는 자본총액 또는 자본금 중 큰 금액으로 한다) 합계액의 100분의 50 이상인 경우로 한정한다]
4. 2개의 국내 계열회사가 서로의 주식을 취득 또는 소유하고 있는 상호출자 현황
5. 순환출자 현황
6. 채무보증 현황
7. 취득 또는 소유하고 있는 국내 계열회사 주식에 대한 의결권 행사(금융업 또는 보험업을 영위하는 회사의 주식에 대한 의결권 행사는 제외한다) 여부
8. 특수관계인과의 거래 현황

② 공시대상기업집단에 속하는 회사를 지배하는 동일인은 다음 각 호의 어느 하나에 해당하는 사항을 공시하여야 한다. 다만, 동일인이 의식불명 등 대통령령으로 정하는 사유로 공시할 수 없는 경우에는 그러하지 아니하다.

1. 특수관계인(자연인인 동일인 및 그 친족만을 말한다. 이하 이 호에서 같다)이 단독으로 또는 다른 특수관계인과 합하여 발행주식총수의 100분의 20 이상의 주식을 소유한 국외 계열회사의 주주 구성 등 대통령령으로 정하는 사항
2. 공시대상기업집단에 속하는 국내 회사의 주식을 직접 또는 대통령령으로 정하는 방법으로 소유하고 있는 국외 계열회사의 주식소유 현황 등에 관한 사항으로서 대통령령으로 정하는 사항 및 그 국외 계열회사가 하나 이상 포함된 순환출자 현황

로[117], 관련 임직원과 IR 관련 부서는 관련 이해관계자의 주식거래를 모니터링하고, 관련 교육을 통하여 보고의무가 있음을 이해관계자에게 인지시키고, 주요 이해관계자의 주식거래 상황을 모니터링하여 이를 통제한다.

◆ 개인정보처리에 관한 통제수단

개인정보처리자의 지위를 가지는 회사를 예로 들어본다.

개인정보처리자는 개인정보 보호법이 요구하는 바와 같이, 개인정보수집 시 적법한 절차에 따라서 수집하여 처리해야 한다. 개인정보처리자는 개인정보 처리 시 개인정보처리에 관한 동의서를 받고, 개인정보를 제3자에 제공하는 목적이라면 개인정보 제3자 제공에 관한 동의를 함께 받는다. 개인정보의 처리를 제3자에게 위탁할 경우 법에서 요구하는 내용을 포함한 개인정보처리 위탁계약을 체결하고, 수탁자의 개인정보 처리를 주기적으로 교육하고 감독하여야 한다. 이에 관하여는 주로 IT 시스템, 매뉴얼, 개인정보 처리 관련 임직원의 교육을 통제수단으로 삼을 수 있다.

개인정보를 처리하는 회사는 개인정보 보호법에 따른 통제수단을 마련하여 고객(개인정보주체)의 개인정보를 보호하여야 한다. 우선 개인정보처리방침이라는 사규를 만들고, 개인정보 보호법의 개정을 모니터링하여 개인정보처리방침을 개정하고 개인정보 보호법이 요구하는 기술적, 관리적 및 물리적 보호조치를 개발하여 시행한다.

개인정보처리자에 대한 결정적인 리스크는 해킹 등을 원인으로 하는 개인정보의 유출이다.

과거 네이트온과 싸이월드를 운영한 SK컴즈에 의한 개인정보 유출 사고 발생 시 SK 컴즈는 당시 개인정보를 관리한 정보통신망법이 요구하는 수준 및 사회통념상 합리적으로 기대 가능한 정도의 개인정보의 안전성 확보에 필요한 보호조치를 모두 이행하였음에도 불구하고 고도로 발전하는 해킹기술에 의하여 개인정보를 보호하지 못한 것이라고 인정이 되어, SK컴즈는 대규모 개인정보 유출에도 불구하고 손해배상책

117 자본시장법 제173조의3(임원 등의 특정증권등 거래계획 보고) ① 주권상장법인의 임원 또는 주요주주(대통령령으로 정하는 자는 제외한다)가 특정증권등의 매매, 그 밖의 거래(상속·주식배당 등 대통령령으로 정하는 부득이한 사유로 하는 매매, 그 밖의 거래를 제외한다. 이하 이 조 및 제429조에서 "거래등"이라 한다)를 하려는 때에는 거래목적, 거래가격, 거래수량, 거래기간 등 대통령령으로 정하는 사항(이하 "거래계획"이라 한다)을 그 거래기간의 개시일 전 30일 이상 90일 이내의 대통령령으로 정하는 기간까지 증권선물위원회와 거래소에 각각 보고하여야 한다. 다만, 거래계획의 거래수량 및 거래금액과 그 거래계획의 개시일 기준 과거 6개월간 거래수량 및 거래금액을 합산하여 대통령령으로 정하는 규모 미만인 경우에는 그러하지 아니하다.

임을 부담하지 않았다(대법원2018.1.25. 선고 2015다24904호 판결 참조).[118]

이에 반하여, 2014년 NH농협카드, KB 국민카드, 롯데카드 및 KCB의 고객의 개인정보 약 1억 400만 건을 유출한 사건에서 법원은 개인정보를 유출한 금융사가 법령이 요구하는 개인정보 보호조치를 취하지 않았다는 이유로 금융기관 등의 손해배상 책임을 인정하였고[119], 당시 금융기관에 신용카드 부정사용예방시스템(FDS) 구축을 수행한 KCB에도 프로젝트 수행 책임자를 관리하지 못한 책임을 인정하여 민법상 사용자 책임을 인정하였다.[120]

위 FSD 프로젝트 수행 시 KCB는 삼성카드, 신한카드의 프로젝트도 수행하였는데, 당시 삼성카드와 신한카드의 경우, 개인정보 보호조치를 이행하였고 이에 KCB의 프로젝트 책임자가 삼성카드와 신한카드가 보유한 고객의 개인정보를 유출조차 하지 못하여, 관련 리스크를 회피하였다.

---

118 대법원은 정보통신서비스가 '개방성'을 특징으로 하는 인터넷을 통하여 이루어지고 정보통신서비스 제공자가 구축한 네트워크나 시스템과 운영체제 등은 불가피하게 내재적인 취약점을 내포하고 있어 '해커' 등의 불법적인 침입행위에 노출될 수밖에 없고, 완벽한 보안을 갖춘다는 것도 기술의 발전 속도나 사회 전체적인 거래비용 등을 고려할 때 기대하기 쉽지 않다고 전제한 다음, 보안기술은 해커의 새로운 공격방법에 대하여 사후적으로 대응하여 이를 보완하는 방식으로 이루어지는 것이 일반적이므로, 개인정보의 안전성 확보에 필요한 보호조치에 관해서 이와 같은 특수성을 고려해야 한다고 보았다.

또한, 정보통신서비스 제공자가 고시에서 정하고 있는 기술적·관리적 보호조치를 다하였다면, 특별한 사정이 없는 한 정보통신서비스 제공자가 개인정보의 안전성 확보에 필요한 보호조치를 취하여야 할 법률상 또는 계약상 의무를 다였다고 보아야 하지만, 고시는 정보통신서비스 제공자가 반드시 준수해야 할 최소한의 기준을 정한 것이므로, 정보통신서비스 제공자가 고시에서 정하고 있는 기술적·관리적 보호조치를 다하였다고 하더라도, 정보통신서비스 제공자가 마땅히 준수해야 한다고 일반적으로 쉽게 예상할 수 있고 사회통념상으로도 합리적으로 기대 가능한 보호조치를 다하지 아니한 경우에는 예외적으로 위법행위로 평가될 수 있다는 취지로 판단하였다.

119 피고 B는 개인정보 보호법이 정한 개인정보처리자 또는 구 전자금융거래법(2013. 5. 22. 법률 제11814호로 개정되기 전의 것)이 정한 전자금융업자로서 각 법률 및 시행령, 이를 구체화한 고시(개인정보 안전성 확보조치 기준) 등 관련 법령에서 정한 개인 정보의 안전성 확보 또는 이용자 정보의 보호에 필요한 조치를 취할 의무를 부담한다. 그런데도 피고 B는 피고 코리아크레딧뷰로 주식회사(이하 '피고 KCB'라 한다)와 카드 사고분석시스템(Fraud Detection System, 이하 'FDS'라 한다) 업그레이드 관련 개발용역계약을 체결한 후 피고 KCB의 개발인력들에게 카드고객의 개인정보를 제공하여 취급하도록 하는 과정에서 위와 같은 법령들을 위반하여 보안프로그램 설치 및 관리·감독의무, 암호화된 카드고객정보 제공의무, 접근권한 제한 등 보안조치를 취할 의무, 개인정보 처리업무 위탁 시 기술적·관리적 보호조치에 관한 문서약정의무, 단말기에 이용자 정보를 보관·공유하지 않을 의무 등을 다하지 않았다(대법원 2018. 12. 13. 선고 2018다219994 판결 참조).

120 피고 KCB의 피용자인 F가 그 사무집행에 관하여 카드고객정보를 유출함으로써 원고 등에게 손해를 가하였고, 피고 KCB가 F 등에 대한 지휘·감독을 다하였다고 보기 어려우므로, 피고 KCB는 F의 사용자로서 민법 제756조 제1항에 따라 피고 B와 공동하여 원고 등에게 고객정보 유출로 인한 손해를 배상할 책임이 있다고 판단하였다. 관련 법리와 기록에 비추어 살펴보면, 원심의 위와 같은 판단은 정당하고, 거기에 상고이유 주장과 같이 필요한 심리를 다하지 아니한 채 논리와 경험의 법칙을 위반하여 자유심증주의의 한계를 벗어나거나 사용자책임에서의 사무집행 관련성, 면책사유, 인과 관계에 관한 법리를 오해하는 등의 잘못이 없다(대법원 2018. 12. 13. 선고 2018다219994 판결 참조).

위와 같이, 개인정보처리자의 개인정보 보호조치(즉, 개인정보 유출 리스크에 대한 통제수단)의 시행여부에 따라서 회사가 개인정보 리스크를 부담하는지 여부, 리스크가 현실화되어도 형사적 책임 및 손해배상 채무를 부담하는지 여부가 달라지게 된다.

따라서, 개인정보처리자는 법령이 요구하는 기술적, 관리적 및 물리적 보호조치를 시행하여 개인정보 유출 리스크와 개인정보 유출 이후의 손해배상 리스크를 통제해야 한다.

신용카드 개인정보 유출사건 등을 통하여 알 수 있듯이 개인정보에 대한 안전조치를 이행하지 않아 개인정보가 유출될 경우 개인정보처리자가 부담하는 손해배상액의 규모가 천문학적 수준에 이를 수 있으므로, 개인정보보호에 관한 통제수단은 시행 당시 최고의 기술을 사용한 것이 타당하다.

◆ 영업비밀 보호에 관한 통제수단

영업비밀보호에 관한 리스크를 부담하는 회사는 회사의 영업비밀을 보호하고 다른 회사에 대한 영업비밀 침해를 방지할 수 있는 통제수단이 필요하다.

영업비밀이란 독립된 경제적 가치를 가지며 비밀로 관리된 정보이므로, 영업비밀 보호를 위한 통제수단의 시작은 중요정보를 영업비밀로 구분하여 관리하는 것이다.[121] 이를 위하여 회사 내에 영업비밀을 보호하는 정책을 마련하여야 할 것이고, 회사가 관리하는 기술, 영업방법 중 영업비밀에 해당하는 정보에 등급을 부여하고, 등급별 보호장치를 시행할 수 있다. 임직원의 회사정보 유출을 업무상 배임죄로 구성할 때에는 회사가 이를 영업비밀로 관리하지 않는 경우에도 회사정보를 보호할 수 있으나[122], 회사정보 및 비밀정보를 더욱 보호하기 위하여는 회사 정보에 관한 체계를 갖추어 이를 보호하는 것이 타당하다.

영업비밀을 취급하는 임직원이 퇴직하거나 위임 종료될 경업금지 또는 전직금지

---

121 부정경쟁방지 및 영업비밀 보호에 관한 법률 제2조(정의) 이 법에서 사용하는 용어의 뜻은 다음과 같다. 2. "영업비밀"이란 공공연히 알려져 있지 아니하고 독립된 경제적 가치를 가지는 것으로서, 비밀로 관리된 생산방법, 판매방법, 그 밖에 영업활동에 유용한 기술상 또는 경영상의 정보를 말한다.

122 회사 직원이 경쟁업체 또는 스스로의 이익을 위하여 이용할 의사로 무단으로 자료를 반출한 행위가 업무상배임죄에 해당하기 위하여는, 그 자료가 반드시 영업비밀에 해당할 필요까지는 없지만 적어도 그 자료가 불특정 다수인에게 공개되어 있지 않아 보유자를 통하지 아니하고는 이를 통상 입수할 수 없고 그 보유자가 자료의 취득이나 개발을 위해 상당한 시간, 노력 및 비용을 들인 것으로서, 그 자료의 사용을 통해 경쟁상의 이익을 얻을 수 있는 정도의 영업상 주요한 자산에는 해당하여야 한다(대법원 2024. 4. 12. 선고 2022도16851 판결 참조).

약정을 하고, 필요 시 별도의 보상금을 지급한다[123].

다른 회사 영업비밀 침해를 막는 통제수단의 경우 경쟁사로부터 이직하는 경력사원 채용 시 이전 회사에서 취급하던 영업비밀을 회사에서 사용하지 않겠다는 취지의 서약서를 작성하고, 영업비밀 보호에 관하여 교육하는 등의 통제수단을 마련할 수 있다.

◆ 지식재산권에 관한 통제수단

지식재산권이 영업에 중요한 역할을 하는 회사라면 특허, 저작권의 관리가 필요하다.

회사가 기술개발을 통하여 성장하는 회사라면 기술사용 검토 시부터 선출원되거나 기등록된 기술이 존재하는지 여부를 확인할 필요가 있을 것이고, R&D 계획을 세우기 전 출원되거나 등록된 기술인지 여부를 확인하여 R&D 계획을 결정하거나 선출원 특허를 회피하는 등의 통제수단이 필수적이다.

지식재산권 중 저작권에 관하여는 통상적으로 상용 프로그램 또는 폰트[124]를 임직원이 적법하지 않은 방법으로 사용하는 것을 통제할 필요가 있는데, 이 경우 각 컴퓨터에 설치된 프로그램을 주기적으로 모니터링하거나 회사가 승인하지 않은 소프트웨어 설치를 기술적으로 차단하는 방법을 통제수단으로 사용할 수 있다.

◆ 공정거래관련 통제수단

건설, 제조 관련 회사는 하도급법 또는 대·중소기업 상생협력에 관한 법률(이하 상생협력법이라 한다)에 따라 서면작성, 원가연동제 적용, 거래대금 지급 등의 의무를 부담한다. 관련 리스크는 관련 법령의 교육, 회사 내 관련 법령의 취지에 따른 표준계약서의 비치, 검수 및 대금지급 프로세스의 규정 및 시행 등의 방법으로 통제할 수 있다.

영업상 경쟁이 치열한 분야에서는 공정거래법상 부당한 공동행위(이하 담합이라고만 한다) 등에 관한 통제가 필요하다. 특히, 담합의 경우 복수의 사업자, 합의, 경쟁제한성을 그 구성요건으로 하는데, 대법원은 공정거래법이 금지하는 '부당한 공동행위'는 '부

---

123 사용자와 근로자 사이에 경업금지약정이 존재한다고 하더라도, 그와 같은 약정이 헌법상 보장된 근로자의 직업선택의 자유와 근로권 등을 과도하게 제한하거나 자유로운 경쟁을 지나치게 제한하는 경우에는 민법 제103조에 정한 선량한 풍속 기타 사회질서에 반하는 법률행위로서 무효라고 보아야 한다. 이와 같은 경업금지약정의 유효성에 대한 판단은 보호할 가치가 있는 사용자의 이익, 근로자의 퇴직 전 지위, 경업 제한의 기간·지역 및 대상 직종, 근로자에 대한 대가의 제공 유무, 근로자의 퇴직 경위, 공공의 이익 및 기타 사정 등을 종합적으로 고려하여야 한다(대법원 2021. 9. 9. 선고 2021다234924 판결 참조).

124 예를 들어 Adobe acrobat, 아래아한글, CAD와 같은 문서관련 솔루션, 워드프로세스에 적용되는 폰트프로그램이 이에 해당한다.

당하게 경쟁을 제한하는 행위에 대한 합의'로서 이때 '합의'에는 명시적 합의뿐 아니라 묵시적인 합의도 포함된다'고 보고 있어, 사업자 간 정보 또는 의사 교환에 더욱 주의가 필요하다.

다만, 대법원은 경쟁 사업자들이 가격 등에 관한 정보를 교환한 경우에, 그 정보 교환이 사업자 사이의 의사연결의 상호성을 인정할 수 있는 유력한 자료가 될 수 있지만, 그렇다고 하더라도 그 정보 교환 사실만으로 곧바로 사업자들 사이에 '가격을 결정·유지 또는 변경하는 합의'가 있다고 단정할 수는 없고, 관련 시장의 구조와 특성, 교환된 정보의 성질·내용, 정보 교환의 주체 및 시기와 방법, 정보 교환의 목적과 의도, 정보 교환 후의 가격·산출량 등의 사업자 간 외형상 일치 여부 내지 차이의 정도 및 그에 관한 의사결정 과정·내용, 정보 교환만으로 가격담합의 목적이 바로 달성될 수 있는지 여부 등의 모든 사정을 종합적으로 고려하여 위 합의가 추인될 수 있는지를 판단하여야 한다고 보고 있어(대법원 2022. 6. 16. 선고 2017두56346 판결 참조), 사업자 간 정보 및 의사 교환에 있어서, 적절한 통제를 할 경우, 담합에 관한 조사를 받더라도 벗어날 수 있다.

다만, 위 대법원 판결 사건의 진행 중에 공정거래법이 개정되어 사업자 간 관련 정보를 주고받을 때는 담합으로 추정할 수 있다[125]. 이 규정에 대하여 공정거래위원회는 사업자 간 일치된 외형을 보이는데 필요한 정보가 교환된 경우, 정보교환에 의한 합의를 추정하는 규정이라고 보고 있으나, 합의가 추정되더라도 합의 추정의 전제사실에 반하는 정황을 입증하는 등의 방법으로 추정된 합의를 복멸할 수 있으므로[126] 경쟁 사

---

125 공정거래법 제40조(부당한 공동행위의 금지) ⑤ 제1항 각 호의 어느 하나에 해당하는 행위를 하는 둘 이상의 사업자가 다음 각 호의 어느 하나에 해당하는 경우에는 그 사업자들 사이에 공동으로 제1항 각 호의 어느 하나에 해당하는 행위를 할 것을 합의한 것으로 추정한다.

1. 해당 거래분야, 상품·용역의 특성, 해당 행위의 경제적 이유 및 파급효과, 사업자 간 접촉의 횟수·양태 등 제반 사정에 비추어 그 행위를 그 사업자들이 공동으로 한 것으로 볼 수 있는 상당한 개연성이 있을 때
2. 제1항 각 호의 행위(제9호의 행위 중 정보를 주고받음으로써 일정한 거래분야에서 경쟁을 실질적으로 제한하는 행위를 제외한다)에 필요한 정보를 주고받은 때

126 사업자 간 정보교환이 개입된 부당한 공동행위 심사지침 V. 법제40조제5항제2호(정보교환에 의한 합의추정) 1. 규정의 성격 및 합의추정의 의미 및 요건

법 제40조제5항제2호는 사업자 간 행위의 외형이 일치하고, 그 외형상 일치 창출에 필요한 정보가 교환된 경우, 그 정보교환을 근거로 사업자들이 공동으로 가격인상, 생산량 축소, 낙찰자 결정 등을 합의하였음을 법률상 추정할 수 있도록 하는 정보교환에 의한 합의추정 규정이다.

사업자 간에 공동 가격결정 등 경쟁을 제한하기로 하는 합의를 하거나 이를 실행하는 과정에서 정보교환이 수반되는 경우가 많다. 따라서, 사업자 간 정보교환은 가격을 공동으로 결정 또는 인상하기로 하는 등의 합의(법 제40조제1항 제1호부터 제9호의 합의를 말하며, 제9호 중 정보교환 합의는 제외한다. 이하 '가격담합 등의 합의'라 한다)가 있었음을 추정할 수 있는 결정적인 정황증거라고 볼 수 있다.

업자 간 정보의 교환을 통제하여 회사가 불필요한 오해나 조사를 받는 리스크를 완화하는 것이 최선책이나 회사가 불가피하게 정보를 교환할 필요가 있는 경우에는, 정보교환의 장소가 되는 관련 협회, 협의회에 대한 예산의 배정, 경쟁자 임직원 간 모임 등을 통제하고, 경쟁사업자 간 모임에서 주고받은 정보를 사용목적, 보유기간 등을 승인받고 기록하고, 교환한 정보와 관련된 영업상·영업 외 행위를 피하는 등의 통제수단을 시행하여 리스크를 관리하는 것이 타당하다.

한편, 공정거래법은 대규모기업집단의 대규모내부거래에 대하여는 법률 규정으로 통제수단을 규정하고 있다. 공정거래법 제26조는 대규모 기업집단에 대하여 거래 규모에 따라 이사회 의결과 공시를 요구하고 있다.[127] 이와 유사하게 상법은 이사 또는 대주주가 회사와 거래할 경우 이사회의 승인을 요구하고 있다[128]. 내부거래 등에 관하여는 법률이 규정한 이사회 의결 및 공시 등을 통제수단으로 설정하여 시행할 수 있고, 이에 추가적으로 내부거래위원회를 설치하여 관련 거래의 적법성을 검토하여 리스크를 통제할 수도 있다.

◆ 산업안전에 관한 통제수단

제조, 건설업에 관한 영업하는 회사라면 산업안전에 관련하여서는 중대재해처벌

법 제40조제5항제2호에 따라 정보교환을 이유로 가격담합 등의 합의가 있었음을 추정하기 위해서는 ① 2이상의 사업자가 법 제40조제1호부터 제9호(제9호 후단 제외)까지의 행위를 함으로써 가격 등이 유사 또는 동일해지는 '행위의 외형상 일치'가 있어야 하고, ② 외형상 일치 창출에 필요한 정보의 교환이 있어야 한다. 단, ③ 합의가 추정되더라도 사업자는 그 합의 추정의 전제사실에 반하는 정황을 입증하는 등의 방법으로 추정된 합의를 복멸할 수 있다.

127 공정거래법 제26조(대규모내부거래의 이사회 의결 및 공시) ① 제31조제1항 전단에 따라 지정된 공시대상기업집단(이하 "공시대상기업집단"이라 한다)에 속하는 국내 회사는 특수관계인(국외 계열회사는 제외한다. 이하 이 조에서 같다)을 상대방으로 하거나 특수관계인을 위하여 대통령령으로 정하는 규모 이상의 다음 각 호의 어느 하나에 해당하는 거래행위(이하 "대규모내부거래"라 한다)를 하려는 경우에는 미리 이사회의 의결을 거친 후 공시하여야 하며, 제2항에 따른 주요 내용을 변경하려는 경우에도 미리 이사회의 의결을 거친 후 공시하여야 한다.

1. 가지급금 또는 대여금 등의 자금을 제공 또는 거래하는 행위
2. 주식 또는 회사채 등의 유가증권을 제공 또는 거래하는 행위
3. 부동산 또는 무체재산권(無體財産權) 등의 자산을 제공 또는 거래하는 행위
4. 주주의 구성 등을 고려하여 대통령령으로 정하는 계열회사를 상대방으로 하거나 그 계열회사를 위하여 상품 또는 용역을 제공 또는 거래하는 행위

128 상법 제398조(이사 등과 회사 간의 거래) 다음 각 호의 어느 하나에 해당하는 자가 자기 또는 제3자의 계산으로 회사와 거래를 하기 위하여는 미리 이사회에서 해당 거래에 관한 중요사실을 밝히고 이사회의 승인을 받아야 한다. 이 경우 이사회의 승인은 이사 3분의 2 이상의 수로써 하여야 하고, 그 거래의 내용과 절차는 공정하여야 한다.

법[129]에 따른 안전보건관련체계를 갖추고 이를 운용하여야 하며[130], 산업안전보건법이 요구하는 각종 교육, 안전관리자의 배치, 안전관리 예산의 배정 및 실행, 안전대책을 포함한 작업계획서의 작성 및 실행[131] 등을 통하여 관련 안전사고를 예방하여야 한다.

법원 역시 경영책임자는 실질적으로 지배·운영·관리하는 사업 또는 사업장에서 종사자의 안전·보건상 유해 또는 위험을 방지하기 위하여 그 사업 또는 사업장의 특성 및 규모 등을 고려하여 재해예방에 필요한 인력 및 예산 등 안전보건관리체계의 구축 및 그 이행에 관한 조치를 하여야 하고, 그에 따라 ① 사업 또는 사업장의 특성에 따른 유해·위험요인을 확인하여 개선하는 절차를 마련하여야 하고, ② 안전보건관리 책임자, 관리감독자 및 안전보건총괄책임자가 각 사업장에서 업무를 충실히 수행할 수 있도록 안전보건관리 책임자 등이 해당 업무를 충실하게 수행하는지를 평가하는 기준을 마련하여야 하고, ③ 산업안전보건법에 따라 정해진 수 이상의 안전관리자 등을 배치하여야 하고, ④ 사업 또는 사업장의 안전보건에 관한 사항에 대해 종사자의 의견을 듣는 절차를 마련하여야 하며, ⑤ 사업 또는 사업장에 중대산업재해가 발생하거나 발생할 급박한 위험이 있을 경우를 대비하여 작업 중지, 근로자 대피, 위험요인 제거 등 대응조치에 관한 매뉴얼을 마련하여야 한다고 보고 있다(창원지방법원 마산지원 2024. 5. 2. 선고 2024고단89 판결 참조).

산업안전관련 사고가 발생할 경우 회사는 민사적 리스크와 함께 형사적 리스크를

---

129 중대재해처벌등에관한법률 제4조(사업주와 경영책임자등의 안전 및 보건 확보의무) ① 사업주 또는 경영책임자등은 사업주나 법인 또는 기관이 실질적으로 지배·운영·관리하는 사업 또는 사업장에서 종사자의 안전·보건상 유해 또는 위험을 방지하기 위하여 그 사업 또는 사업장의 특성 및 규모 등을 고려하여 다음 각 호에 따른 조치를 하여야 한다.

1. 재해예방에 필요한 인력 및 예산 등 안전보건관리체계의 구축 및 그 이행에 관한 조치
2. 재해 발생 시 재발방지 대책의 수립 및 그 이행에 관한 조치
3. 중앙행정기관·지방자치단체가 관계 법령에 따라 개선, 시정 등을 명한 사항의 이행에 관한 조치
4. 안전·보건 관계 법령에 따른 의무이행에 필요한 관리상의 조치

130 통상 대표이사인 경영책임자는 실질적으로 지배·운영·관리하는 사업 또는 사업장에서 종사자의 안전·보건상 유해 또는 위험을 방지하기 위하여 그 사업 또는 사업장의 특성 및 규모 등을 고려하여 안전보건관리 책임자, 관리감독자 및 안전보건총괄책임자(이하 통틀어 '안전보건관리 책임자등'이라 한다)가 업무를 각 사업장에서 충실히 수행할 수 있도록 안전보건관리 책임자등이 해당 업무를 충실하게 수행하는지를 평가하는 기준을 마련하여 그 기준에 따라 안전보건관리 책임자등을 반기 1회 이상 평가·관리하여야 하고, 제3자에게 업무의 도급, 용역, 위탁 등을 하는 경우에는 종사자의 안전·보건을 확보하기 위해 도급, 용역, 위탁 등을 받는 자의 산업재해 예방을 위한 조치 능력과 기술에 관한 평가기준·절차에 관한 기준을 마련한 뒤 그 기준과 절차에 따라 도급이 이루어지는지를 반기 1회 이상 점검하는 등 안전보건관리체계의 구축 및 그 이행에 관한 조치를 할 의무가 있다(창원지방법원 마산지원 2023. 4. 26. 선고 2022고합95 판결 참조).

131 안전보건총괄책임자는 근로자의 산업재해를 예방하기 위하여 근로자가 중량물 취급 작업을 하는 경우 추락·낙하·전도·협착 위험을 예방할 수 있는 안전대책을 포함한 작업계획서를 작성하고 그 계획에 따라 작업을 하도록 할 업무상 주의의무가 있다(창원지방법원 마산지원 2023. 4. 26. 선고 2022고합95 판결 참조).

함께 부담하는데 형사적 리스크는 산업안전보건법 위반, 업무상과실치사죄, 중대재해처벌법 위반의 리스크이다. 이에 관한 판례를 살펴보면 산업안전보건법의 위반에 관하여는 산업안전보건법상 안전조치의무를 이행하였는지 여부, 업무상과실치사의 경우에는 사고발생에 관한 예견가능성이 있었는지 여부를 기준으로 판단하고, 중대재해처벌법위반의 경우 상당인과관계를 중심으로 판단한다.[132]

한편, 산업안전 관련 사건에서 유죄판단을 받은 사건에서는 안전점검을 통해 유해요소와 위험 요소가 확인되었음에도 불구하고 경영책임자가 이를 시정하지 않아 안전사고가 발생하는 경우, 안전사고가 반복되고 사망사고가 발생하는 경우, 경영책임자에게 산업안전보건법위반 전과가 있는 경우에는 사고와 안전보건관리체계 미운영 간 상당인과관계가 있다고 보아, 중대재해처벌법 위반을 인정하고 실형이 내려지는 케이스가 확인되고 있다(울산지방법원 2024. 4. 4. 선고 2022고단4497 판결, 창원지방법원 마산지원 2023. 4. 26. 선고 2022고합95 판결, 창원지방법원 통영지원 2024. 8. 21. 선고 2023고단95 판결, 수원지방법원 평택지원 2024. 10. 16. 선고 2024고단220 판결 참조).[133]

위의 케이스를 종합하여 볼 때 최근 이슈로 떠오른 중대재해처벌법 리스크는 사업장의 특성에 따른 안전보건관리체계를 갖추고 이를 운영 및 개선하는 방법으로 통제하는 것이 타당하다.

◆ 반부패 관련 통제수단

반부패 관련하여서는 임직원의 배임 및 횡령, 제3자에 대한 뇌물공여, 회계부정 등이 주요 리스크이다. 임직원의 배임 및 횡령은 회사자금 집행 시 결재 단계에 관한 전결 규정, 회사의 은행계좌에 대한 접근권한, 공인인증서 배포 임직원의 한정, ERP 시스템의 도입 등으로 통제한다.

회계부정 등에 관하여 주식회사 등의 외부감사에 관한 법률(이하 외부감사법이라고만 한다)에 의하여 회사의 대표이사와 회계담당 임직원은 재무제표를 작성하여 감사인에

---

132 산업안전 사건에 관하여 무죄가 선고된 사건에서 법원은 근로자가 작업표준 이외의 방법으로 작업을 하다가 사고가 발생하였으므로 안전조치의무 위반 사실이 없고, 같은 업무와 직무에 종사하는 일반적 보통인의 합리적이고 객관적인 주의 정도를 표준으로 할 때 이례적인 사고 발생까지 예견하고 대비할 가능성이 없어 업무상과실치사죄가 성립하지 않으며, 안전보건 전담조직을 설치하지 않았지만, 중대재해 매뉴얼을 갖추고 안전관리자가 매일 순회점검을 하고, 근로자의 작업표준 위반을 사용자가 알고 있었다고 보기 어려워 전담조직 미배치와 안전사고 간 상당인과관계가 있다고 보고 어렵다고 보아 관련 사건을 무죄로 판단하였다(대구지방법원 서부지원 2024. 12. 19. 선고 2023고단510 판결 참조).

133 일부 사건은 확정되었고, 일부사건은 확정되지 않았다.

게 제출할 의무를 부담하고, 외부감사 대상 회사의 감사인은 회사와 증권선물위원회 등에 감사보고서를 제출할 의무를 부과하고 있으나, 필요시 주주총회에 출석하여 진술할 의무를 부담한다.[134] 재무제표를 거짓으로 작성하거나 기재할 사항을 누락하는 행위, 감사보고서를 제출하지 않는 행위 역시 제재의 대상이다. 외부감사법 위반행위에 대하여는 징역형, 벌금형, 몰수, 과태료 등의 처벌이 예정되어 있다(외부감사법 제39조 내지 제48조 참조).

한편, 외부감사법은 부정행위가 있을 경우, 당해 리스크를 통제하기 위한 구체적인 수단을 법률에 규정하고 있다. 감사인은 감사 시 회사의 부정행위 또는 법령위반에 관한 중대한 사실을 발견하면 회사에 통보해야 하고, 회사의 회계처리기준 위반 발견 시 감사 등에 통보해야 한다. 회사는 회계처리기준의 위반에 관하여 통보를 받을 경우, 회사의 비용으로 외부전문가를 선임하여 위반사실을 조사하여 그 결과에 따라 회사의 대표자에게 시정을 요구하여야 한다.[135] 이와 같은 외부전문가 조사는 법률이 요구하는 통제수단이므로 관련 기준 등을 사전에 사규로 규정하여 통제수단으로 마련하는 것이 바람직하다. 또한, 회계부정을 사전에 관리하기 위하여 주기적으로(감사인의 통보가 없어도) 외부전문가를 통하여 회계처리기준 위반사실 여부를 확인하는 것이 리스크 통제 측면에서는 바람직하다.

또한, 홍보 및 대관업무의 비중이 큰 회사는 부정청탁금지법에 따른 의무와 리스크를 부담하는 바, 법률에 따른 금품지급의 한계를 교육하고, 회사자금 집행 시 집행 목

---

134 외부감사법 제6조(재무제표의 작성 책임 및 제출) ① 회사의 대표이사와 회계담당 임원(회계담당 임원이 없는 경우에는 회계업무를 집행하는 직원을 말한다. 이하 이 조에서 같다)은 해당 회사의 재무제표를 작성할 책임이 있다.
② 회사는 해당 사업연도의 재무제표를 작성하여 대통령령으로 정하는 기간 내에 감사인에게 제출하여야 한다.
제23조(감사보고서의 제출 등) ① 감사인은 감사보고서를 대통령령으로 정하는 기간 내에 회사(감사 또는 감사위원회를 포함한다)·증권선물위원회 및 한국공인회계사회에 제출하여야 한다. 다만, 「자본시장과 금융투자업에 관한 법률」 제159조제1항에 따른 사업보고서 제출대상법인인 회사가 사업보고서에 감사보고서를 첨부하여 금융위원회와 같은 법에 따라 거래소허가를 받은 거래소에 제출하는 경우에는 감사인이 증권선물위원회 및 한국공인회계사회에 감사보고서를 제출한 것으로 본다.

135 외부감사법 제22조(부정행위 등의 보고) ① 감사인은 직무를 수행할 때 이사의 직무수행에 관하여 부정행위 또는 법령이나 정관에 위반되는 중대한 사실을 발견하면 감사 또는 감사위원회에 통보하고 주주총회 또는 사원총회(이하 "주주총회등"이라 한다)에 보고하여야 한다.
② 감사인은 회사가 회계처리 등에 관하여 회계처리기준을 위반한 사실을 발견하면 감사 또는 감사위원회에 통보하여야 한다.
③ 제2항에 따라 회사의 회계처리기준 위반사실을 통보받은 감사 또는 감사위원회는 회사의 비용으로 외부전문가를 선임하여 위반사실 등을 조사하도록 하고 그 결과에 따라 회사의 대표자에게 시정 등을 요구하여야 한다.
④ 감사 또는 감사위원회는 제3항에 따른 조사결과 및 회사의 시정 조치 결과 등을 즉시 증권선물위원회와 감사인에게 제출하여야 한다.

적 및 집행 방법을 기록하는 방법으로 통제한다.

뇌물의 수수에 관하여는 회사자금 집행, 회사자금을 수수한 거래처에 계좌 등을 모니터링하여 사후통제 방식을 사용할 수 있다. 또한, 외부 협력사 및 고객에 대하여 회사의 컴플라이언스 시스템을 안내하고 준법서약서를 징구하여 리스크 발생가능성을 저감한다.

9.3 | 통제수단의 평가

리스크에 통제수단을 적용하여 고유리스크가 감소한 효과, 즉 고유리스크와 통제수단 적용 후 남은 리스크의 크기의 차이를 통제수단의 유효성이라 한다. 통제수단의 유효성을 기준으로 잔여리스크를 계산하기 때문에, 통제수단의 유효성 평가는 필수적이다. 통제수단의 유효성 평가는 컴플라이언스 시스템 구축 이후 모니터링 활동의 한 부분으로 매년 실시한다.

◆ 통제수단의 유효성 평가

통제수단의 유효성 평가는 통제수단 선택의 전후에 실시하는데, 리스크에 대한 적절한 통제수단을 선정한 다음 통제수단의 유효성을 평가할 수도 있고, 리스크에 대한 통제수단의 목록을 정리한 다음 통제수단의 유효성을 평가하여 가장 적합한 통제수단을 적용할 수도 있다.

통상 컴플라이언스 시스템 구축 시에는 적절한 통제수단을 선정하여 통제수단의 효과성을 평가하고, 구축한 이후 컴플라이언스 시스템을 운영하면서 통제수단의 유효성을 재평가하여 통제수단의 유효성을 검증하고, 유효성이 높은 통제수단을 유보하거나 다른 통제수단으로 교체한다.

통제수단의 유효성은 통제수단의 적합도와 저감도를 기준으로 평가한다.

통제수단의 유효성 = 통제수단의 적합도 × 통제수단의 저감도

9.4 | 통제수단의 적합도

통제수단의 적합도는 통제수단이 리스크의 성격에 비추어 리스크를 통제하는 데 적합한 수단인지 여부에 관한 정도이다. 통제수단의 적합도는 리스크의 성격과 조직의 성격을 함께 감안하여 평가한다. 리스크의 성격은 유형, 발생원인 등을 기준으로 판단하고, 조직의 성격은 업무, 구성 등을 기준으로 판단한다.

리스크 별로 적합도가 가장 높은 통제수단을 우선 적용하여야 하며, 적합도가 낮은 통제수단은 적합도 높은 통제수단을 개발하지 못하거나, 보조 통제수단이 필요할 경우에 사용한다. 적합도는 저감도와 상관관계가 있으나 반드시 일치하지는 않는다.

통제수단의 적합도는 리스크의 종류와 성격에 따라 달라진다. 따라서, 통제수단을 리스크와 연관시키지 않고는 적합도를 평가할 수 없으며, 동일한 통제수단이 리스크에 따라서 다양한 수준의 적합도를 가질 수 있다.

적합도를 평가하는 기준은 각 회사별 정책에 따라서 설정할 수 있다. 적합도 점수 3미만의 통제수단은 적합도 3이상의 통제수단을 찾을 수 없거나 회사의 사정상 사용할 수 없는 경우에는 예외적으로 사용할 수도 있다.

통제수단 적합도 평가 기준의 예

점수	적합도
5	리스크 통제에 가장 적절한 수단
4	리스크 통제에 적절한 수단
3	리스크 통제와 관련이 있는 수단
2	리스크 통제와 다소 관련이 있으나 적절하지 않은 통제수단
1	리스크와 관련 없는 통제수단

◆ 리스크별 적합한 통제수단의 예시

법률·규정의 부지(不知)가 리스크의 원인일 경우, 법령의 교육, 소개, 공지 등이 적합한 통제수단이 될 수 있다.[136] 법률을 인지하고 있다고 하더라도 적용이나 판단의 어

136 법률의 부지 리스크에 대한 교육의 적합도를 높은 수준으로 평가하는 이유는 의무를 알게 되면 이행할 것이라는 믿음

려움이 리스크 원인이 될 경우, 법률자문, 표준양식 사용 등이 적합한 통제수단이 될 수 있다.

개별부서의 업무 중 리스크에 관한 판단 누락의 가능성이 있을 경우, 매뉴얼 배포, 프로세스 정립, 표준양식 사용 등이 적합한 통제수단이 될 수 있다.

영업비밀, 개인정보 등 정보의 유출에 관한 리스크는 암호화, 접근권한 제한 등 기술적 보호조치가 적합한 통제수단이 될 수 있다.

배임 및 횡령과 같이 임직원 개인의 일탈이 리스크의 원인이 될 경우, 권한제한, 내부결재, 위임전결 규정 정리, 시스템적 제한, 임직원 이메일 등에 대한 점검/조사, 관련 징계 규정의 마련 및 배포 등이 적합한 통제수단이 될 수 있다.

◆ 리스크별 부적합한 통제수단의 예시

법률 적용이나 판단의 어려움이 리스크의 원인인 경우, 일반적인 매뉴얼 및 지침 제공은 부적합한 통제수단에 해당할 수 있다. 영업비밀, 개인정보 등 정보의 유출과 같이 시스템적 통제가 필요한 영역에서 법률교육, 법률자문, 공지 등은 부적합한 통제수단에 해당될 수 있다. 상시적인 모니터링이 요구되는 리스크임에도 불구하고 점검이나 검토 주기가 과도하게 길거나 비정기적인 모니터링은 부적합한 통제수단에 해당될 수 있다.

9.5 통제수단의 저감도

통제수단의 저감도는 통제수단이 리스크 발생가능성을 어느 정도 저감시킬 수 있는지 대한 가능성이다.

통제수단의 저감도 역시 리스크의 종류와 성격에 의하여 영향을 받으며, 회사 조직의 성격에 의하여도 영향을 받는다. 저감도는 통제수단의 적용을 통한 리스크 발생가능성의 저감정도이므로 임직원 개인 또는 조직의 행동변화, 인식변화 등 리스크 현실화 가능성의 감소를 기준으로 평가하는 것이 타당하다.

때문이다. 만약, 각 부서나 임직원이 알면서도 지키지 않을 가능성이 있다면, 적합도를 낮게 평가하고 다른 통제수단을 설정하거나 교육 통제수단을 하고 다른 통제수단을 추가하여 유효성 수준을 끌어올리는 방법을 선택할 수 있다.

리스크 저감도 평가 시 리스크의 성격 및 통제수단 시행의 방법, 시기, 범위, 대상 등을 함께 판단한다. 일반적으로 사전통제가 사후통제보다 저감도가 높고, 시스템적 통제가 인적 통제보다 저감도가 높다. 정기적 통제가 비정기적 통제보다 저감도가 높으며, 데이터를 이용한 통제가 통계나 확률을 기반으로 한 통제에 비하여 저감도가 높다. 리스크의 특성과 통제수단의 유형에 따라 저감도의 수준은 달라질 수 있다. 리스크의 성격에 따라서 반대의 경우가 발생할 수도 있다. 과거 사용하였던 통제수단의 경우, 식별표 작성자의 재량으로 과거 실현된 리스크의 수 또는 리스크 현실화의 빈도 등을 저감도 산정에 반영할 수 있다.

저감도가 가장 높은 통제수단을 우선 적용하여야 하며, 저감도가 낮은 통제수단은 후순위, 또는 보조 통제수단으로 사용이 가능하다. 회사의 정책에 따라 사용 통제수단을 결정해야 하는 점은 통제수단의 적합도와 동일하다.

통제수단 저감도 평가 기준의 예

점수	저감도	통제수단 저감도 평가 기준
5	리스크 발생가능성 획기적 감소	업무상 임직원의 재량을 거의 소멸시켜 리스크 발생 가능성을 획기적으로 저감하는 통제수단, 과거사례 : 10년 간 0건
4	리스크 발생가능성 상당히 감소	업무상 임직원의 재량을 상당부분 감소시키고, 임직원의 업무에 기준, 절차를 제시하여 리스크 발생 가능성을 상당히 저감하는 통제수단, 과거사례 5년간 0건
3	리스크 발생 가능성 감소	업무상 임직원의 재량을 일정 부분 감소시키고, 임직원이 리스크를 인지할 가능성을 제공하여 리스크 발생 가능성을 저감하는 통제수단, 과거 사례 3년간 0건
2	리스크 발생 가능성 다소 감소	업무상 임직원의 재량을 거의 감소시키지 못하고, 임직원이 리스크를 인지할 가능성을 제공하여 리스크 발생 가능성을 다소 저감하는 통제수단, 과거사례 3년간 2건 이하
1	저감도 효과 거의 없음	임직원에게 리스크를 인지할 가능성을 제공하나 발생가능성을 거의 저감하지 못하는 통제수단, 과거사례 3년간 3건 이상

◆ 저감도별 통제수단의 예시

저감도 점수 5점에 해당하는 통제수단은 일상 업무에 관하여 IT 시스템 이용 통제, 시스템 자동화, 물리적, 기술적 보안(암호화) 등이 해당할 수 있다.

저감도 점수 4점에 해당하는 통제수단은 관리적(인적) 요소가 다소 포함된 업무프로세스 구축, 내부결재, 표준계약서 사용, 전문가 자문, 상시 모니터링(및 점검), 사례교육 등이 해당할 수 있고, 정보보안 관련해서는 관리적 보안이 해당할 수 있다.

규정 및 지침의 제정 및 배포, 업무의 문서화 처리, 정기 모니터링, 리스크 관련 교육, IT 시스템 수동 업데이트 등은 임직원의 행동에 의존하고 사후적이므로 저감도 점수 3점에 해당하는 통제수단으로 볼 수 있다.

회사가 임직원에 일방적인 의사소통인 준수서약, 준법 관련 일반 교육 및 비정기 모니터링, 일반론 수준의 공지, 준법문화 조성, 내부제보 운영은 낮은 수준의 저감도를 가지는 통제수단의 예이다.

서면에 의하지 않은 지시, 보고 및 프로세스 등은 저감도 1점에 해당하여 가장 낮은 수준의 저감도를 보이는 통제수단의 예이다.

9.6 통제수단의 유효성 계산

통제수단의 적합도와 저감도를 평가하였다면, 적합도와 저감도에 해당하는 점수 즉 통제수단 유효성 점수를 계산한 다음, 각 유효성 점수에 대하여 적절한 통제수단의 유효성을 배정한다.

통제수단 유효성 점수는 적합도 점수와 저감도 점수의 평균으로 계산한다.

통제수단 유효성 점수= (적합도 점수 + 저감도 점수) / 2

통제수단 유효성 점수를 산출하였다면, 해당 점수별로 적절한 통제수단의 유효성을 평가하여 배정한다.

통상적으로는 통제수단 유효성 점수마다 각 20%의 유효성을 배정하여 판단한다. 1 이하에는 1 ~ 20% 이하의 유효성을 배정하고, 2 이하에는 20 ~ 40%의 유효성을 배정하는 식이다.

다만, 회사의 정책상 별도의 사유가 있을 경우, 유효성 점수마다 각 다른 수준의 유효성을 배정하여 판단할 수 있다.

아래의 예시는 통제수단 유효성 점수마다 20% 미만이거나 20%를 초과한 유효성의 범위를 부여하여 유효성을 평가하였는 바, 이와 같은 방식의 유효성 평가 역시 가능하다. 다만, 이 방식은 통상적인 방식이 아니므로, 주관부서 또는 개별부서는 이와 같은 판단을 한 사유를 문서화하여 내부심사 또는 인증심사에 대비할 필요가 있다.

통제수단 유효성 평가의 예시

점수	유효성	유효성의 평가
5 이하	90 ~ 99%	리스크 성질 하향, 리스크 규모 및 발생 가능성 획기적 감소
4 이하	60 ~ 90%	리스크 성질 하향, 리스크 규모 및 발생가능성 상당히 감소
3 이하	30 ~ 60%	리스크 발생 가능성 감소
2 이하	10 ~ 30%	리스크 발생 가능성 다소 감소
1	0 ~ 10%	저감도 효과 거의 없음

위 예시에서는 통제수단 유효성 점수 3, 4에 각 30%씩 총 60%의 유효성 범위를 배정하였고, 4 이상의 통제수단은 리스크의 성질을 보다 완화한다고 평가하였다. 이와 같은 평가 및 배정은 3 ~ 4 사이의 유효성 점수에 해당하는 통제수단의 유효성이 다른 점수를 가진 통제수단에 비하여 비교적 넓은 수준의 유효성을 가질 수 있다는 정책적 판단에 근거를 둔 것이다. 본저에서 여러 번 언급한 바와 같이, 통제수단 유효성 역시 회사 또는 주관부서의 정책적 판단에 따라 설정한다.

9.7 | 통제수단의 유효성 적용

통제수단 유효성 범위를 평가하였다면, 고유리스크에 통제수단을 적용하여 잔여리스크를 계산한다. 고유리스크의 범위 또는 리스크의 영향도에 따라 적용 통제수단 갯수가 다르거나 대응수준의 범위가 달라지기 때문에, 리스크에 대하여 통제수단 적용 방법이 달라지기도 한다.

◆ 단수의 통제수단 적용 시 잔여리스크 계산법

리스크에 하나의 통제수단을 적용할 경우, 잔여리스크는 고유리스크에서 고유리스크에 통제수단 유효성을 곱한 값을 빼는 방법으로 계산한다.

잔여리스크 = 고유리스크 - (고유리스크 × 통제수단 유효성)

예를 들어, 고유리스크가 10이고 유효성이 80%인 경우 고유리스크의 80%가 통제되는 것이니 고유리스크 중 8이 통제되는 것이다. 이에 잔여리스크는 고유리스크 중 통제되지 않는 2이다.

◆ 복수의 통제수단 적용 시 고유리스크 계산법

고유리스크 수준이 높아 두 개 이상의 통제수단을 사용할 경우, 통제수단적용에 따른 유효성을 어떻게 적용할지는 회사가 정책적으로 결정한다.

회사가 복수의 통제수단을 적용할 때의 유효성을 정책적으로 결정하는 것은 통제수단을 두 개 이상 적용할 때 어떠한 효과가 있을지 그 인과관계가 명확하지 않기 때문이다. 통제수단의 성격이 상이할 경우에는 각 통제수단의 효과성이 고유리스크에 그대로 반영될 가능성이 높지만, 통제수단의 성격이 비슷할 경우에는 통제수단의 효과가 중복되어 두 번째 통제수단의 유효성이 100% 적용되지 않을 가능성이 높아진다.

예를 들어, 통제수단 1을 교육으로 설정하고, 통제수단 2를 세미나, 전사적 프로세스 공지 등으로 삼는 것을 가정해 본다. 교육, 세미나, 공지는 모두 임직원이 의무, 리스크를 인지할 경우, 자발적으로 리스크 회피활동을 한다는 것을 기본 전제로 하여 사용되는 통제수단이므로, 통제수단으로서 유효성이 겹치는 영역이 있다. 만약, 임직원의 일탈이 리스크 발생 원인일 경우, 교육, 세미나, 공지의 통제수단 유효성 합이 100%를 넘는다고 하더라도 여전히 상당 수준의 잔여리스크는 남아있을 것이라고 예상할 수 있다. 이러한 점 때문에, 통제수단의 유효성을 어떠한 방식으로 적용할 것인지에 대하여 검토하여 회사별로 정책적인 결정을 할 필요가 있다.

아래에는 산술적, 평균적, 가감적 유효성 계산을 설명한다. 설명을 위하여 고유리스크가 10인 리스크가 있고, 리스크 통제를 위하여 두 개의 통제수단을 적용하는 데 통제수단의 유효성이 각 80%와 60%인 경우를 예로 한다. 통제수단을 각 통제수단 1, 2라고 한다.

◆ **산술적 통제수단 유효성 계산**

잔여리스크 = 고유리스크 - (고유리스크 × 통제수단 1의 유효성) - (1차 잔여리스크 × 통제수단 2의 유효성)

산술적 통제수단 유효성 계산 방법은 리스크에 통제수단 1을 반영하고 그 이후에 남은 잔여리스크에 통제수단 2를 반영하는 것이다. 통제수단 1을 적용하였을 때 10-(10*80%) = 2(1차 잔여리스크)가 되어 잔여리스크가 2이고, 다시 잔여리스크 2에 통제수단 2를 반영하면 2-(2*60%)= 0.8이 되어, 최종 잔여리스크가 0.8이 되는 결과가 나온다.

◆ **평균적 통제수단 유효성 계산**

잔여리스크 = 고유리스크 - (고유리스크 × (통제수단 유효성 평균))

평균적 통제수단 유효성 계산 방법은 고유리스크에 통제수단 1, 2 유효성의 평균을 적용하는 것이다. 주어진 상황에 따르면 10 - (10*(80%+60%)/2) = 3이 되어 최종 잔여리스크가 3이 된다.

◆ **가감적 통제수단 유효성 계산**

잔여리스크 = 고유리스크 - (고유리스크 × 1차 통제수단 유효성) - (1차 잔여리스크 × 2차 통제수단 유효성/2)

가감적 통제수단 유효성 계산 방법은 통제수단 1을 적용하여 1차 잔여리스크를 계산한 다음 1차 잔여리스크에 통제수단 2 유효성을 가감하여 적용하는 방법이다. 이번 예에서는 통제수단 2의 유효성을 차감하여 50%만 적용해 본다. 주어진 상황에 따르면 10 - (10*80) - (2*60%/2) = 1.4가 되어 최종 잔여리스크가 1.4가 된다. 만약 통제수단 2의 유효성을 1.5배로 가중할 경우 최종 잔여리스크는 0.2가 된다.

위 산술적, 평균적, 가중적 통제수단 유효성 계산 방법은 각 장단점이 있다. 산술적 계산은 계산식은 편이하나 복수의 통제수단이 현실적으로 리스크 저감에 산술적으로 적용될지 의문이다. 평균적 계산은 유효성과 잔여리스크의 평균값을 제공하여 안정적인 결과값을 도출해낸다. 다만, 통제수단 1만 적용할 때 잔여리스크가 2인데 비하여 복수의 통제수단을 적용하면 오히려 잔여리스크가 3으로 증가하는 논리적으로 맞지 않는 결과를 보인다.

가감적 통제수단 유효성 계산은 절충적인 방법이다. 통제수단 1의 적용 시에 통제수단 2에 따른 통제효과가 일부 미리 반영되어 통제수단 2를 통제수단 1과 함께 사용할 때는 통제수단 2가 단독으로 사용되었을 때보다 그 효과가 일정 부분 감소하는 경우도 있고, 통제수단 1, 2가 서로 보완하여 추가적인 통제효과가 발생할 수 있는 경우도 있는데, 가감적 방법은 이와 같은 차감, 가중적 상황을 모두 반영할 수 있다는 장점이 있다. 다만, 차감, 가중을 통제수단마다 평가하여 반영해야 하는 실무상 번거로움이 있다. 실무에서는 통제수단 2의 유효성을 50% 정도 일률적으로 차감하고, 별도의 사유가 있는 경우에만 유효성 차감정도를 조정하거나 가중하는 방법을 사용하여 실무진의 부담을 경감시키는 방법을 사용하는 것도 가능하다.

9.8 | 통제수단 추가 적용

잔여리스크가 특정수준 이상 남아있을 경우에는 추가적인 통제수단을 적용한다. 앞서 살펴본 자본시장법상 내부정보 이용거래를 예로 들어 추가적인 통제수단의 적용에 관하여 살펴본다.

내부정보 이용 거래는 그 처벌이 강력하고 회사의 평판에도 지대한 영향을 미치는 리스크이면서도 굉장히 통제가 까다로운 리스크이다.

리스크 통제의 상당부분을 개인의 윤리 또는 준법의식에 의존하여야 하고, 회사가 내부에서 리스크를 통제할 수 있는 수단이 상당히 제한적이고, 회사의 리스크 통제 수단 상당수는 사후적인 것들이 많다. 만약, 회사가 내부정보 이용 거래 리스크 예방을 위하여 임직원의 주식거래 계좌를 조사할 권한이 있다고 하더라도, 주식계좌를 실시간으로 모니터링하지 않은 한 그 통제는 사후적일 수밖에 없다. 이와 같이, 회사가 사용할 수 있는 통제수단은 그 종류가 상당히 제한적이고, 제한적인 통제수단의 효과도 극적이지 않은 경우가 자주 발견된다.

리스크의 통제수단이 마땅하지 않아 잔여리스크가 상당하게 유지될 수밖에 없다고 하더라도 주관부서는 창의적이고 유효성 있는 통제수단을 개발해 내기 위하여 노력하여야 한다.

내부정보를 이용한 거래에 대한 통제를 예를 들어본다. ① 주관부서는 컴플라이언스 관련 교육을 더욱 실효성 있게 실시하거나, ② IR 부서와 협업하여 주주명부를 주기적으로 확인하고, ③ 관련 의심사례를 수사기관에 고발한다는 취지의 내부규정을 제정하고, ④ 주주명부 확인 사실과 수사의뢰 사실을 임직원들에게 주기적으로 공지하고, ⑤실제 내부정보 이용 거래가 발생할 경우, 회사는 지체없이 관련 임직원을 징계하는 선례를 남긴다.

이와 같은 추가적인 통제수단 역시 임직원의 일탈을 완벽하게 막아낼 수 없는 것이 사실이다. 다만, 위와 같은 통제수단의 실행을 통하여 최소한 회사는 임직원에게 내부정보 이용 주식거래 리스크를 방지하기 위한 강력한 의지가 있다는 사실을 전달할 수 있고, 회사의 통제활동이 일관적 기준을 가지고 반복된다면 회사가 임직원에게 영향력을 행사하는 통제수단으로서 자리매김할 수 있을 것이다.[137]

9.9 | 통제수단의 유효성 모니터링

주관부서는 매년 통제수단의 적합성 및 저감도 모니터링하여 평가하고, 평가결과 통제수단 유효성에 변화가 있다면 이를 리스크 식별표에 반영한다.

통제수단의 유효성 모니터링의 구체적인 방안 등에 관하여는 10. 리스크 식별표 작성과 23. 모니터링을 참조한다.

137 컴플라이언스 활동은 국가와 같은 강제력을 사용할 수 없으므로, 제한적인 효과를 가지는 통제수단을 사용할 수밖에 없다. 다만, 컴플라이언스 시스템의 목적이 리스크 발생가능성을 낮추고 그 영향도를 낮추는 것이므로, 비록 리스크를 완전히 제거하지 못한다고 하더라도 충분히 실무적으로 가치있는 통제수단이다.

10 리스크 식별표의 작성

의무, 리스크, 고유리스크, 통제수단 등을 식별하고 평가하였다면 이를 정리하여 아래의 표와 같이 정리할 수 있다. 아래 표의 각 셀은 리스크 식별표 상 제목에 해당한다.

리스크 식별표 제목 예시

의무규정	의무설명	리스크발생원인
리스크발생상황	벌칙	고유리스크 발생가능성
고유리스크 영향도	고유리스크 합계	통제수단1
통제수단1 유효성	통제수단2	통제수단2 유효성
잔여리스크	추가통제수단	추가통제수단 유효성
통제수단 모니터링 방법	통제수단모니터링 결과	통제수단 모니터링 증빙자료
통제수단 유효성 평가		

주관부서는 위 표를 사내 전산시스템으로 구현을 하거나, 엑셀시트로 작성하여 관리하고, 이를 개별부서에 배포한다. 통제수단의 모니터링방법, 통제수단 모니터링결과 통제수단 모니터링 증빙자료, 통제수단 유효성 평가열은 컴플라이언스 시스템을 1기 운영한 이후에 통제수단 유효성을 재평가하는 시기에 통제수단을 모니터링하여 리스크 식별표에 반영한다[138]. 통제수단 모니터링에 관한 정보를 리스크 식별표에 기재하는 대신 별도의 모니터링 문서에 통합 관리할 수 있다.

138 관련 사항을 리스크 식별표에 관리하지 않고, 별도의 모니터링 관련 문서로 문서화할 수도 있다.

하도급법 관련 리스크 식별표 기재 예시

의무 규정	의무 설명	리스크 발생원인
하도급법 제3조 제1항	원사업자는 수급사업자에게 업무를 위탁 전 하도급계약서를 작성하여 교부하여야 함	법률의 무지 하도급계약서 체결 미확인 과업기간의 준수에 쫓김

리스크 발생 상황	벌칙
구매팀이 하도급계약을 체결하기 이전에, 제조팀이 하수급인에게 설계 또는 금형의 제작을 지시함	하도급대금 2배 벌금, 하도급대금 2배 이하 과징금, 시정 조치, 벌점 5점 이상 가능

고유리스크			통제수단1	통제수단 1유효성
발생가능성	영향도	합계		
4	5	20	하도급교육	60%

통제수단2	통제수단2 유효성	잔여리스크	추가통제수단	추가통제수단 유효성
업무프로세스 정립	50%	4	적용없음	적용없음

잔여리스크	통제수단 모니터링
4	통제수단 모니터링 방법 1. 교육은 각 교육 참석여부 확인 2. 프로세스는 프로세스 배포 및 준수 여부 확인 통제수단 모니터링 결과 1. 교육 출석률, 시험 점수 등 2. 프로세스 배포여부 확인, 프로세스에 따른 업무 수행 여부 확인 모니터링 증빙자료 1. 교육수료증 2. 프로세스 사본, 프로세스 준수 결재 문서 등 통제수단 유효성 평가 1. 통제수단의 저감도, 적합성 재평가 2. 통제수단의 유효성에 반영

주관부서는 리스크 식별표 양식의 배포 전후에 개별부서 담당자에 대하여 리스크 식별표 작성에 관한 교육을 시행한다. 교육 이후 개별부서는 담당자는 리스크 식별표에 각 부서별 의무, 리스크, 통제수단 등을 기재하여 개별부서의 리스크 식별표를 작성한다.

컴플라이언스 시스템 구축 시 개별부서의 리스크 식별표 작성은 개별부서 담당자의 입장에서는 처음으로 수행하는 작업이므로, 상당히 곤혹스러운 업무에 해당할 수 있다. 이에, 주관부서의 지원이 상당히 필요한데 개별부서 담당자에 대한 집체교육 이후에도 개별부서 담당자의 리스크 식별표 작성에 대한 이해도가 확보되지 않을 경우, 해당 개별부서 담당자와 함께 리스크 식별표 작성을 하는 방법으로 리스크 식별표 작성을 지원할 수 있고, 모범적으로 작성된 리스크 식별표를 개별부서에 공유하여 리스크 식별표 작성의 표준을 제시할 수 있다.

개별부서 담당자가 개별부서의 리스크 식별표를 작성한 후 주관부서는 개별부서의 리스크 식별표를 확인하여 각 항목의 기재 또는 평가 사유를 질의하여 리스크 식별표 작성의 적정성을 확인할 수 있고, 적절하지 않은 리스크 식별표에 대하여는 이의 보완을 요구할 수도 있다.

개별부서 담당자가 리스크 식별표를 완성한 경우, 개별부서의 장에게 승인을 받도록 하여 문서화하는 것이 타당하고, 리스크 식별표에 변경이 발생한 경우, 리스크 식별표의 변경사항을 반영하여 승인 및 문서화하는 것이 타당하다.

한편, 개별부서의 리스크 식별표 작성이 완료된 경우, 주관부서는 승인된 개별부서의 리스크 식별표를 수집하여 이를 문서화된 정보로 관리하여야 한다.

개별부서 리스크 식별표의 작성은 컴플라이언스 시스템 구축에서 가장 어렵고 핵심적인 활동이다. 이후의 활동은 리스크 식별표를 기준 또는 근거로 삼아 회사의 컴플라이언스 시스템을 운영하거나 개선하는 작업에 해당한다.

11 컴플라이언스 목표 설정

11.1 | 컴플라이언스 목표란

컴플라이언스 목표는 회사나 각 개별부서가 컴플라이언스 시스템을 운영하면서 달성해야 할 지향점, 결과를 의미한다. ISO 37301:2021 규격은 목표를 달성되어야 할 결과로 표현하고 있다[139].

회사는 컴플라이언스 시스템을 구축하면서 컴플라이언스 목표를 설정하고, 시스템 구축 이후 컴플라이언스 시스템을 운영하면서 매년 컴플라이언스 목표를 설정하고 이를 달성하기 위하여 노력하여야 한다.

컴플라이언스 목표를 설정하는 이유는 컴플라이언스 목표 설정 과정에서 컴플라이언스 시스템의 미완, 약점을 찾아내고, 컴플라이언스 시스템의 고도화 방향을 찾아낼 수 있고, 컴플라이언스 목표를 달성하기 위한 추진활동 시행을 통하여 컴플라이언스 시스템을 운용하고 시스템의 발전을 이룰 수 있기 때문이다.

139 ISO 37301:2021은 목표에 대하여, 목표는 전략적, 전술적 또는 운용적일 수 있고, 목표는 다양한 분야(예: 재무, 안전보건 및 환경)와 관련될 수 있으며 예를 들어 조직 전반, 프로젝트, 제품, 서비스 또는 프로세스에 적용될 수 있다고 설명한다. 또한, 목표는 의도된 결과, 목적, 운용 기준, 규범준수 목표 등 다른 방식으로 표현할 수 있고, 컴플라이언스 시스템에서 각 조직은 특정 결과 달성을 위하여 방침에 부합하는 목표를 설정해야 한다고 규정하고 있다.

11.2 | 컴플라이언스 목표 설정 기준

컴플라이언스 목표 설정 시 컴플라이언스 목표가 회사의 컴플라이언스 시스템에 어울리는 것인지, 방침에 부합하는 것인지, 회사가 현실적으로 실행가능한 것인지 여부를 고려해야 한다. 또한, 컴플라이언스 목표를 설정할 경우에는 이를 회사 또는 부서의 임직원들과 공유해야 하고, 컴플라이언스 목표가 달성되었는지를 모니터링해야 한다. ISO 37301:2021 규격은 컴플라이언스 목표에 관하여 달성가능하고, 수치화할 수 있을 것을 요구한다.

◆ 컴플라이언스 목표 설정의 기준

컴플라이언스 목표 설정을 위하여 여러 가지 방법, 기준을 마련할 수 있다. 예를 들어, 회사가 구축하여 운영 중인 컴플라이언스 시스템의 약점을 찾아 이를 강화하는 것을 목표로 삼을 수 있고, 강화해야 할 약점이 없을 경우 컴플라이언스 시스템의 개선, 고도화 등을 목표로 삼을 수 있다. 또한, 장기적 목표, 중기적 목표, 단기적 목표를 설정하여 이를 관리하면서 목표를 이루기 위한 활동을 설정할 수도 있다.

◆ 추상적 컴플라이언스 목표

컴플라이언스 목표의 설정 수준을 추상적 수준과 구체적 수준으로 구분할 수 있다.

추상적인 수준의 컴플라이언스 목표는 회사 또는 임직원의 컴플라이언스 수준에 관한 목표라고 할 수 있다. 예를 들어서, 컴플라이언스 시스템의 고도화, 준법의식 고도화, 내부심사원 역량 강화 등이 이에 해당할 수 있다. 따라서, 추상적인 수준의 컴플라이언스 목표는 여러 가지 활동을 통하여 달성될 수 있는 결과에 해당한다. 다만, 추상적인 수준의 목표이기 때문에 그 목표를 수치로 측정하거나 달성 여부를 판단하는 것이 곤란할 수 있다.

추상적 수준의 컴플라이언스 목표를 설정할 경우, 추상적 수준의 컴플라이언스 목표를 달성하기 위한 구체적인 추진활동을 설정하여야 한다. 목표 자체가 추상적이기 때문에 구체적인 추진활동을 제시하지 않을 경우 컴플라이언스 목표 달성을 위해서 구체적으로 어떠한 활동을 해야 하는지가 명확하지 않기 때문이다. 예를 들어, 준법의식의 고도화라는 추상적인 컴플라이언스 목표를 설정하였다면, '반기별 준법 교육 1

회', '하도급법 교육 1회', '대표이사 의사소통 2회'와 같은 구체적인 구체적인 추진 활동을 추가로 구성할 수 있다.

컴플라이언스 목표와 추진활동을 설정하였다면, 회사는 컴플라이언스 체제를 운영하면서 목표가 달성되었는지 여부를 모니터링한다. 컴플라이언스 목표와 추진활동을 설정하면서 모니터링 방법을 함께 설정하면 모니터링 수행 시 도움이 된다.

◆ 구체적 컴플라이언스 목표

구체적인 수준의 컴플라이언스 목표는 컴플라이언스 관련 구체적인 활동이라 할 수 있다. 예를 들자면, 하도급법 교육 2회, 부서별 리스크 2개 이상 추가 발굴, 리스크 식별표 고도화, 개정 법률 조사 및 배포 등이 구체적 컴플라이언스 목표라 할 수 있다. 구체적 컴플라이언스 목표는 그 자체가 추진활동이므로 별도의 추진활동을 설정할 필요가 없고, 컴플라이언스 목표 달성의 측정이 용이하다는 장점이 있다. 다만, 구체적 컴플라이언스 목표는 목표보다는 추진활동에 가까운 것이므로, 컴플라이언스 목표가 필요한 이유에는 어울리지 않는다.[140]

11.3 | 컴플라이언스 목표 설정

◆ 주관부서의 컴플라이언스 목표 설정

컴플라이언스 목표 구성의 기준까지 정립이 되었다면, 주관부서는 전사적 컴플라이언스 목표를 설정한다. 전사적 컴플라이언스 목표는 회사가 전사적으로 추구하고 달성하여야 할 목표이다. 전사적 컴플라이언스 목표는 달성기간을 기준으로 하여 장/단기적 목표로 설정할 수 있다. 전사적 컴플라이언스 목표의 설정이라고 하더라도 개별부서 컴플라이언스 시스템 수용 정도를 고려해야 한다. 전사적 컴플라이언스 목표의 일부는 주관부서의 전사적 컴플라이언스 활동에 의하여 달성되지만, 나머지 일부

140 구체적/추상적 컴플라이언스 목표 설정 중 어떤 방식이 더욱 우수한 방식인지는 단정하기 어렵다. 컴플라이언스 시스템은 회사가 회사의 사정에 맞추어서 설계, 구축 및 운영하는 것이므로, 회사의 컴플라이언스 수준 및 가용 자원에 따라 목표 설정 방법을 결정하는 것이 타당하다. 회사는 필요에 따라 구체적/추상적 컴플라이언스 목표를 혼합하여 사용할 수도 있다.

는 개별부서에 의하여 달성되기 때문이다.

다소 높은 수준의 컴플라이언스 목표를 설정하는 것이 주관부서와 개별부서에 동기를 부여하고 회사의 컴플라이언스 수준을 올려 회사의 컴플라이언스 시스템 유지 및 고도화에 도움이 된다. 다만, 지나치게 높아 도저히 달성할 수 없는 수준의 컴플라이언스 목표를 설정하거나 너무 낮은 수준의 컴플라이언스 목표를 설정할 경우, 오히려 동기부여가 되지 않거나 경영평가 시 준법활동을 정확하게 평가받지 못하게 되어, 컴플라이언스 목표가 컴플라이언스 시스템 유지 및 개선에 기여하지 못하게 된다. 따라서, 컴플라이언스 목표는 회사의 컴플라이언스 수준에 맞추어서 적정한 수준으로 설정하는 것이 타당하다.

한편, 주관부서는 아래와 같이 기본 컴플라이언스 목표를 설정하여 매년 모니터링할 수 있다.

기본 컴플라이언스 목표 예시

평가명	목표치/ 달성도	평가 방법
법규위반	0건	피소, 피신고 건수
리스크식별	95%	리스크 식별 평가표 작성 완료 부서 수 / 리스크 식별 평가표 작성 대상 부서 수 * 100
준법교육	80점	준법교육 수강 임직원의 시험 점수 합계 / 준법교육 수강 임직원 수
신고활성화	2건	준법제보 건수
부적합건수	5건 이하	내부심사 부적합 및 권고사항 건수
부적합 사항 개선율	95%	내부심사 부적합 및 개선권고에 대한 시정 조치 및 개선조치 건수
교육참여율	95%	교육 대상 인원 대비 참여 인원 비율

◆ 개별부서의 컴플라이언스 목표 설정

주관부서의 전사적 컴플라이언스 목표 설정과 별개로, 개별부서는 개별부서의 컴플라이언스 목표를 설정한다. 컴플라이언스 시스템 구축 시에는 개별부서에 컴플라이언스 목표를 설정할 수 있는 역량이 부족한 경우가 많고, (구축 시라는 시기적 특성 때문에) 설정할 수 있는 컴플라이언스 목표가 한정적이다. 따라서, 구축 시에는 주관부서가 개별부서의 컴플라이언스 목표를 일괄적으로 설정하는 것도 고려할 수 있다.

주관부서가 개별부서의 컴플라이언스 목표를 설정할 때에는 가급적 쉽고 구체적 컴플라이언스 목표를 설정하는 것이 바람직하다. 구체적 컴플라이언스 목표는 그 자체가 추진활동이므로 개별부서가 목표설정 및 목표달성을 보다 쉽게 수행할 수 있다. 예를 들어, 준법의무 식별, 컴플라이언스 리스크 식별, 통제수단 설정 및 통제수단 실행, 준법 교육의 이수와 같은 직관적이고 구체적인 컴플라이언스 목표가 개별부서의 컴플라이언스 목표로 적합하다.

컴플라이언스 시스템을 구축한 이후 주관부서는 개별부서에 추상적인 컴플라이언스 목표와 구체적인 추진활동을 몇 가지 제시하고 개별부서가 이를 선택하게 할 수 있다.

컴플라이언스 시스템 운영이 계속될 경우 주관부서는 개별부서에게 컴플라이언스 목표 자체를 제공하는 것을 지양하고 개별부서를 지원하여 개별부서가 독자적인 컴플라이언스 목표를 설정하게 한다.

개별부서의 목표 설정의 예로 구매팀의 목표를 살펴본다. 구매팀은 하도급 관련 이슈가 많은 개별부서이므로 원가연동제의 도입, 전자 입찰제의 도입, 계열사 내부거래에 대한 공정거래법 반영, 하수급인에 대한 하도급법 준수여부 실사, 공정거래위원회 작성의 표준계약서 도입, 구매 표준계약서에 대한 하도급법의 반영 등을 하도급법과 상생법에 집중된 컴플라이언스 목표를 설정할 수 있다.

인사팀의 경우에는 주 52시간 근로의 준수, 근로기준법 위반의 감소, 취업규칙 정비 등의 컴플라이언스 목표를 설정할 수 있다.

11.4 | 컴플라이언스 목표 모니터링

추상적 컴플라이언스 목표일 경우에도 컴플라이언스 목표의 달성 여부(또는 성취도)를 평가하기 위한 방법을 미리 구성하는 것이 좋다. 객관적인(측정할 수 있는) 평가방법을 마련하기 어렵다면 추상적이고 서술할 수 있는 평가방법 또는 평가기준이라도 마련하는 것이 모니터링을 용이하게 한다.

예를 들어, 컴플라이언스 체제의 고도화라는 추상적인 컴플라이언스 목표를 설정하였다면, 컴플라이언스 관련 업무의 문서화 비율, 위법행위 감소의 정도, 전산화 정도 등 수치화 할 수 있는 기준을 만들어 추후 컴플라이언스 체제의 고도화라는 목표가 어느 정도 달성되었는지를 평가하는 것이 좋다. 위와 같이 수치화 할 수 있는 평가기준을 마련하는 것이 좋으나, 그렇지 않을 경우에는 수치화 할 수 없는 주관적인 기준이라도 설정해야 향후 컴플라이언스 목표 달성을 평가할 수 있다. 추상적이고 주관적인 기준의 예로는 전반적인 컴플라이언스 인식 수준, 개별부서의 컴플라이언스 준수 의지 수준 등이 가능할 것이다.

추상적 컴플라이언스 목표에 구체적인 추진활동을 설정하였다면 추진활동의 횟수, 성적, 달성률 등을 산정하여 구체적인 수준의 목표치를 설정하거나 이후에 평가할 수 있다.

구체적 컴플라이언스 목표를 설정하였다면 그 자체로 추진활동의 성격을 가지므로 목표치를 설정하고 목표달성 여부를 모니터링 할 수 있다.

목표와 추진활동 등을 설정하였다면, 컴플라이언스 목표에 관한 문서를 작성한다. 컴플라이언스 목표에 대한 항목은 목표, 추진활동, 필요자원, 달성시기, 측정기준, 목표치, 측정주기, 성과달성 평가로 구성한다. 이를 표로 만들어 보면, 아래와 같은 8가지 항목을 목표에 관한 문서로 구성한다.

컴플라이언스 목표 및 모니터링

목표	추진활동	필요자원	달성시기	측정기준	목표치	측정주기	평가

컴플라이언스 목표는 컴플라이언스 목표에 관한 별도 문서로 관리해도 되고, 모니터링 문서에 포함시켜 일괄적으로 관리해도 무방하다.

11.5 | 컴플라이언스 목표 달성 평가

컴플라이언스 목표는 분기별/반기별/회계연도 등으로 평가주기를 설정하고 측정주기에 따라 달성도를 측정하고 평가한다.

컴플라이언스 목표의 달성 여부는 최소 1년 단위로 평가하여야 한다. 컴플라이언스 목표의 평가 시 수치화할 수 있는 컴플라이언스 목표는 수치화하여 평가하고, 수치화할 수 없는 컴플라이언스 목표는 충분한 근거와 함께 서술형으로 평가한다.

컴플라이언스 목표의 달성 여부를 평가한 후 컴플라이언스 목표의 달성 정도가 회사와 각 부서의 컴플라이언스 수준에 미친 영향을 평가하고, 이를 종합하여 차기 연도 컴플라이언스 시스템 및 컴플라이언스 목표 수립 시에 반영한다.

컴플라이언스 목표를 달성하였다면 이를 유지하거나 더욱 높은 수준으로 나아갈 방법을 찾아야 하고, 컴플라이언스 목표를 달성하지 못하였다면 달성하지 못한 이유, 컴플라이언스 목표의 미달성이 회사에 미치는 영향, 컴플라이언스 목표의 수준이 너무 높았는지 여부 등을 검토하여야 하고, 검토 결과를 차기 연도 컴플라이언스 목표의 수준 설정 등에 반영한다.

컴플라이언스 목표에 대한 모니터링은 경영검토 대상이므로 주관부서는 컴플라이언스 목표 모니터링 결과를 이사회에 보고한다. 구체적인 모니터링의 수행은 15. 컴플라이언스 프로세스의 정리와 23. 모니터링에서 살펴본다.

12 컴플라이언스 관련 규정의 체계

컴플라이언스 시스템을 구축 운영하기 위하여는 컴플라이언스 시스템에 관한 규정이 있어야 한다. 컴플라이언스 관련 규정의 체계는 회사의 정책에 따라 다르지만 방침을 시작으로, 준법통제기준, 준법통제지침(혹은 프로세스)를 기본으로 한다.

방침은 가장 높은 수준의 컴플라이언스 규정으로서, 회사가 나아가야 할 컴플라이언스 관련 큰 방향, 선언문 수준의 규정이고, 준법통제기준은 방침과 동급 또는 하위 규정으로서 이사회, 대표이사, 준법지원인의 권한과 책임, 컴플라이언스 시스템에 필수적인 리스크 식별, 내부심사, 준법점검, 준법제보, 경영검토 등 큰 틀에 관한 규정이다. 준법통제지침(또는 프로세스)는 준법통제기준의 하위규정으로서 준법통제기준에 규정한 큰 틀에 관한 세부사항, 리스크식별, 내부심사 등에 관한 방법, 절차 등 세부적인 사항에 관한 규정이자 절차서이다.

ISO 37301:2021 규격은 컴플라이언스에 관한 규정을 방침과 프로세스로 구분한다. 준법통제지침과 프로세스는 같은 수준의 규정이므로, 서로 교환하여 사용이 가능하다.[141]

상법은 컴플라이언스 시스템 운영을 위한 기준으로서 준법통제기준을 요구하고 있고, 법무부와 한국상장사협의회가 공동으로 개발하여 배포한 상장회사 표준준법통제기준이 널리 사용되고 있다. 표준준법통제기준은 컴플라이언스 시스템의 구축을 위한 큰 틀을 제공하지만, 구체적인 컴플라이언스 업무에 관한 지침은 되지 못한다.

컴플라이언스 시스템 구축 시에 상법과 ISO 규격에 모두 부합하게 구축할 경우, 상법의 요구사항과 ISO 인증에 모두 대응할 수 있다.

---

141 이와 같은 규정의 체계는 ISO 37301:2021이나 상법에 규정되어 있지 않으나, ISO 37301:2021과 상법의 규정을 종합하여 검토하면 이러한 규정의 체계를 잡는 것이 합리적이라는 점을 알 수 있다.

따라서, ISO 37301:2021 규격이 요구하는 방침을 컴플라이언스 관련 규정 체계의 가장 상단에 위치시키고, 그 하위에 준법통제기준을 마련한 다음 준법통제기준 하위에 준법통제지침(프로세스)을 위치시키면 상법의 요구사항과 ISO 인증에 모두 대응할 수 있다.

회사에 따라서는 방침 - 준법통제기준 - 준법통제지침(또는 프로세스)의 순서를 따르지 않고, 방침 - 준법통제기준 - 준법통제지침 - 프로세스의 4단계 규정체계를 갖출 수도 있다.

13 컴플라이언스 방침

13.1 | 컴플라이언스 방침이란

방침이란 컴플라이언스 시스템의 운영 원리 및 방향으로서 컴플라이언스 시스템의 가장 상위의 규정 또는 규범이다. ISO 37301;2021 규격은 방침을 **조직의 최고경영자에 의해 공식적으로 표명된 조직의 의도 및 방향**이라고 규정하고 있다[142].

13.2 | 방침의 수립

방침은 회사가 컴플라이언스 시스템을 운영할 것이라는 원칙을 담고, 이를 대내외에 공포하는 일종의 선언문이다. 따라서, 구체적인 회사 내부 조직의 각 권한과 책임, 컴플라이언스 시스템의 구축 및 운영에 관하여 규정하지는 않는다. 다만, ISO 37301:2021은 방침에 일정한 규칙 또는 포함사항을 요구하고 있는바 이는 다음과 같다.

회사의 목적에 적절하고, 컴플라이언스 목표를 설정하기 위한 틀을 제공하여야 하고, 회사에 요구되는 요구사항을 충족하기 위한 경영진의 의지를 표명하여야 하고, 컴플라이언스 시스템의 지속적 개선을 위한 의지를 표명하여야 한다.[143]

142 ISO 37301;2021 규격 3.5 참조.

143 ISO 37301;2021 규격 5.2 참조.

구체적으로 방침은 회사의 가치, 목표 및 전략과 부합하고, 회사의 의무사항 준수를 요구하고, 컴플라이언스 시스템 준수를 지원하고, 준법지원인을 참고하여 설명하고, 회사의 의무, 방침, 프로세스 등의 절차를 준수하지 않을 경우 어떠한 불이익을 받을 수 있는지 설명하고, 준법제보를 장려하고, 회사의 임직원이 이해할 수 있는 쉬운 언어로 작성하고, 방침은 적절히 시행되고 공표되어야 하고, 문서화되어야 하며, 회사의 임직원 및 외부 이해관계자가 이용가능해야 한다.

13.3 | 공정거래위원회 CP에 따른 방침

CP 구축을 위해서는 CP 도입요건을 충족하여야 하는데 CP 도입요건 중 하나가 CP 방침이다. 공정거래 자율준수제도 운영 평가에 관한 규정 제3조 제2호는 **최고경영자의 자율준수 의지 및 지원**이라는 제호로, 방침에 관한 요건을 규정하고 있다.

> "최고경영자는 공정거래 관련 법규 자율준수 의지와 방침을 공개적으로 표명하고 CP 운영을 적극 지원하여야 한다."

공정거래 자율준수제도 운영 평가에 관한 규정 별표 2의 2. 평가항목 가.는 방침에 관하여, 아래와 같이 규정하고 있다.

> 평가항목 C1 CP의 도입 및 운영 방침의 수립
> 평가지표 C1.1 최고경영자의 CP 도입 및 자율준수 실천의지의 천명
> 세부측정지표 C1.1.1 최고경영자가 CP 행동강령, CP 방침 선언, CP 도입 선포식 또는 이와 유사한 취지의 내용을 활용하여 확고한 CP 실천 의지를 공개적으로 표명하였는가?

이를 종합하면, CP를 위한 방침에는 CP 제도의 도입, 공정거래법을 포함한 공정거래위원회 소관 법령의 준수 의지 천명을 필수적으로 포함하여야 하고, 나머지 CP 도입 요건 중 일부인 자율준수관리자를 통한 CP의 독립적 운영, 자율준수편람의 준수, 자율준수교육의 수강, 공정거래 관련 법규 위반 임직원에 대한 제재 등을 포함하여 방

침을 구성하는 것이 타당하다.

따라서, 컴플라이언스 시스템에 관한 방침을 마련할 때에 CP 제도에 따른 방침의 요소를 가미하면, CP 등급 신청 시 별도의 CP 제도 구축 없이 기 구축한 컴플라이언스 시스템을 활용할 수 있다.

13.4 방침의 공표

방침의 작성을 완료하면 방침을 전사적으로 공지한다. 공지의 방법은 회사내 그룹웨어 공지사항, 회사의 대외적인 홈페이지, 회사 내 게시판에 하드카피 게시 등이 있다.

주관부서는 의사소통의 일환으로서 전 임직원에게 방침을 메일로 발송하여 그 준수를 요구할 수도 있다. 주관부서는 방침 공표와는 별도로 컴플라이언스 교육에 방침을 포함시켜 임직원에게 방침의 내용을 숙지시키고 그 준수를 당부해야 한다. 또한, 임직원 채용 시 방침의 내용을 제시하고 이를 준수할 것을 요구할 수 있다.

아래는 동국제약 주식회사의 CP 방침이다.[144] 잘 정리된 CP 방침이므로 참고하기 바란다.

CP(Compliance Program) 운영 방침

약사법, 의료기기법, 부정청탁 및 금품 등 수수의 금지에 관한 법률, 독점규제 및 공정거래에 관한 법률 등 모든 관련 법규와 내부 규정 및 CP 기준을 준수한다.

약사법, 의료기기법, 부정청탁 및 금품 등 수수의 금지에 관한 법률, 독점규제 및 공정거래에 관한 법률 등 모든 관련 법규와 내부 규정 및 CP 기준을 준수한다.

직무수행에 있어 부정경쟁, 불공정거래 발생 가능성이 있는 행위에 관여하지 않는다.

협력업체와의 신뢰를 바탕으로 상호협력과 상생을 추구하며, 상거래 업무상 지위를 이용한 부정경쟁과 불공정거래를 지양한다.

효율적인 사내 CP운영을 위하여 계획, 실행, 감독, 개선 및 성과보고 등 독립적인

144 https://www.dkpharm.co.kr/company/cp_1_1.php 참조.

책임과 권한을 부여받은 자율준수관리자를 중심으로 공정거래 자율준수프로그램을 준수하고, 지속적으로 개선 및 발전해 나간다.

직무수행 중 관련 법규와 CP 위반행위를 인지했을 경우 이를 지체없이 자율준수관리자에게 보고한다.

직무수행 중 관련법규와 CP 규정을 위반할 경우 내규에 따라 그 위반 정도에 상응하는 어떠한 처벌도 감수하며, 관련 법규 및 CP 위반행위에 대해 제보할 수 있는 권리와 의무가 있고, 제보를 이유로 한 어떠한 불합리한 처우와 인사적 불이익에 대해 회사로부터 철저히 보호받는다.

14 준법통제기준 제정

14.1 | 준법통제기준이란

상법은 준법통제체제의 운영을 위하여 준법통제기준의 제정을 요구한다. 준법통제기준은 컴플라이언스 시스템 구성에 대한 규정이다. 준법통제기준은 컴플라이언스 시스템의 구축과 운영을 위한 회사의 상위 규정으로서, 컴플라이언스 시스템 구축, 운영에 관한 방법을 규정한다.

14.2 | 준법통제기준의 구성

준법통제기준의 구체적인 구성을 살펴본다. 준법통제기준은 회사의 컴플라이언스 시스템의 모습에 관한 규정이기 때문에 회사별로 구축하고자 하는 컴플라이언스 시스템의 모습을 구체화하여 작성한다.

컴플라이언스 시스템을 처음 구축하는 주관부서는 표준준법통제기준을 따르는 것이 여러모로 편리하다[145]. 회사가 표준준법통제기준에 따라 컴플라이언스 시스템을 일단 구축하고, 컴플라이언스 역량이 어느 정도 형성이 된 이후 회사의 사정에 맞게 준법통제기준을 변경하여 사용하는 것을 추천한다. 이하에서는 표준준법통제기준의 각 장의 내용을 살펴본다.

145 법무부 홈페이지(https://www.moj.go.kr/moj/index.do) 참조.

◆ 제1장 총칙

표준준법통제기준의 총칙은 제1조 목적, 제2조 정의 제3조 적용, 제4조 제·개정 방법으로 구성되어 있다.

총칙에서는 적용과 제·개정 방법에 해당하는 제3조와 제4조를 신경쓰는 것이 좋다. 제3조 적용범위는 6.1회사 상황의 파악에서 살펴본 컴플라이언스 시스템 구축 범위에 해당한다. 표준준법통제기준은 회사의 모든 업무와 모든 임직원을 대상으로 규정하였지만, 컴플라이언스 시스템 구축 시에 전사적 적용이 어렵다면, 부서별, 지역별, 공장별, 사업분야 별로 단계를 두어 구축 범위를 제한할 수 있고, 컴플라이언스 시스템을 구축하는 회사가 지주회사이거나 모회사일 경우에는 자회사나 계열회사를 준법통제기준의 적용대상으로 규정하여 오히려 준법통제기준 적용범위를 확대할 수도 있다.

제4조 제정 및 개정의 권한은 대표이사가 이사회의 결의를 거쳐 제정 및 개정한다고 규정하고 있고, 회사의 거버넌스 구조 및 ISO 37301:2016 규격과의 정합성을 기준으로 볼 때 표준안이 타당하다.

◆ 제2장 준법통제환경

제2장 준법통제환경에는 컴플라이언스 시스템을 구성하는 각 주체의 컴플라이언스 시스템 내에서의 역할과 권한을 규정하고 있다.

회사의 최고 의사결정 기구인 이사회는 컴플라이언스 시스템에서도 최상위의 역할을 수행한다. 이사회는 준법통제기준과 기타 중요한 사항을 결정하고, 대표이사의 준법통제체제 운영여부를 감시 감독하는 역할을 한다.

대표이사는 준법통제기준과 이사회의 결정에 따라 준법통제체제를 구축 및 운영하고 감독한다. 상법에서 이사회는 주요사항을 결정하고, 대표이사가 실질적으로 회사를 지배 운영하되 이사회에 대표이사를 감시하는 역할을 부여하는 것과 기능적 배분이 유사하다.

준법지원인은 준법 관련 교육과 준법통제기준의 준수여부를 점검하여 대표이사에게 보고하는 등 준법통제업무를 실무적으로 총괄한다. 표준준법통제기준은 준법지원인에게 점검과 총괄의 이중적 권한을 부여하고 있다. 대표이사가 준법통제체를 운영한다는 규정과 배치되는 것 같으나, 대표이사에게 준법통제체제의 성패에 관한 책임을 묻는 규정으로 해석할 경우, 준법지원인이 준법통제업무를 실무적으로 총괄하는 것이 대표이사의 권한과 크게 어긋나지는 않는다. 실무적으로는 준법지원인이 준법통제체제를 운영하고 그 운영결과를 대표이사와 이사회에 보고한다.

제2장의 나머지 규정은 모두 준법지원인의 임면, 지위 등에 관한 사항이다. 컴플라이언스 시스템의 성공적 구축과 운영을 위하는 준법지원인에게 독립적인 지위를 부여하여 준법지원인이 컴플라이언스 시스템에 대하여 권한을 가지고 운영하도록 하여야 한다.

◆ 제3장 준법통제활동

제3장은 컴플라이언스 시스템의 준법통제활동으로 구성되어 있다. 다만, 제3장은 컴플라이언스 관련 업무를 대략적으로만 구성하여, 각 업무의 주체, 보고대상 등에 관하여서만 규정하였을 뿐 이에 관한 구체적인 규정을 하고 있지는 않고, 표준준법통제기준 제24조를 통하여 준법지원인이 준법통제기준의 시행에 필요한 세부사항을 규정할 수 있도록 위임하고 있다.[146]

제3장의 주요 내용은 의무 및 리스크의 식별, 통제수단의 설정, 통제수단의 이행, 준법교육의 시행, 준법점검, 각 부서의 자율적인 준법점검, 위반 시의 처리, 의사소통, 문서화 등에 관한 사항이다.

본장에서 언급하는 준법점검은 제4장에 규정된 유효성 평가와는 결을 달리한다. 준법점검은 특정한 의무, 리스크, 이슈 등에 관하여 계획 및 이행이 되고 있는지 확인하는 활동이고, 유효성 평가는 컴플라이언스 시스템 전반의 구축의 적절성 여부를 검토하는 활동이기 때문이다.

제3장에는 ISO37301:2021 규격이 요구하는 실사가 규정되어 있지 않다. 따라서, ISO 인증을 염두에 두고 있는 회사는 ISO37301:2021 규격이 요구하는 실사를 준법통제기준에 규정하거나 기타 하위 문서로 규정할 수 있다.

◆ 제4장 유효성 평가

제4장은 컴플라이언스 시스템의 유효성 평가와 그 후속조치에 관한 규정으로 구성되어 있다.

컴플라이언스 시스템의 유효성 평가는 컴플라이언스 시스템의 적정성과 실효성에 대한 검토이다. 적절성은 컴플라이언스 시스템이 실제로 작동할 수 있도록 적절히 구

146 표준준법통제기준 제24조는 준법지원인이 준법통제지침(프로세스)를 마련하고 시행할 수 있는 근거규정이다.

성 및 구축되어 있는지 여부이고, 실효성은 실제로 컴플라이언스 시스템이 적절히 운영되고 있는지 여부이다.

이를 확인하기 위하여는 의무 및 리스크 식별의 적절성, 통제수단의 적절성 및 통제수단을 실행하고 있는지 여부, 리스크 발생 시 보고체계, 전 임직원의 컴플라이언스 시스템에 대한 이해 정도, 컴플라이언스 시스템에 투입되는 자원의 적절성 등 전반적인 사항에 대한 검토가 필요한다.

유효성 평가에 관하여 준법통제기준과 ISO37301:2021의 접근법이 미묘하게 다르다. 두 기준 모두 결과적으로는 적정성과 실효성 모두를 확인하지만, ISO37301:2021은 내부심사로 적정성을 평가하고 모니터링으로 실효성을 평가하기 때문이다. 하지만, 결과적으로는 컴플라이언스 시스템이 적절히 구성되어 있는지 여부와 정상적으로 작동하는지 여부를 확인하는 절차이므로, 그 평가 대상과 평가 결과는 동일하다.

15 컴플라이언스 프로세스의 정리

15.1 | 컴플라이언스 프로세스 총론

◆ 컴플라이언스 프로세스란[147]

컴플라이언스 시스템에서 프로세스는 준법통제기준의 하위규정으로서 준법통제기준이 요구하는 각 컴플라이언스 활동의 구체적인 수행방법 및 절차(또는 당해 수행방법과 절차를 규정한 규정)를 의미한다.

회사별로 준법통제기준의 하위 규정으로서 준법통제지침라고 하기도 하고 ISO 규격의 용어를 쫓아서 프로세스라 칭하기도 한다.[148] 경우에 따라서는 프로세스의 총론을 준법통제지침에 규정하고, 구체적인 절차만 프로세스화 하여 프로세스를 별도의 정의할 수도 있다. 또한, 각 프로세스를 별도의 규정으로 관리할 수도 있고, 여러 프로세스를 묶어 하나의 컴플라이언스 프로세스로 관리할 수도 있다.

프로세스 역시 준법통제기준 또는 준법통제지침의 하위규정에 해당하므로 사규의 지위를 가진다. 프로세스는 컴플라이언스 관련된 업무에 한정되므로, 통상 준법지원인이 그 재개정을 관리한다.

프로세스를 마련하는 이유는 주관부서 담당자가 컴플라이언스 시스템을 구축하고 운영할 공통의 기준을 마련하는 것이고, 개별부서 담당자 혹은 내부심사원들이 컴플라이언스 시스템을 이해하고 관련 업무를 예측할 수 있도록 하는 것이다.

147 이하 본저에서는 프로세스라고만 한다.

148 이하 본저에서는 ISO 규격에 따라 프로세스라 한다.

◆ 컴플라이언스 프로세스의 종류

프로세스는 컴플라이언스 시스템 운영에 관한 모든 사항을 그 대상으로 한다. 이에 프로세스의 종류는 **리스크 관리 프로세스, 방침 관리 프로세스, 컴플라이언스 목표 관리 프로세스, 교육훈련 프로세스, 고용 프로세스, 문서관리 프로세스, 실사 프로세스, 내부심사 프로세스, 모니터링 프로세스, 경영검토 프로세스, 의사소통 프로세스, 시정조치 프로세스** 등 컴플라이언스 시스템 구축 및 운영에 관한 프로세스로 구성한다.

만약, 준법지원인이 사규관리 절차, 계약서 검토절차 등의 절차를 결정할 권한이 있다면, 사규관리 절차 등을 프로세스화 하여 프로세스의 구성항목으로 추가하여도 무방하다.

◆ 통제수단으로서의 프로세스와의 구분

컴플라이언스 시스템에서는 본장에서 규정한 프로세스 이외에 각 개별부서가 규정한 업무의 절차를 프로세스라고 명칭하고, 이를 통제수단으로 사용한다. 이 역시 프로세스인 것은 맞으나 본 편에서 설명하고자 하는 프로세스와는 다른 종류의 프로세스이다. 본저에서 통제수단으로 사용하는 프로세스는 통제수단으로서의 프로세스라 한다.

◆ 컴플라이언스 프로세스의 구성

프로세스는 회사의 정책에 따라 그 구성을 달리할 수 있으나, 통상 아래에 규정한 사항을 기본적으로 구성요소로 삼는 것이 타당하다.

프로세스에는 프로세스의 목적을 시작으로 적용범위, 용어의 정의, 각 임직원별 책임과 권한을 규정한다. 각 임직원별 책임과 권한은 프로세스별 필요에 따라 이사회, 대표이사, 준법지원인, 주관부서 담당자, 각 부서장, 내부심사원, 각 부서 임직원의 권한과 의무로 구성한다.

준법통제기준, 방침 등에서 구축 및 운영에 관하여 이사회, 대표이사, 준법지원인의 권한 및 의무로 규정한 프로세스에 관하여서는 프로세스에서도 이사회와 대표이사의 권한 및 의무에 따라 그 역할을 기재하여야 한다. 그 이외의 프로세스는 주로 준법지원인이 프로세스 전반에 대한 통제의 권한을 가진다.

이후 각 프로세스의 계획, 실행 등 업무절차에 관하여 규정하고 프로세스의 모니터링, 개선 등 사후절차를 규정한다. 프로세스에 각 프로세스 내의 평가 등에 관한 기준을 제시하기도 한다. 프로세스의 말미에는 각 프로세스에 관련된 문서의 양식 보존해야 할 문서의 종류에 관한 사항을 규정하면서 프로세스를 마무리한다.

개별 프로세스의 구체적인 내용에 관하여 다음에서 살펴본다.

15.2 리스크 관리 프로세스

리스크 관리 프로세스는 리스크 관리에 관한 사항을 규정한 프로세스이다.

리스크 관리는 컴플라이언스 의무 및 리스크의 식별 및 평가, 리스크의 관리방안 및 사후 관리로서 리스크 및 통제수단의 재평가에 관한 업무이므로, 대표이사가 관련 업무의 총괄책임을 부담하고, 준법지원인이 실무상 책임을 부담하며, 주관부서가 개별부서와 함께 수행한다.

리스크 관리의 구체적인 업무 절차는 회사의 상황 파악을 시작으로 이해관계자, 의무, 리스크를 식별하고, 개별부서의 담당자를 선발하고 교육하여, 리스크를 평가하여 관련 통제수단을 설정하는 것이다. 리스크 관리의 사후관리로 통제수단의 시행여부를 확인하고 통제수단의 유효성을 모니터링한다.

리스크 관리 프로세스에는 준법지원인 등의 업무, 의무 및 리스크 식별의 절차, 부서별 담당자의 선발과 교육, 고유리스크 및 통제수단의 평가방법 등에 관하여 규정한다. 리스크 식별표 작성의 구체적인 방법 및 통제수단 평가의 구체적인 내용은 그 내용이 많아 프로세스 본문에 기재하지 않고 별첨 양식을 만들어 리스크 관리 프로세스에 첨부할 수 있다.

관련 양식으로는 의무등록부, 리스크 식별 평가표가 있고, 보존해야 할 문서로는 리스크 식별표 작성 계획, 개별부서 의무등록부, 리스크 식별표, 개별부서 담당자 명단, 개별부서 담당자 교육계획 등이 있다.

아래의 리스크 관리 프로세스의 예시를 통하여 구체적으로 살펴본다.[149]

---

149 프로세스의 구성이나 목차는 자유롭게 구성할 수 있다.

◆ 리스크 관리 프로세스의 예시

리스크 관리 프로세스

1. 목적

본 프로세스는 준법통제기준이 요구하는 바에 따라 컴플라이언스 시스템 관련 리스크를 파악 및 식별하고, 리스크의 우선순위를 결정하여, 리스크를 관리하는 등 법적 위험 식별 및 평가에 관한 프로세스를 정하는 것을 목적으로 한다.

2. 책임과 권한

2.1 대표이사

1) 리스크 통제 수단의 효과성을 평가하여 경영검토 승인

2) 리스크 평가 관련 경영검토 사항 이사회 보고

2.2 준법지원인

1) 의무 및 리스크 평가 조직 구성 승인

2) 의무 및 리스크 평가 교육계획, 결과보고 승인

3) 의무 식별 및 리스크 평가 프로세스 마련

4) 의무 식별 및 리스크 평가 결과 승인 및 대표이사 보고

2.3 주관부서

1) 의무 및 리스크 식별, 평가 조직 구성 및 관리

2) 내부심사원 교육계획 수립, 실시, 사후관리

3) 의무 및 리스크 식별, 평가 결과 취합 및 보고

4) 리스크 식별 및 통제 모니터링 실시 및 보고

2.4 개별부서장

1) 개별부서의 의무와 리스크 식별 및 통제활동 총괄

2) 개별부서 목표 설정 및 목표 실행

3) 개별부서 의사소통 커뮤니케이션

2.5 내부심사원[150]

1) 개별부서 의무와 리스크 식별 및 컴플라이언스 시스템 운영 실무

2) 개별부서(타부서)에 대한 내부심사 수행

3) 리스크 식별표 작성 실무

150 개별부서 내부심사원에게 내부심사와 컴플라이언스 시스템 운영을 함께 요구할 경우에는 위와 같이 프로세스를 구성할 수 있고, 내부심사원과 별도로 개별부서 컴플라이언스 담당자를 지정할 경우에는 역할을 구분해서 규정할 수 있다.

2.6 개별부서 인원

1) 리스크 식별 관련 내부심사원에 협조

2) 고유 리스크 관리를 위한 통제수단 실행

3) 준법의무 준수, 컴플라이언스 이슈 보고, 내부제보, 교육 참여

3. 업무절차

3.1 의무 및 리스크 식별 주기

가. 컴플라이언스 시스템 시스템 최초 수립 시

나. 정기 연 1회 (시기는 별도 계획 수립)

다. 비정기 평가

① 신규 또는 변경된 활동, 제품 또는 서비스

② 회사의 인수 및 합병 및 조직개편

③ 재정적, 경제적 상황, 시장 상황, 법적 책임, 고객 관계 등의 중요한 외부 변화

④ 컴플라이언스 의무의 변경

⑤ 컴플라이언스 리스크 발생

⑥ 기타 대표이사 및 준법지원인이 필요하다고 판단하는 경우

3.2 의무 및 리스크 식별을 위한 내부심사원 선발

가. 준법지원인은 컴플라이언스 시스템 적용 범위에 따른 부서를 대상으로 내부심사원을 선발한다.

나. 준법지원인은 정해진 주기에 따라 개별부서에 내부심사원 지정을 요청한다.

다. 개별부서는 준법지원인의 요청에 따라 내부심사원을 지정한다.

라. 준법지원인은 내부심사원 선발 시 적격성을 평가한다.

3.3 각 부서의 내부심사원에 대한 교육

가. 주관부서는 내부심사원을 대상으로 교육계획을 수립하고 개별부서와 협조하여 대상자에게 통보한다.

나. 주관부서는 교육훈련 및 고용 프로세스 규정에 따라 내부심사원을 교육한다.

3.4 의무 식별 및 리스크 평가 실시

가. 내부심사원의 조직상황 파악

1) 내부심사원은 회사 및 개별부서의 상황을 고려하여 다음 각호의 사항을 기준으로 삼아 개별부서에 영향을 미치는 내·외부 이슈를 결정한다.

① 회사 및 부서의 활동과 전략, 특성, 크기, 복잡성 및 지속가능성을 포함한 비즈니스 모델

② 제3자와의 비즈니스 관계의 특성과 범위

③ 법적 및 규제 상황(최근 법 및 규제 동향 조사)

④ 경제상황, 사회적, 문화적 및 환경적 상황

⑤ 내부 구조, 방침, 프로세스, 절차 및 기술을 포함한 자원

⑥ 회사의 컴플라이언스 문화

나. 내부심사원의 이해관계자 요구사항 파악

1) 컴플라이언스 시스템과 관련된 이해관계자

2) 이해관계자와 관련된 요구사항 및 컴플라이언스 시스템에 반영할 요구사항

다. 내부심사원은 조직상황, 이해관계자의 요구사항에 따라 의무를 식별하여 의무등록부에 반영한다. 의무 식별 시 다음 각 호의 사항을 고려한다.

1) 지속적인 컴플라이언스 활동을 유지하기 위하여 신규 및 변경된 의무를 식별하는 프로세스

2) 의무는 정기적으로, 또한 조직의 환경이나 상황에 중대한 변화가 있는 경우 수시로 식별한다.

라. 리스크 식별 및 평가

1) 내부심사원은 개별부서의 리스크를 식별·분석한다.

2) 내부심사원은 리스크의 발생가능성과 영향도를 평가하여 이를 리스크 식별표 양식에 고유리스크로 반영한다.

3) 각 통제수단의 유효성은 1% ~ 99%로 한다.

4) 개별부서는 고유리스크가 보통 이상인 리스크에 대하여 통제수단을 설정하고, 통제수단 적용 후 잔여리스크를 평가한다.

5) 잔여 리스크가 "중간" 이상인 경우 추가 통제수단을 설정한다.

마. 리스크 평가 및 통제에 관한 기준은 별첨 문서를 기준으로 한다.

3.5 리스크 관리

가. 주관부서는 각 부서에서 평가한 의무 식별 및 리스크를 취합하고, 다음과 같은 사항에 대하여 검토 후 해당 팀에 피드백을 할 수 있다.

1) 이전에 발생한 각 부서의 리스크 정도
2) 해당 업무의 수행에 예측 가능한 모든 리스크의 포함 여부
3) 리스크 통제의 실행 여부와 유효성
4) 잔여 리스크 "중간" 이상인 리스크에 대한 계획 수립과 관리
5) 각 부서 리스크의 목표관리와 모니터링 수단

나. 주관부서와 개별부서는 통제수단의 기록을 보유하고 개별부서는 리스크식별표 기재에 따라 통제수단을 시행한다.

다. 개별부서는 준법지원인의 리스크 평가에 대한 검토 요청이 있을 경우, 최초 평가와 동일한 방법으로 의무 식별 및 리스크 평가를 다시 작성하여 제출한다.

라. 주관부서는 정해진 주기에 따라 리스크 평가를 실시하고 결과를 취합하여 준법지원인에게 보고한다.

3.6 사후관리

가. 주관부서는 잔여 리스크를 관리하기 위한 계획에 대하여 지속적으로 모니터링 한다.

나. 준법지원인은 의무 및 리스크 식별 및 리스크 통제수단의 유효성을 검토하여 대표이사에게 경영검토로 보고한다.

다. 통제수단을 사용하였음에도 불구하고, 리스크가 발생하였다면 리스크 발생 시 또는 익년도에 관련 리스크에 해당하는 통제수단의 유효성을 20% 하향 조정하고, 통제수단 사용 후 리스크가 발생하지 않을 경우, 관련 리스크에 해당하는 통제수단의 유효성을 5% 상향 조정한다. 다만, 준법지원인은 별도의 사유가 있을 경우, 다르게 판단하여 적용할 수 있다.

4. 관련 양식

리스크 식별 평가표(주관부서, 개별부서)

적격성 평가표 및 적격성 평가대장(주관부서)

별첨 1 | 리스크 평가

별첨 리스크 평가에는 고유리스크 계산법, 리스크 발생가능성 및 리스크 영향도 평가방법, 고유리스크 및 잔여리스크 등급 구분 및 대응수준에 관하여 기재한다.[151]

별첨 2 | 통제수단 평가

별첨 통제수단 평가에는 통제수단 유효성 계산법, 통제수단의 적합도와 저감도 평가방법, 유효성에 대한 평가 기준에 관하여 기재한다.[152]

15.3 | 방침 관리 프로세스

방침 관리는 회사 컴플라이언스의 커다란 원칙을 관리하는 것이므로, 대표이사가 수립하고 이사회가 승인하여 대표이사가 배포한다. 방침관리 프로세스는 다른 프로세스에 비하여 상대적으로 간소하다.

방침 관리의 실무는 준법지원인이 방침을 작성하여 대표이사와 이사회의 승인을 받아 배포, 공표한다.

방침 관리 프로세스에는 방침에 포함되어야 할 사항, 방침의 제정 및 개정의 승인절차, 방침의 공표 방법을 규정한다.

방침 관리 프로세스에 관한 양식과 보존문서로서는 방침의 준수를 서약하는 준법실천서약서가 있다.

이와 더불어, 방침의 준수에 관한 서약서를 받는다거나 이사회 경영검토 시 방침에 관한 적절성 여부를 검토한다는 취지의 규정을 마련할 수도 있다.

아래의 방침 관리 프로세스의 예시를 통하여 구체적으로 살펴본다.

---

151 리스크 평가에 관한 구체적인 사항은 8. 컴플라이언스 리스크 식별에 기재한 사항을 정리하여 구성하므로, 본장에서의 기재는 생략한다.

152 통제수단 평가에 관한 구체적인 사항은 9. 통제수단의 설정에 기재한 사항을 정리하여 구성하므로, 본장에서의 기재는 생략한다.

◆ 방침 관리 프로세스의 예시

방침 관리 프로세스

1. 적용범위

본 프로세스는 컴플라이언스 시스템의 방침의 제·개정 및 관리 업무에 관한 프로세스에 대하여 적용한다.

2. 목적

컴플라이언스 방침의 관리는 컴플라이언스 시스템의 운영을 위한 대표이사의 의지를 포함한 방침을 수립 및 배포하여 컴플라이언스 시스템 실행 방향을 정하여, 컴플라이언스 시스템 운영성과를 극대화하는 데 그 목적이 있다.

3. 책임과 권한

3.1 이사회

방침의 승인 및 실행 지원

3.2 대표이사

방침 수립, 유지, 검토

3.3 준법지원인

방침 작성 및 대표이사 보고, 내외부 이해관계자 의사소통

3.4 주관부서

방침 작성 및 내외부 이해관계자 의사소통 실무

3.5 개별부서

가. 컴플라이언스 방침, 절차 및 프로세스를 준수

나. 방침의 부서 내·관련 사업관련자 의사소통

4. 업무 절차

4.1 방침 수립

가. 준법지원인은 회사의 목적에 적합하며, 컴플라이언스 목표를 설정하기 위한 틀을 제공할 수 있도록 컴플라이언스 시스템의 지속적인 개선에 대한 실천의지를 포함하여 다음 사항이 포함된 방침을 작성하여 대표이사의 검토를 받는다.

1) 컴플라이언스 의무의 이행을 요구할 것

2) 컴플라이언스 시스템을 준수할 것

3) 준법지원인을 참조해 설명할 것

4) 의무, 방침, 준법통제기준 및 프로세스를 준수하지 않을 경우의 조치 결과를 설명할 것

5) 내부제보를 장려하고, 어떠한 형태의 보복도 금지할 것

나. 방침 작성 시 다음 사항을 고려하여야 한다.

1) 회사의 가치, 목표 및 전략에 부합할 것

2) 모든 인원이 원칙과 의도를 쉽게 이해할 수 있도록 쉬운 언어로 기술하여 문서화할 것

3) 적절히 실시되고 시행될 것

4) 회사 내외부에 의사소통 할 것

4.2 이사회 승인

준법지원인은 작성된 방침을 대표이사 검토 후 이사회의 승인을 받아 기록하여 관리한다.

4.3 방침의 공표

가. 준법지원인은 이사회의 최종 승인된 방침을 적용 가능한 방법으로 사내의 전 임직원에게 서면으로 의사소통한다.

나. 사내 임직원이 외국인일 경우 필요에 따라 영문 또는 해당국가 언어로 방침을 의사소통 한다.

다. 준법지원인은 외부 이해관계자에게 방침이 공유될 수 있도록 적극 노력한다.

4.4 사후관리

가. 서약서 징구

이사회, 대표이사, 임직원은 방침 준수 의지로서 준법실천서약서에 서명하여 제출한다.

나. 이사회 경영검토

이사회는 방침 및 컴플라이언스 목표가 확립되고 회사의 전략적 방향과 일치되는 것을 보장하기 위하여 주기적으로 경영검토를 수행한다.

다. 경영검토

이사회 경영검토 관련 사항은 경영검토 프로세스에 따른다.

5. 기록 및 보존

방침에 관한 대표이사, 이사회의 승인문서, 방침의 의사소통 관련 문서, 준법실천서약서 양식 및 준법실천서약서 서명본을 보존한다.

15.4 | 컴플라이언스 목표 관리 프로세스

컴플라이언스 목표 관리는 컴플라이언스 목표를 설정하고, 컴플라이언스 목표의 달성 여부를 모니터링하여 회사의 컴플라이언스 활동을 점검하고 이를 근거로 회사 컴플라이언스 시스템을 개선하는 것이다. 준법지원인이 목표 관리 실무를 주관하고 대표이사에게 보고한다.

컴플라이언스 목표 관리의 구체적인 업무 절차는 준법지원인이 관련 전사적 컴플라이언스 목표를 설정하고, 필요할 경우 개별부서 컴플라이언스 목표의 설정을 지원할 수 있다. 주관부서는 전사적 컴플라이언스 목표를 모니터링하고 개별부서의 컴플라이언스 목표 실적을 취합한다. 개별부서는 개별부서의 컴플라이언스 목표를 설정하고 목표 달성을 위한 각종 컴플라이언스 활동을 수행한다. 사후관리로 컴플라이언스 목표의 달성도에 대한 평가와 컴플라이언스 시스템 개선이 있다.

컴플라이언스 목표 관리 프로세스에는 전사적/개별부서의 컴플라이언스 목표 수립의 원칙을 규정하고, 컴플라이언스 목표 달성을 위한 컴플라이언스 활동의 수행 및 목표 달성 여부에 관한 모니터링, 시스템 개선 등의 절차를 규정한다.

컴플라이언스 목표에 관한 양식으로는 컴플라이언스 목표 설정양식, 모니터링 체크리스트가 있고 관련 보존문서로는 전사적/개별부서의 컴플라이언스 목표, 모니터링 결과문서가 있다.

아래의 컴플라이언스 목표 관리 프로세스의 예시를 통하여 구체적으로 살펴본다.

◆ 컴플라이언스 목표 관리 프로세스의 예시

목표 관리 프로세스

1. 적용범위

본 프로세스는 컴플라이언스 시스템의 목표 설정 및 이행계획을 수립하는데 적용한다.

2. 목적

본 업무 절차는 컴플라이언스 시스템의 목표를 계획, 달성, 모니터링을 통하여 컴플라이언스 시스템 운영 성과를 극대화하는 데 그 목적이 있다.

3. 책임과 권한

3.1 대표이사

가. 컴플라이언스 시스템 목표 달성을 위한 자원 배분

나. 컴플라이언스 목표 달성에 대한 인원 성과 평가 통합

다. 컴플라이언스 목표 달성에 대한 이사회 보고

3.2 준법지원인

가. 전사적 컴플라이언스 목표 설정, 컴플라이언스 목표 달성을 위한 계획 및 실적 검토

나. 컴플라이언스 목표에 대한 조언 제공

다. 컴플라이언스 목표 결과 보고

3.3 주관부서

가. 컴플라이언스 목표에 대한 모니터링 및 취합 보고

나. 컴플라이언스 목표에 대한 실적 관리

다. 컴플라이언스 목표에 대한 문서화 및 시스템 구축

3.4 개별부서

가. 개별부서 컴플라이언스 목표 설정 및 목표 달성 계획 수립 및 실행

나. 개별부서 컴플라이언스 목표 달성과 실패에 대한 보고

4. 업무 절차

4.1 컴플라이언스 목표 수립

가. 개별부서는 다음 사항이 충족되는 부서별 컴플라이언스 목표를 수립한다.

1) 컴플라이언스 시스템 방침과 일관성이 있어야 함

2) (가능한 경우)측정 가능하여야 함

3) 적용되는 요구사항을 고려하여야 함

4) 모니터링 되어야 함

5) 개별부서 내에서 상호 의사소통되어야 함

6) 필요에 따라 갱신되어야 함

7) 목표는 리스크 식별 평가표에 기록[153]

153 문서의 효율적 관리를 위하여 리스크 식별 평가표에 목표를 함께 기재할 수 있다.

나. 준법지원인은 다음 사항이 충족되는 전사적 컴플라이언스 목표를 수립한다.

1) 컴플라이언스 시스템 방침과 일관성이 있어야 함
2) (가능한 경우)측정 가능하여야 함
3) 적용되는 요구사항을 고려하여야 함
4) 모니터링 되어야 함
5) 전사적 상호 의사소통 되어야 함
6) 필요에 따라 갱신되어야 함
7) 목표는 문서로 관리되어야 함

4.2 컴플라이언스 목표 실행

가. 개별부서는 컴플라이언스 목표 달성을 위한 기획 및 실행 시 다음 사항을 결정한다.

1) 목표달성을 위한 세부 실시 사항
2) 필요 자원
3) 목표관리 책임자
4) 목표 달성 기한
5) 목표 달성 여부의 평가 방법

나. 주관부서는 전사적 컴플라이언스 목표 달성을 위한 기획 및 실행 시 다음 사항을 결정해야 하며 목표 달성을 위한 세부 실행 계획을 개별 부서에 요청할 수 있다.

1) 목표달성을 위한 세부 실시 사항
2) 필요 자원
3) 목표관리 책임자
4) 목표 달성 기한
5) 목표 달성 여부의 평가 방법

4.3 사후관리

가. 컴플라이언스 목표 모니터링

1) 개별부서는 컴플라이언스 목표의 달성 여부를 리스크 식별표 및 모니터링 체크리스트에 작성하여 주관부서에 보고한다.

2) 주관부서는 목표 달성을 위한 세부 계획의 수행 여부와 목표 달성 여부를 점검하여 개별부서에 조언하며 컴플라이언스 시스템의 효과성을 지속적으로 개선한다.

5. 기록 및 보존

리스크 식별 평가표, 컴플라이언스 목표 설정양식, 모니터링 체크리스트 등

15.5 | 교육훈련 및 고용 프로세스

교육훈련 프로세스와 고용 프로세스에는 중복되는 사항이 있어 함께 규정하는 것을 추천한다.

교육훈련 및 고용 프로세스는 고용 시 실사 및 교육, 임직원의 컴플라이언스 교육에 관한 사항을 규정한다. 본 프로세스 관련된 주요 사항은 준법지원인이 관리하고, 주관부서는 교육계획 수립, 관련 교육 주관 및 교육결과 모니터링 등을 수행한다. 교육을 주관하는 부서의 장은 관련 교육을 실시하고 교육을 전반적으로 관리한다. 채용을 관리하는 부서는 채용 시 실사, 준법서약서 징구 등을 관리한다.

주요 업무 절차는 주관부서의 교육계획 수립, 시행, 평가와 고용절차에서의 실사, 교육, 서약서 징구 등이다.

본 프로세스에는 교육계획의 수립과 실행 절차, 교육내용, 교육대상 또는 재교육 대상 선정방법 및 절차, 평가방법, 고용 및 인사 발령 전 실사, 적격성 평가, 역량 평가 등에 관하여 규정한다. 프로세스에 교육계획 및 시행에 관한 유의사항과 반드시 시행해야 하는 교육내용 및 방법을 함께 규정할 수 있다.

또한, 교육 및 적격성 평가[154]가 밀접한 관계가 있으므로, 본 프로세스에 적격성 평가를 함께 규정할 수 있다. 컴플라이언스 시스템 운영의 필수 인력(주관부서 및 내부심사원 등)의 자격(즉 적격성), 역할, 적격성 평가 방법과 절차를 및 규정한다. 적격성 평가의 사후관리로서 적격성 유효 기간, 재평가 방법, 자격 갱신절차 등이 있다.

본 프로세스에 관한 양식으로는 연간 교육훈련 계획서, 교육훈련 보고서, 적격성

154 적격성 평가는 준법지원인, 주관부서 담당자, 개별부서 담당자, 내부심사원 등 컴플라이언스 시스템 운영을 하는 임직원들의 컴플라이언스 시스템 운영 능력에 대한 평가이다.

평가표, 임직원 실사 평가표가 있고, 관련 보존문서로는 연도별 계획서, 교육훈련별 보고서, 교육 참석자 명단, 적격성 평가 문서, 실사보고서 등이 있다.

아래의 교육훈련 및 고용 프로세스의 예를 통하여 살펴본다.

◆ 교육훈련 및 고용프로세스의 예시

교육훈련 및 고용프로세스

1. 적용범위

본 프로세스는 임직원의 교육 훈련, 적격성 평가, 임직원의 임면 시 필요한 컴플라이언스 활동 등에 관한 절차 및 업무에 적용한다.

2. 목적

본 프로세스는 적격성 기준 수립과 교육훈련, 전사적 컴플라이언스 교육 및 임직원의 임면에 관한 컴플라이언스 활동에 관한 프로세스를 정립하여 컴플라이언스 목표를 달성하는데 그 목적이 있다.

3. 책임과 권한

3.1 준법지원인

가. 연간 컴플라이언스 교육계획 승인

나. 고용 프로세스에 대한 조언 제공

다. 컴플라이언스 시스템 운영 임직원의 적격성 기준 승인 지정

3.2 주관부서

가. 연간 컴플라이언스 교육 계획 수립

나. 컴플라이언스 교육 주관

다. 컴플라이언스 교육 대상 선정 및 통보

라. 컴플라이언스 시스템 운영 임직원의 적격성 기준 수립 및 적격성 평가

3.3 교육 담당부서

가. 컴플라이언스 교육 계획에 따른 교육 실행

나. 주관부서의 교육 방침에 적극 협조

다. 교육 수행에 대한 전반적 관리

3.4 인사 담당부서

가. 임직원에 대한 적격성 기준 수립

나. 임직원의 채용 및 인사이동 시 임직원 실사 및 적격성 평가

3.5 개별부서

가. 컴플라이언스 교육 협력 및 지원

나. 교육훈련에 적극적인 참여

4. 교육훈련 업무 절차

4.1 교육계획 수립

가. 교육훈련은 회사 컴플라이언스 문화 조성의 실천 의지로 임직원이 컴플라이언스 문화에 동참할 수 있도록 계획한다.

나. 주관부서는 매년 초에 해당 연도 연간 교육훈련 계획을 수립한다.

다. 주관부서는 교육계획 수립 시 고유리스크 또는 잔여리스크, 적격성 등을 참조한다.

라. 개별부서의 장은 자체 교육계획을 수립할 수 있다.

마. 준법지원인은 교육계획을 승인한다.

4.2 교육내용

가. 방침, 컴플라이언스 시스템 기본 등에 관한 내용은 필수 교육에 포함시키고, 전사적으로 연 1회 이상 교육을 시행한다.

나. 의무 및 리스크 식별 평가에 관한 교육은 개별부서장, 내부심사원에게 연 1회 이상 시행한다.

다. 내부심사원 교육은 내부심사원에게 연 1회 실시한다.

4.3 교육 실시

가. 주관부서는 교육계획에 따라 교육 대상자를 선정/통보한다.

나. 주관부서는 교육 참석자 명단을 작성하여 교육 이수자를 관리한다.

다. 주관부서는 교육 실시 후 교육훈련 보고서를 작성하여 준법지원인에게 보고한다.

라. 주관부서는 교육 담당부서에 교육의 시행 및 관리를 요청할 수 있다.

마. 주관부서는 교육 여건에 따라 온라인, 오프라인 방식 및 교육 방식을 선택할 수 있다.

4.4 재교육 대상 및 시기

준법지원인은 아래와 같은 사항에 대해 재교육 및 대상 시기를 결정할 수 있다.

가. 임직원의 직책 또는 책임에 대한 변경 시

나. 컴플라이언스 규정, 절차 및 프로세스에 대한 변경 시

다. 조직 구조에 대한 변경 시

라. 컴플라이언스 의무 등 이해관계자의 요구사항 변경 시

마. 활동, 제품 또는 서비스에 대한 변경 시

바. 모니터링, 내부심사 결과, 경영검토, 고객 불만 등 부적합이 발견되었을 때

4.5 사후관리

가. 주관부서는 교육 실시 현황을 관리한다.

나. 주관부서는 설문서를 이용하여 교육의 효과성을 모니터링한다.

다. 주관부서는 필요 시 연간 교육계획 외에 별도의 수시 교육을 실시할 수 있다.

5. 고용 프로세스

5.1 근로 계약 체결 시

인사 담당부서는 근로계약 체결 시 컴플라이언스 의무, 방침, 절차 및 프로세스를 준수할 것과 위반 직원에 대한 적절한 징계 절차를 포함하여 근로계약을 체결하고 이와 관련하여 인지시키고, 입사 후 3개월 이내에 준법실천 서약서를 제출 받는다.

5.2 채용, 전근, 승진 전 실사

가. 인사 담당부서는 채용, 전근, 승진 대상자가 있을 경우, 과거 컴플라이언스 관련 이슈가 있었는지 여부, 컴플라이언스 의무 위반여부 및 징계 현황을 실사한다.

나. 실사 방식은 실사 프로세스를 참조한다

5.3. 채용, 전근, 승진 시 고려사항

가. 부서의 장에 관하여는 준법이념, 법적위험 판단능력, 컴플라이언스 지식, 당해 부서 활동, 제품, 서비스 관련 컴플라이언스 의무에 관한 이해가 있어야 하고, 부서 단위의 기획·추진력, 분석·개선책 제안 능력, 리더십, 의사소통능력이 있는지 여부를 고려한다.

나. 부서의 장이 아닌 임직원에 관하여는 컴플라이언스 시스템을 준수하고, 컴플라이언스 의무를 이행할 의지가 있는지 여부 및 의사소통능력, 대응력, 업무활동에 관한 이해력이 있는지 여부를 고려한다.

6. 적격성 평가

6.1 준법지원인은 컴플라이언스 시스템 운영에 관한 임직원에 대하여 권한과 책임, 역량, 자격 및 경력, 필요 교육 수준(이하 적격성이라 한다)을 결정하고, 각 기능에 따른 평가기준을 수립하여 평가한다.

6.2 준법지원인의 적격성을 다음과 같이 평가한다.

가. 준법지원인은 준법통제체제의 전반적 운영 및 감독, 준법통제기준 및 지침에 따른 권한 및 책임을 가진다.

나. 준법지원인은 준법이념, 법적위험 판단능력, 준법통제지식, 사업활동, 제품, 서비스 관련 준법의무에 관한 이해가 있어야 하고, 전사 준법 관련한 기획·추진력, 분석·개선책 제안 능력, 리더십, 의사소통능력이 있어야 한다.

다. 준법지원인은 변호사 자격, 「고등교육법」 제2조에 따른 학교에서 법률학을 가르치는 조교수 이상의 직에 5년 이상 근무 경력, 상장회사에서 감사·감사위원·준법감시인 또는 이와 관련된 법무부서에서 근무한 경력이 합산하여 10년 이상 경력 중 하나의 자격이나 경력이 있어야 한다.

라. 준법지원인은 준법통제 관련 교육을 총 10시간 이상 이수해야 한다.

6.3 주관부서 담당자의 적격성을 다음과 같이 평가한다.

가. 주관부서 담당자는 준법통제체제의 실무적 운영, 기타 준법지원인이 지시하는 업무 수행의 책임과 권한을 가진다.

나. 주관부서의 담당자는 준법이념, 법적위험 판단능력, 준법통제지식, 사업활동, 제품, 서비스 관련 준법의무에 관한 이해가 있어야 하고, 전사 준법 관련한 기획·추진력, 분석·개선책 제안 능력, 의사소통능력이 있어야 한다.

다. 주관부서 담당자는 변호사 자격, 입사 후 1년 이상의 경력, 유관 경력 2년 이상인 자, 부서 업무 관련 전공자 중 하나의 자격이나 경력이 있어야 한다.

라. 주관부서 담당자는 준법통제 관련 교육을 총 10시간 이상 이수해야 한다.

6.4 준법제보 조사자의 적격성을 다음과 같이 평가한다.

가. 준법제보 조사자는 내부제보 조사 실무, 조사보고서 작성 등의 책임과 권한을 가진다.

나. 준법제보 조사자는 법적위험 평가 방법론, 준법의무 내부제보조사 절차 등에 관한 지식 및 경험이 있어야 하고, 내부제보 조사 능력, 의사소통능력, 조정능력, 조사보고서 작성 능력이 있어야 한다.

다. 준법제보 조사자의 자격 등에 관하여 6.3 다.항 내지 마.항을 준용한다.

6.5 내부심사원의 적격성을 다음과 같이 평가한다.

가. 내부심사원은 내부심사 체크리스트 작성의 책임과 권한을 가진다.

나. 내부심사원은 ISO 37001:2016 & ISO 37301:2021 표준의 주요 내용, 내부심사 목적, 대상, 방법에 관한 지식이 있어야 하고, 심사능력, 의사소통능력, 조정능력, 조사보고서 작성 능력이 있어야 한다.

다. 내부심사원의 자격 등에 관하여는 6.3 다.항 및 라.항을 준용한다.

라. 외부 컨설턴트 등 외부 인원을 내부심사원으로 선정할 경우, 외부 인원은 ISO 37001:2016 및 ISO 37301:2021 인증심사원 자격이 있어야 한다.

마. 내부심사원은 내부심사원 육성 교육을 포함한 준법통제 관련 교육을 이수해야 한다. 다만, 외부 인원은 ISO 37001:2016 및 ISO 37301:2021 인증심사원 교육 과정을 이수해야 한다.

6.6 적격성 평가 방법

가. 면담, 설문, 서면 질의의 방법으로 기술, 능력, 경력 등을 평가한다.

나. 문서로 확인이 가능할 경우, 관련 문서(졸업증명서, 업무기술서, 자격증, 성과 검토, 설문 등)를 통하여 확인한다.

다. 역량평가 시 작성한 적격성 평가표 문서를 보관하고 관리한다.

라. 준법지원인은 필요시 교육관련 효과성 평가 등을 통하여 역량 평가 프로세스를 대체할 수 있다.

마. 준법지원인은 회사의 인력 풀 등을 고려하여 인터뷰 등을 통하여 적격성을 확인할 경우, 자격, 경력 교육 이수 실적이 부족한 자를 주관부서 담당자 등으로 지정할 수 있다.

6.7 적격성 평가 사후조치

1) 적격성 평가 결과는 적격성 평가표에 기록하여 보존한다.

2) 적격성 평가 결과 역량기준에 미흡한 사항에 관한 조치계획을 수립하여 시행하고, 당기 혹은 이후에 재평가한다.

3) 준법지원인은 주관부서, 내부심사원, 준법제보 조사자의 자격을 부여, 갱신, 정지한다.

4) 적격성 평가를 통과하지 못할 경우 조치계획을 수립하여 시행한다.

5) 준법지원인은 학력, 교육 훈련, 입사 전직 경력, 사내 업무경험, 특정 교육 훈련 이수, 자격이나 면허 등을 고려하여 적격성 평가 기준을 개선할 수 있다.

6.8 기록 및 보존

교육훈련 및 고용프로세스에 관하여 적격성 관리대장, 적격성 평가표, 연간 교육훈련 계획서, 교육훈련 보고서, 교육훈련 미실시 사유서, 교육 참석자 명단, 임직원 실사 평가서 등을 기록하여 보존한다.

15.6 | 준법점검 프로세스

준법점검은 개별부서가 위법행위를 하지 않는지, 리스크가 관리되고 있는지 여부를 점검하는 컴플라이언스 활동이다. 준법지원인은 준법지원인의 책임으로 준법점검을 실시하고 준법점검 결과를 대표이사와 이사회에 보고한다.

준법점검의 절차는 매년 정기 준법점검 계획을 세우는 것으로 시작한다. 준법점검을 실시한 이후에는 개별부서에 부적합 및 시정 조치를 요구하고, 시정 조치 결과 등을 취합하여 보고서를 작성하는 것으로 마무리한다. 사후조치로는 준법점검 결과를 경영검토에 담아 보고하는 것과 차기년도 리스크 식별표 및 컴플라이언스 활동에 반영하는 것이다. 정기 준법점검 이외에 수시 준법점검을 시행할 수 있다.

준법점검 프로세스에는 준법점검 대상 및 범위 선정, 준법점검 실시계획의 수립, 준법점검 실시 및 사후조치의 방법, 절차 및 관련 유의사항을 규정한다.

준법점검 프로세스 관련 양식은 준법점검 평가서, 부적합 및 시정 조치 보고서가 있고, 관련 보존문서는 연도별 준법점검 계획서, 준법점검 평가서, 각 부서별 부적합 및 시정 조치 보고서 등이다.

준법점검 프로세스의 예를 통하여 살펴본다.

◆ 준법점검 프로세스

1. 적용범위

본 프로세스는 임직원, 이해관계자 등 준법점검 업무에 대하여 적용한다.

2. 목적

준법점검 프로세스는 컴플라이언스 시스템의 적용범위에 해당하는 각 부서, 임직원이 컴플라이언스 의무를 이행하고 있는지 여부, 리스크를 적절히 관리하는지 여부, 기타 위법행위가 있는지 여부를 확인하여 개선하는 것을 목적으로 하는 준법점검의 절차 등의 프로세스 규정을 목적으로 한다.

3. 책임과 권한

가. 준법지원인의 책임과 권한은 준법점검 대상과 방법 승인, 준법점검 계획 승인, 준법점검 결과 승인으로 한다.

나. 주관부서의 책임과 권한은 준법점검 계획 작성, 준법점검 시행, 준법점검 결과 취합으로 한다.

다. 개별부서의 책임은 주관부서의 준법점검에 대한 적극 협조로 한다.

4. 업무 절차

4.1 준법지원인은 아래 사항을 각 고려하되, 별도의 기준으로 준법점검의 주제 및 대상부서를 결정할 수 있다.

가. 리스크 평가 시 잔여리스크가 높은 업무를 수행하는 부서 또는 임직원

나. 준법지원인 판단에 따라 의무위반 또는 리스크가 발생하였거나 발생가능성이 높다고 판단되는 부서 또는 임직원

4.2 정기 준법점검 계획의 수립

가. 준법지원인은 매년 준법점검의 주제 및 대상부서를 결정한다.

나. 주관부서는 준법점검 주제 및 대상부서에 따라 정기 준법점검 계획을 수립하여 준법지원인의 승인을 받는다.

다. 주관부서는 준법점검계획을 개별부서에 공유한다.

4.3 정기 준법점검의 시행

가. 주관부서는 필요시 준법점검 대상에게 준법점검의 시행을 통지한다. 준법지원인은 밀행성 등이 필요할 경우 통지를 생략할 수 있다.

나. 주관부서는 준법점검을 시행하고 부적합 및 시정 조치에 부적합 사항을 포함한 점검결과를 기록한다. 주관부서는 필요 시 준법지원인의 승인 하

에 별도의 양식을 사용할 수 있다.

다. 주관부서는 필요 시 준법지원인의 승인에 따라 회사의 전산자원 등을 사용할 수 있다.

라. 준법점검 대상자는 주관부서의 준법점검에 적극 협조한다.

4.4 준법점검 결과보고

가. 주관부서는 준법점검 결과를 부적합 및 시정 조치 보고서에 작성하여 준법지원인에게 보고한다.

나. 준법지원인은 준법점검 결과에 따라 개별부서 등에 시정 조치 계획을 요구하고, 시정 조치 계획을 평가하여 승인할 수 있다.

다. 기타 시정 조치 등에 필요한 사항은 시정 조치 프로세스를 준용한다.

라. 주관부서는 시정 조치 결과를 평가하여 준법지원인에게 보고한다.

4.5 사후 관리

준법지원인은 준법점검 결과를 경영평가에 반영하고, 차기 연도 컴플라이언스 개선 계획에 반영할 수 있다.

4.6 수시 준법점검

준법지원인은 필요 시 정기 준법점검의 절차 등을 준용하여 수시 준법점검을 시행할 수 있다.

5. 기록 및 보존

본 프로세스에는 사용되는 문서는 준법점검 계획, 부적합 및 시정 조치 보고서, 경영검토 보고서로 한다.

15.7 | 실사 프로세스

실사는 내·외부 이해관계자의 컴플라이언스 관련 상태를 확인하는 컴플라이언스 활동이다. 실사는 준법지원인이 총괄하고, 주관부서가 계획을 수립하여 시행한다. 개별부서의 장은 실사에 협조한다. 인사관련 부서는 임직원의 인사에 관하여 실사를 수행하므로, 주요 실사 관련 부서에 해당한다.

실사업무의 절차는 실사 대상을 선별하는 등 실사계획을 세우는 것으로 시작하여 실사를 수행하는 것으로 이어진다. 실사를 수행한 이후에는 실사 결과보고서를 작성한다. 실사 결과가 컴플라이언스 정책에 부합하지 않는 경우 주관부서는 관련 부서 등에 시정 조치를 요구하고 시정 조치 결과를 평가하여 취합하는 것으로 마무리한다. 사후관리로 실사 결과를 차기 연도 리스크 식별표 작성에 반영하고, 실사 주기를 조정하는 등을 포함한다.

실사 프로세스에는 실사 대상 선정, 실사계획 수립, 실사수행 및 사후조치의 방법, 절차, 유의사항 등을 규정한다.

실사 프로세스 관련 양식은 임직원 실사 평가서, 외부 관련자 실사 평가서, 부적합 및 시정 조치 보고서가 있고, 관련 보존문서는 연도별 실사계획서, 실사 평가서, 각 부서별 부적합 및 시정 조치 보고서 등이다.

실사 프로세스는 준법점검 프로세스의 예에 따른다.

15.8 | 모니터링 프로세스

모니터링은 컴플라이언스 시스템 운영성과 및 시스템 작동성에 대한 평가 작업에 해당한다. 주관부서가 전사적 모니터링을 수행하고, 개별부서는 개별부서별 활동을 모니터링한다. 준법지원인은 모니터링 결과를 대표이사에게 보고하고, 모니터링 결과를 검토하고 경영검토에 포함하여 이사회에 보고한다.

모니터링의 업무절차는 매년 모니터링 계획을 수립하고 모니터링 대상을 선정하는 것으로 시작한다. 주관부서와 개별부서는 모니터링 계획에 따라 모니터링을 수행하고 모니터링 결과를 취합하여 평가하며, 필요시 부적합 사항에 대하여 개선조치를 시행한다. 모니터링 사후관리로서 시정 조치, 경영검토 보고, 컴플라이언스 시스템 개선이 있다.

모니터링 프로세스에는 모니터링 대상선정, 모니터링 계획수립, 시행, 시정 조치 등의 절차, 방법, 기준 등에 관하여 규정한다.

모니터링 프로세스 관련 양식으로는 모니터링 체크리스트가 있고, 관련 보존 문서로는 연도별 모니터링 계획 문서, 모니터링 체크리스트 기록물, 모니터링 결과문서가 있다.

모니터링 프로세스의 구체적인 모습은 아래 모니터링 프로세스를 통하여 살펴본다.

◆ 모니터링 프로세스의 예시

모니터링 프로세스

1. 적용범위

본 프로세스는 컴플라이언스 시스템의 적절성 및 충족성을 충분히 보장하기 위하여 실시하는 모니터링 절차에 대하여 적용한다.

2. 목적

본 프로세스는 회사의 컴플라이언스 시스템이 방침, 준법통제기준 및 ISO 37001:2016 & ISO 37301:2021 요구사항을 충족하고 효과성을 담보하고 있는지 여부를 확인하고 컴플라이언스 시스템의 지속적인 개선을 위한 모니터링을 규정하는 것을 목적으로 한다.

3. 책임과 권한

가. 대표이사는 모니터링 결과를 검토하고, 이사회에 보고하며, 지속적 개선 촉진을 위한 의지표명을 한다.

나. 준법지원인은 모니터링을 총괄하고, 모니터링 결과를 대표이사에게 보고하고, 컴플라이언스 시스템의 지속적인 개선을 촉진한다. 준법지원인은 필요 시 모니터링 계획, 방법, 기준을 변경할 수 있다.[155]

다. 주관부서는 모니터링에 관한 측정, 분석 및 평가 방법과 기준을 수립하고, 모니터링을 수행하고, 모니터링 결과를 검토하여 컴플라이언스 시스템의 지속적 개선 방안을 수립한다.

라. 개별부서는 모니터링을 위한 측정을 실시하고, 관련 기록을 유지하며, 부적합 등이 발견될 경우 시행조치 계획을 세우고 시행한다.

4. 업무 절차

4.1 모니터링 및 측정 대상의 선정

가. 주관부서는 컴플라이언스 시스템 성과에 중대한 영향을 줄 수 있는 주요 특성과 관련된 모니터링 대상을 선정한다.

나. 모니터링 대상 선정 시 준법통제기준 및 ISO 규격 등이 요구하는 측정

155 실제 모니터링 실시 중 발생할 수 있는 이슈를 유연하게 대응하기 위하여 준법지원인에게 모니터링 관련 사항을 변경할 권한을 부여할 수 있다.

대상, 항목 및 주기를 우선적으로 고려한다.

다. 개별 프로세스에 모니터링에 관한 규정이 있는 경우, 당해 규정이 본 프로세스에 우선한다.

라. 주관부서는 전사적 모니터링 대상 선정 시 다음 각호를 고려한다.

1) 준법 교육의 효과성

2) 부서별 컴플라이언스 목표 달성 여부 및 정도

3) 통제수단의 실시 및 효과성

4) 전사적 컴플라이언스 목표의 달성 여부 및 정도

5) 준법통제체제의 유효성

6) 시정 조치의 유효성

라. 주관부서는 개별부서 모니터링 대상 선정 시 다음 각호를 고려한다.

1) 부서별 컴플라이언스 목표 달성 여부 및 정도

2) 부서별 리스크 통제수단의 실시 효과성

3) 부서별 리스크 통제수단의 실시 여부 및 실시 정도

4.2 모니터링 계획의 수립

가. 주관부서는 컴플라이언스 시스템 운영의 효과성을 판단하기 위해 모니터링 계획을 수립한다.

나. 주관부서는 모니터링 계획 수립 후 개별부서에 모니터링 계획을 통지한다.

다. 개별부서는 자체적인 모니터링 계획을 수립하여 주관부서와 협의하여 수행할 수 있다.

4.3 모니터링 실시

가. 개별부서는 주관부서가 수립한 모니터링 계획 및 자체적으로 수립한 모니터링 계획에 따라 모니터링을 실시하고 관련기록을 유지 및 주관부서에 보고한다.

나. 개별부서는 모니터링 시 주관부서 제공의 양식을 사용하거나 자체 검토한 양식을 사용할 수 있다.

다. 모니터링은 리스크 식별표 검토, 모니터링 체크리스트 작성, 교육훈련 설문지 및 시험, 내부심사 결과 검토, 이해관계자(임직원 및 사업관련자를 포함하되 이에 한정하지 아니한다) 인터뷰 등의 방법으로 수행할 수 있다.

4.4 모니터링 결과에 대한 분석 및 평가

가. 준법지원인은 모니터링 결과를 토대로 컴플라이언스 시스템 성과를 분석과 평가한다.

나. 준법지원인은 모니터링 방법, 주기, 대상선정 등 모니터링 절차에 대한 효과성을 평가하고 개선한다.

다. 주관부서와 개별부서는 모니터링 분석 및 평가 결과를 기록, 유지한다.

라. 주관부서는 각 부서의 모니터링 결과 및 전사적 컴플라이언스 목표 모니터링 결과를 경영평가에 반영한다.

5. 사후 관리

가. 개별부서는 모니터링 결과 중 부적합 사항이 있을 경우 부적합 및 시정 조치 보고서를 작성하여 준법지원인에게 보고한다.

나. 준법지원인은 시정 조치 계획 및 시정 조치의 유효성을 평가한다.

6. 기록 및 보존

모니터링 관련 모니터링 체크리스트 양식을 관리하고, 모니터링 체크리스트, 부적합 및 시정 조치 보고서, 교육 설문지 등 관련 기록을 보관한다.

15.9 | 시정 조치 프로세스

시정 조치는 준법점검, 실사, 모니터링, 내부심사 등의 컴플라이언스 활동에 따른 후속조치이다. 준법지원인이 시정 조치에 관한 주요 결정 권한을 가지고, 주관부서가 시정 조치 여부를 확인한다.

시정 조치의 업무절차는 다음과 같다. 준법지원인 또는 주관부서는 준법점검 등 각종 조사 결과 부적합 발생 시 개별부서에 부적합을 통보하고, 부적합을 개선할 수 있는 시정 조치를 요구한다. 개별부서는 시정 조치 계획을 작성하여 주관부서에 발송하여 주관부서로부터 시정조치 계획이 적절한지 여부를 평가를 받는다. 개별부서는 승인된 시정 조치 계획에 따라 시정 조치를 실시하고 시정 조치 결과 등을 주관부서에 발송한다. 주관부서는 개별부서가 시정 조치를 시행하였는지 여부와 시정 조치의 효과가 있는 여부를 확인한다. 관련 사후관리는 시정 조치 결과 등을 경영검토에 포함하여 이사회에 보고하는 것이다.

시정 조치 프로세스에는 부적합 사항에 대한 시정 조치 처리절차, 시정 조치 시행 후의 평가절차에 관하여 규정하고, 부적합 사항을 평가하는 방법 및 부적합 사항에 대한 시정 조치 요구의 정도를 규정한다.

시정 조치 프로세스 관련 양식은 부적합 및 시정 조치 보고서이고, 관련 보존문서는 심사결과 문서, 개별부서에 대한 부적합 및 시정 조치 보고서, 시정 조치에 대한 유효성 평가서 등이 있다.

구체적인 시정 조치 프로세스의 모습은 아래 시정 조치 프로세스의 예시를 통하여 확인한다.

◆ 시정 조치 프로세스의 예시

시정 조치 지침[156]

제1조(적용범위) 본 지침은 컴플라이언스 시스템을 운영 또는 모니터링 중 발생한 부적합 또는 개선권고 사항에 대한 시정 조치에 대하여 적용한다.

제2조(목적) 본 지침은 준법통제기준 제18조 및 제20조에 따른 개선에 관한 권한 및 절차를 규정하는 것을 목적으로 한다.

제3조(책임과 권한) ① 시정 조치에 관한 준법지원인의 책임과 권한은 다음 각호와 같다.

1. 부적합 및 시정 조치 사항 결정
2. 부적합 및 시정 조치 보고서의 승인
3. 시정 조치 요구

② 시정 조치에 관한 주관부서의 책임과 권한은 다음 각호와 같다.

1. 부적합 및 시정 조치 업무절차 수립
2. 부적합 및 시정 조치에 따른 후속 조치 주관
3. 시정 조치 자료 취합하여 경영검토 자료 활용

③ 시정 조치에 관한 개별부서의 책임과 권한은 다음 각호와 같다.

1. 시정 조치 보고서 작성
2. 부적합 시정, 부적합 발생원인 제거
3. 부적합 재발방지 대책 수립 및 시행

---

156 예시와 같이 프로세스는 일종의 규정이므로, 지침으로 제호를 정하고, 조, 항, 호, 목의 체계로 규정할 수 있다.

제4조(부적합 등의 판단) ① 부적합 등은 다음 각호의 기준으로 구분한다.

1. 컴플라이언스 활동 및 시스템이 컴플라이언스 요구사항을 준수하고, 문서화 된 정보를 이를 검증할 수 있을 경우, 이를 적합이라 한다.
2. 컴플라이언스 활동 및 시스템에 낮은 수준의 리스크가 발생하거나 발생할 수 있는 상태이나, 컴플라이언스 목표는 충족시키고 있는 상태를 개선의 기회라고 한다. 개선의 기회를 해결하지 않고 방치할 경우 경부적합으로 변할 수 있다.
3. 임직원이 컴플라이언스 시스템에 따른 절차를 준수하지 않아 프로세스 실무에서 이탈하였으나 전사적 또는 개별부서의 컴플라이언스 시스템이 건재하고, 이탈행위가 컴플라이언스 시스템의 운용을 방해하거나 저지하는 것이 아닌 상태를 경부적합이라 한다. 의무 위반이 있으나 리스크가 실현되지 않은 경우를 포함한다.
4. 임직원의 행위가 컴플라이언스 시스템을 무력화시키거나 개별부서의 컴플라이언스 시스템이 무너진 상태를 중부적합이라 한다. 의무위반이 있고 리스크가 실현된 경우를 포함한다.

② 본조 제1항 기재 부적합 등에 대한 조치의 수준은 다음 각호와 같다.

1. 적합의 경우, 관련 적합으로 유지되는지 여부에 관하여 추세 또는 관련 지표를 계속 모니터링한다.
2. 개선의 기회의 경우, 관련 프로세스를 개선하기 위한 조치를 검토 및 실행하고, 추세 또는 관련 지표를 모니터링 하여 관련 프로세스가 개선되었는지 여부를 확인한다.
3. 경부적합의 경우, 부적합의 근본 원인을 조사하고 관련 프로세스를 개선하기 위한 조치를 검토 및 실행하고, 다음 모니터링 기간까지 시정 조치를 이행한 후 관련 프로세스가 개선되었는지 여부를 확인한다. 다만, 시정 조치 이행 및 개선 확인의 기간은 6개월 이내로 한다.
4. 중부적합의 경우, 관련 프로세스를 즉각 금지시키고, 부적합의 원인을 조사하여 시정 조치를 시행한다. 중부적합 판정일부터 4주 이내에 시정 조치를 시행하고 관련 프로세스가 개선되었는지 여부를 확인한다.

제5조(부적합 및 시정 조치 등 처리 절차) 시정 조치는 다음 각호의 순서대로 시행한다.

1. 주관부서는 부적합을 발견할 경우, 부적합 및 시정 조치 보고서에 부적합의 구분, 성격, 부적합 사항을 기록하여 준법지원인에게 승인을 받은 후 해당 부

서에 회신기간을 지정하여 통보한다.

2. 주관부서의 부적합 및 시정 조치 보고서를 수령한 개별부서는 해당 부적합 사항의 발생원인을 분석하여 재발방지 대책 등 시정 조치 계획을 수립하여 주관부서에 발송한다.
3. 준법지원인은 시정 조치 계획의 유효성을 평가하여 개별부서에 회신하고, 개별부서는 시정 조치를 시행한다.
4. 주관부서는 시정 조치 시행 후 시정 조치의 유효성을 평가하고, 시정 조치 유효성 확인 결과 적합할 경우 절차를 종결하고, 부적합일 경우 본항 제2호 내지 4호 전단 기재 절차를 준용하여 시정 조치를 다시 시행한다.

제6조(사후관리) 준법지원인은 경영검토 보고 시 부적합 및 시정 조치 현황을 함께 보고한다.

제7조(기록 및 보존) 주관부서는 부적합 및 시정 조치 보고서를 양식 및 기록으로 관리 및 보존한다.

15.10 | 내부심사 프로세스

내부심사는 컴플라이언스 시스템이 방침, 준법통제기준 등 컴플라이언스 관련 규정에 따라 운영되고 있는지 여부 등을 평가하기 위한 컴플라이언스 활동이다. 준법지원인은 내부심사를 실시하고 그 결과를 대표이사에게 보고한다. 주관부서는 내부심사원을 선발하여 교육하고, 내부심사를 총괄하여 관리한다. 내부심사 시에는 별도의 심사팀장을 임명하고 내부심사원을 통하여 수행한다. 개별부서는 내부심사에 협조할 의무를 부담한다.

내부심사의 구체적인 업무절차는 매년 내부심사 계획을 세우고, 내부심사 계획에 따라 심사팀장과 내부심사원을 선발하고 교육하여 적격성을 갖추게 하는 것으로 시작한다. 이후 구체적인 내부심사 계획을 세우고 이에 따라 내부심사를 수행한다. 내부심사를 수행한 이후에는 각 부서에 대한 내부심사 체크리스트 또는 심사보고서를 작성한다.

내부심사 후속조치로는 내부심사 결과 부적합이 있을 경우, 해당 부서에 부적합을 통지하고 시정 조치를 요구하며 시정 조치 계획을 승인한다. 내부심사 및 관련 시정 조치에 관한 사항은 향후 컴플라이언스 시스템 보완에 사용하며, 경영검토에 포함하여 이사회에 보고한다.

내부심사 프로세스에 기재되어야 할 사항은 내부심사의 계획, 내부심사원 선발 및 교육, 내부심사 실시 및 관련 의사소통 등의 내부심사 수행절차이다. 내부심사를 내부심사원이 수행하는 것이 원칙이나 회사 임직원의 내부심사 역량을 신뢰할 수 없을 경우, 주관부서 또는 외부 인력을 이용하여 내부심사를 수행한다.

내부심사 프로세스 관련 양식은 내부심사 계획서, 내부심사원 적격성 평가표, 내부심사 체크리스트, 결과보고서, 부적합 및 지정조치 보고서 등이고, 관련 보존해야 할 문서는 적격성 평가문서 및 평가대장, 연도별 작성한 내부심사 수행계획서, 각 부서별 내부심사 체크리스트, 결과보고서, 시정 조치 보고서 등이다.

구체적인 내부심사 프로세스는 아래 내부심사 프로세스의 예를 통하여 살펴본다.

◆ 내부심사 프로세스의 예

내부심사 프로세스

제1장 내부심사 총론

1.1 적용범위

본 프로세스는 컴플라이언스 시스템 관련 업무가 준법통제기준에 따라 효과적으로 이행되는지를 확인하기 위하여 시행하는 컴플라이언스 시스템 내부심사(이하 "내부심사"라 한다)의 계획, 준비, 수행, 보고 및 사후조치에 적용한다.

1.2 목적

컴플라이언스 시스템 운영에 대한 효과성을 평가하고 ISO 37001:2016 & ISO 37301:2021의 요구사항 충족성 확인을 위한 내부심사 수행, 부적합 사항에 대한 시정 조치와 지속적 개선을 통하여 컴플라이언스 시스템 운영을 원활하게 하는데 그 목적이 있다.

1.3 심사 주기

가. 준법지원인은 연 1회 정기 내부심사를 시행한다.

나. 준법지원인은 대표이사의 지시, 조직개편, 새로운 의무나 리스크가 식별 등 별도의 사유가 있을 경우, 수시 내부심사를 시행할 수 있다.

제2장 책임과 권한

2.1 준법지원인

가. 내부심사 팀장 임명

나. 내부심사원 적격성 평가 기준 승인 및 임명

다. 내부심사 계획, 부적합 및 시정 조치 보고서, 내부심사 체크리스트 승인

라. 내부심사 업무에 대한 총괄

마. 내부심사 결과 승인 및 대표이사 보고

2.2 주관부서

가. 내부심사원 양성 교육 기획 및 시행

나. 내부심사원 적격성 평가 기준 수립 및 적격성 평가

다. 내부심사 범위설정, 계획수립, 시행

라. 내부심사 계획 수립

마. 내부심사 체크리스트 양식 관리

바. 부적합 및 시정 조치 보고서 작성

2.3 심사팀장

가. 내부심사 수행 계획서 및 결과보고서 작성

나. 내부심사팀과 피심사팀 지정과 통보

다. 내부 심사원 관리 및 내부심사 운영 관리

라. 내부심사 체크리스트 취합 및 내부심사 결과 보고

2.4 내부심사원

가. 내부심사 수행계획에 따라 내부심사 수행

나. 내부심사 체크리스트 작성

나. 부적합 및 시정 조치 보고서 지원

2.5 개별부서

가. 내부심사 계획 및 수행 계획에 따른 내부심사 협조

나. 부적합 및 시정 조치 보고서 작성 및 시정 조치 시행

제3장 업무 절차

3.1 주관부서는 매년 내부심사원 교육을 포함한 내부심사 계획을 수립한다.

3.2 주관부서는 내부심사원 적격성 기준을 수립하여 준법지원인에게 승인을 받는다.

3.3 다음 각호의 절차 및 기준에 따라 따라 내부심사원을 선발하고 적격성을 평가한다.

가. 준법지원인은 내부심사원을 선발하고, 내부심사원 자격이 있는 자 중 심사팀장을 지명한다.

나. 주관부서는 적격성 평가 기준에 따라 내부심사원의 적격성을 평가한다.

다. 준법지원인은 내부심사원의 적격성이 충족되지 않을 경우, 관련 교육 등 적격성을 충족하기 위한 절차를 개시하거나 내부심사원을 다시 선발할 수 있다.

라. 내부심사원 적격성 평가는 최초심사 및 갱신심사 실시 연도에 1회 실시한다. 이때, 갱신심사란 최초심사로 인한 내부심사원 자격 유지 기간 만료 후를 의미한다.

마. 준법지원인은 필요 시 외부 기관에서 내부심사원을 선발할 수 있다.

3.4 내부심사원 교육

가. 주관부서는 내부심사원 교육 대상자를 선정하여, 해당 부서장에게 통보한다.

나. 내부심사원의 해당 부서장은 내부심사원 교육에 협조한다.

다. 내부심사원 교육 대상자는 주관부서가 운영하는 내부심사원 교육과정에 참여한다.

라. 주관부서는 내부심사원 적격성과 지식과 기술의 함양을 위해 필요할 경우 정기 교육을 시행할 수 있다.

3.5 내부심사 수행계획 수립

가. 심사팀장은 주관부서와 협의 후 아래 내용을 포함한 내부심사 수행계획을 수립하여 준법지원인의 승인을 받는다.

1) 내부심사 실시 일자 및 장소, 방법

2) 대상부서의 범위와 내부심사원 인원수

3) 이전 심사 결과 (발견사항을 포함한 부적합, 권고사항)

나. 심사팀장은 내부심사 체크리스트의 점검사항을 확인한다.

다. 심사팀장은 내부심사원이 자신의 소속 부서를 심사하지 않도록 배정한다.

라. 심사팀장은 내부심사 수행 계획서를 심사대상 부서에 발송하여 심사계획을 통보한다.

마. 심사팀장은 필요 시 준법지원인의 승인을 얻어 심사계획을 변경할 수 있다.

3.6 내부심사 수행

가. 심사팀장은 내부심사 시 심사규격, 심사범위, 심사 계획, 부적합 등에 대한 후속조치 수준에 관하여 시작회의를 하고, 내부심사원으로부터 비밀준수 서약서를 징구한다.

나. 내부심사원은 내부심사 수행 계획서에 따라 내부심사를 수행하고, 내부심사 체크리스트를 작성하여 심사팀장에게 제출한다.

다. 심사팀장은 부적합 사항이 발견될 경우 주관부서와 개별부서장과 의사소통을 실시한다. 심사팀장은 필요 시 별도 회의를 소집할 수 있다.

라. 내부심사원은 내부심사 도중에 해결할 수 없는 문제가 발생할 경우, 심사팀장에게 보고하고, 심사팀장은 직접 또는 주관부서를 통하여 당해 문제를 처리한다.

마. 심사팀장은 내부심사 종료일에 내부심사 체크리스트, 차기 심사 시 중점심사할 사항, 관련 문서에 기재하지 않은 사항 등에 관하여 종료회의를 실시한다.

3.7 내부심사 결과의 이관

심사팀장은 내부심사원이 제출한 체크리스트를 취합하여, 주관부서에 이관한다. 심사팀장은 내부심사 체크리스트 이외에 별도로 기재할 사항이 있을 경우, 별도의 내부심사 보고서를 작성하여 주관부서에 이관할 수 있다.

3.8 심사 후속조치

가. 주관부서는 내부심사 체크리스트(별도의 내부심사 결과 보고서를 수령할 경우 이를 포함한다)를 기초로 부적합 및 시정 조치 보고서에 부적합 사항을 기재하여 개별부서에 발송한다.

나. 개별부서는 부적합에 대한 시정 조치 계획을 작성하여 주관부서에 회신하고, 주관부서는 시정 조치 계획의 유효성을 평가하여 준법지원인의 승인을 받아 개별부서에 회신한다. 개별부서는 시정 조치 계획이 유효하지 않을 경우, 주관부서에 시정 조치 계획을 다시 발송한다.

다. 개별부서는 시정 조치 후 주관부서에 시정 조치 사실을 통보하고, 주관부서는 시정 조치의 유효성을 평가한다.

라. 준법지원인은 내부심사 체크리스트 및 부적합 및 시정 조치 보고서를 관리하고, 경영검토에 반영한다.

제4장 기록 및 보존

4 내부심사에 관하여 내부심사 계획서, 적격성 평가표, 내부심사 수행계획서, 내부심사 체크리스트, 내부심사 결과보고서 부적합 및 시정 조치 보고서를 양식 및 기록으로 관리 및 보존한다.

15.11 | 경영검토 프로세스

경영검토는 컴플라이언스 시스템이 적절하게 운영되고 있는지 여부를 평가하고, 그 결과를 바탕으로 컴플라이언스 시스템을 개선하는 컴플라이언스 활동이다.

경영검토는 이사회가 주요 책임과 권한을 가지고 있어 경영검토에 관하여 준법지원인 또는 대표이사로부터 보고를 받는다. 대표이사는 준법지원인으로부터 경영검토를 보고 받아 이를 승인하고 이사회에 보고한다. 주관부서는 경영검토를 위한 자료의 취합 및 경영검토 보고서 작성의 실무를 담당한다.

경영검토 프로세스는 경영검토 대상을 결정하고 경영검토 보고서를 작성하여, 대표이사 및 이사회에 보고하고, 경영검토의 사후관리로서 경영검토 결과를 각 부서와 협의하여 차기 연도 컴플라이언스 시스템 개선 및 운영에 반영하는 절차를 포함한다.

경영검토 프로세스에는 경영검토의 계획, 시기, 대상 선정 기준, 절차 등 경영검토 시행에 관한 사항과 경영검토 보고서에 기재할 사항을 규정한다.

경영검토 프로세스 관련 양식은 경영검토 보고서이며, 관련 보존해야 할 문서는 경영검토 계획문서, 매년 작성하는 경영검토 보고서 및 경영검토 보고서를 승인한 이사회 회의록이다.[157]

구체적인 경영검토의 프로세스는 아래 경영검토 프로세스의 예시를 통하여 살펴본다.

157 별도로 컴플라이언스 개선 계획문서를 작성할 경우, 이를 경영검토 관련 보존 문서에 포함시킨다.

◆ 경영검토 프로세스의 예시

경영검토 프로세스

제1장 총론

1.1 목적 등

가. 본 프로세스는 경영검토에 관하여 적용한다.

나. 본 프로세스는 경영검토 실시에 관한 책임, 경영검토의 실시 및 사후조치 등에 관하여 정의하는 것을 목적으로 한다.

다. 경영검토는 회사의 컴플라이언스 시스템이 준법통제기준 등의 요구사항을 충족시키는지 여부를 확인하고, 이사회 수준의 개선요구를 컴플라이언스 시스템에 반영하는 것을 목적으로 한다.

1.2 책임과 권한

가. 이사회는 경영검토 보고를 받고, 대표이사 또는 준법지원인에게 개선사항을 제안할 수 있다.

나. 대표이사는 준법지원인의 경영검토를 승인하고 이를 이사회에 보고하고, 이사회가 제안한 개선사항을 이행한다.

다. 준법지원인은 경영검토 계획을 승인하고, 경영검토 보고서를 대표이사에게 보고하며, 경영검토에 따른 개선 계획을 수립하여 컴플라이언스 시스템을 개선한다.

라. 주관부서는 경영검토 계획을 수립하고, 경영검토 보고서를 작성한다.

마. 개별부서는 개선 계획에 따른 컴플라이언스 시스템 개선에 협조한다.

1.3 경영검토 시기

주관부서는 연 1회 경영검토 계획에 따라 정기 경영검토를 실시하고, 컴플라이언스 구축 시, 대표이사 또는 이사회가 요구할 때 수시 경영검토를 시행한다.

1.4 경영검토 대상

가. 경영검토 보고서에는 다음 각호의 사항을 반영한다. 다만, 준법지원인은 재량으로 경영검토 보고서 기재사항을 가감할 수 있다.

1) 이전 경영검토에 따른 조치의 상태

2) 컴플라이언스 시스템과 관련된 외부 및 내부 이슈의 변화

3) 컴플라이언스 시스템과 관련된 이해관계자의 니즈와 기대의 변화

4) 다음의 경향을 포함한 컴플라이언스 시스템의 성과에 대한 정보

가) 부적합과 윤리준법의무 불이행 및 시정 조치

나) 준법점검, 실사, 내부심사, 모니터링 결과

제2장 업무 절차

2.1 경영검토 작성 및 보고

가. 주관부서는 경영검토 대상을 기재한 경영검토 보고서를 작성하여 준법지원인에게 보고한다.

나. 준법지원인은 경영검토 보고서를 승인하고, 이를 대표이사에게 보고한다.

다. 대표이사는 경영검토 보고서를 승인하고 이를 이사회에 보고한다.

라. 이사회는 대표이사에게 컴플라이언스 시스템 개선을 제안할 수 있다.

마. 대표이사는 이사회의 컴플라이언스 시스템 개선요구를 수용하여 컴플라이언스 시스템을 개선한다.

2.2 준법지원인은 다음 각호의 방법으로 경영검토 결과를 차기 연도 개선 계획에 반영할 수 있다.

가. 대내외 이슈의 변화나 이해관계자의 요구사항과 기대의 변화 및 이사회의 개선요구 등에 따라 컴플라이언스 시스템을 개선한다.

나. 컴플라이언스 시스템 개선 시 개선의 목적, 컴플라이언스 자원, 임직원의 책임과 권한의 배분 등을 고려하여 개선 계획을 수립한다.

다. 개선 계획에 따라 컴플라이언스 시스템을 개선한다.

제3장 기록 및 보존

3 주관부서는 경영검토 계획, 경영검토 보고서, 개선계획을 양식으로 관리하고, 관련 기록을 보존한다.

15.12 | 의사소통 프로세스

의사소통은 ISO 37301:2021 규격이 요구하는 프로세스이다.[158] 의사소통은 방침,

158 ISO 37301:2021 규격 7.4 의사소통

조직은 다음 사항을 포함한 규범준수경영시스템에 관련된 내부 및 외부 의사소통을 정하여야 한다

a) 의사소통 내용

관련 규정의 수립, 시스템의 운영 등에 관하여 회사의 각 조직, 임직원, 외부 이해관계자들에게 회사의 컴플라이언스 시스템을 인식시키고 관련자들의 의견을 수렴하여 컴플라이언스 시스템을 개선하는 컴플라이언스 활동이다. 따라서, 의사소통 프로세스의 상당부분은 다른 프로세스에 녹아서 규정되어 있다.

이에, 의사소통 프로세스에는 다른 프로세스에 포함되어 있는 의사소통에 관련된 사항을 정리하거나 다른 프로세스에 누락되어 있는 사항을 반영하여 규정한다.

의사소통 관련 활동은 다른 프로세스에서 수행되는 것이므로, 별도 사후조치, 관련 양식 등을 규정하지 않는다.

의사소통 프로세스의 구체적인 모습은 아래 의사소통 프로세스의 예를 통하여 살펴본다.

◆ 의사소통 프로세스의 예시

의사소통 프로세스

제1장 총론

1.1 적용범위

본 프로세스는 준법통제기준 제 ~ 조에 따른 의사소통에 관한 절차에 대하여 적용한다.

---

b) 의사소통 실시 시기
c) 의사소통 대상자
d) 의사소통 방법
조직은 다음 사항을 실행하여야 한다.
- 의사소통의 니즈를 고려할 때 다양성과 잠재적인 장벽의 측면을 고려
- 의사소통 프로세스를 수립할 때 이해관계자의 의견이 고려됨을 보장
- 의사소통 프로세스를 수립인 때:
- 조직의 규범준수 문화, 규범준수 목표 및 의부에 대한 의사소통을 포함
- 의사소통되는 규범준수 정보가 규범준수경영시스템 내에서 생성되는 정보와 일치하고 신뢰할 수 있음을 보장
- 조직의 규범준수경영시스템에 대한 관린 의사소통에 대응
- 필요에 따라 조직의 의사소통의 증거로서 문서화된 정보를 보유
- 규범준수경영시스템에 대한 변경을 포함한 조직의 다양한 수준과 기능 간에 관련된 정보를 필요에 따라 내부적으로 의사소통
- 조직의 의사소통 프로세스에 의해 인원이 규범준수경영시스템의 지속적인 개선에 기여할 수 있음을 보장
- 조직의 의사소통 프로세스에 의해 인원이 우려사항을 제기할 수 있음을 보장(8.3 참조)
- 조직의 의사소통 프로세스를 동해 수립된 규범준수경영시스템에 규범준수 문화, 규범준수 목표 및 의무에 관한 의사소통을 포함

1.2 목적

본 업무 절차는 대표이사 이외의 준법지원인과 각 부서장의 의사소통 절차를 규정하는 것을 목적으로 한다.

1.3 책임과 권한

가. 대표이사는 전사적인 컴플라이언스 의사소통을 실시한다.

나. 준법지원인은 전사적 / 개별부서 의사소통 계획 수립하고, 전사적 의사소통을 실시한다.

다. 개별부서의 장은 개별부서의 의사소통 계획을 수립하고, 개별부서의 의사소통을 실시한다.

제2장 의사소통 절차

2.1 대표이사의 의사소통

대표이사는 연1회 이상 모든 임직원에게 준법의무 및 준법통제기준 준수의 중요성과 효과적인 준법통제의 중요성에 대하여 대표이사 메시지 등을 회사 홈페이지 및 그룹웨어에 배포하여 의사소통한다.

2.2 준법지원인의 의사소통

가. 준법통제기준 및 컴플라이언스 프로세스

1) 대상자: 임직원

2) 방법: 그룹웨어 상시 게시

나. 준법제보 제도

1) 대상자: 임직원, 이해관계인

2) 방법: 주관부서 컴플라이언스 교육에 포함, 그룹웨어 포털 상시 게시

다. 준법 문화

1) 대상자: 임직원

2) 방법: 주관부서 컴플라이언스 교육에 포함

라. 컴플라이언스 의무 및 리스크

1) 대상자: 임직원

2) 방법: 개별부서에 배포 후 매년 1회 업데이트

2.3 개별부서장의 의사소통

개별부서장은 다음 각호의 주제에 대하여 분기별 1회, 부서원을 대상으로 부서 회의 시 구두 또는 이메일로 의사소통한다.

가. 개별부서 의무 및 리스크

나. 개별부서 컴플라이언스 목표

다. 컴플라이언스 관련 부서원의 역할과 책임

라. 준법제보 제도

2.4 기타의 의사소통

가. 모든 임직원은 다음 각 호의 사항에 대하여 주관부서와 사전 업무협의를 진행한다.

1) 중요 거래의 위법성 여부

2) 이사회 및 주주총회 결의가 필요한 사항

3) 회사와 임직원, 대주주, 특수관계인, 계열사 간의 거래

4) 영업비밀, 기술자료 또는 개인정보가 포함되어 있는 중요 자료의 외부 반출

5) 회사의 공시에 관한 사항

6) 경쟁사와의 업무 회의, 협회 가입 등에 관한 사항

7) 법령, 사내규정 제·개정 및 사내규정에 대한 해석

8) 기타 이에 준하는 사항

나. 사전 업무협의는 서면으로 하는 것을 원칙으로 한다.

2.5 제2장 각 규정에도 불구하고, 의사소통 책임자는 필요 시 이메일, 그룹웨어, 회의, 교육 등의 의사소통 방법을 선택할 수 있다.

제3장 문서화

3 의사소통 기록은 문서로 작성, 갱신, 유지 및 관리한다.

15.13 | 준법제보 프로세스

준법제보는 회사의 임직원이 컴플라이언스 시스템을 위반하였는지 여부에 관하여 신고하는 장치로서, 의사소통의 일부를 구성하며, 일부 ISO 규격은 준법제보를 우려사항의 제기라고 표현한다.

준법제보의 구체적인 절차는 준법제보 채널에 준법제보가 발생하면 준법지원인은

당해 준법제보를 조사하여 이를 대표이사에게 보고하고, 관련 행위의 심각성에 따라 제재 조치 및 재발방지 대책을 수립하여 컴플라이언스 시스템을 개선한다.

준법제보 프로세스는 준법제보 처리의 원칙, 준법제보 채널의 설치, 준법제보 접수 시 처리절차 등을 규정한다.

보존해야 할 관련 문서는 준법제보 및 이에 대한 조사 및 사후조치 관련 문서이다.

아래의 준법제보 프로세스 예를 통하여 구체적인 모습을 살펴본다.

◆ 준법제보 프로세스의 예

준법제보 처리지침

제1조(목적)

본 지침은 회사의 임직원 및 기타 이해관계자가 회사 임직원의 컴플라이언스 정책 및 기타 의무 위반의 시도, 혐의 또는 실제 위반을 신고하도록 장려하고, 컴플라이언스 문화를 촉진하기 위하여 준법제보를 처리하는 절차 등을 규정하는 것을 목적으로 한다.

제2조(정의) 본 지침에서 사용되는 용어의 정의는 다음 각 호와 같다.

가. 컴플라이언스 정책이란 방침 등 대표이사에 의해 공식적으로 표명된 회사의 컴플라이언스 시스템 운영에 관한 의도 및 방향을 의미한다.

나. 준법제보란 법령, 방침 및 사규 위반과 관련된 사실을 제보하는 것을 의미한다.

다. 준법제보자란 준법제보를 하는 사람을 의미한다. 준법제보자 중 회사 임직원을 내부제보자라 한다.

라. 준법제보 시스템이란, 준법제보를 위한 IT 자산을 의미한다.

마. 준법제보 절차란 준법제보의 접수, 조사, 조치에 관한 일련의 절차를 의미한다.

제3조(준법제보 시스템 등의 구축 등)

① 대표이사는 임직원 및 제3자가 준법제보를 할 수 있도록 회사의 준법제보 시스템을 구축하고 준법제보 절차를 수립한다.

② 준법제보 시스템은 회사의 전산자산을 통하여 구축한다.

③ 대표이사는 적절한 방법으로 준법제보의 절차, 준법제보자의 보호 등에 관하여 공지한다.

④ 준법지원인 및 주관부서는 임직원 및 기타 이해관계자에게 준법제보 시스템 및 준법제보 프로세스를 알리고, 준법제보 시스템에 쉽게 접근할 수 있도록 조치를 취한다.

제4조(제보)

① 회사의 임직원은 다음 각 호의 사항 발견 시 지체없이 회사의 준법제보 시스템 등을 통해 익명 또는 실명으로 제보한다.

가. 컴플라이언스 정책을 위반하거나 위반을 시도한 행위

나. 준법의무를 위반하거나 위반을 시도한 행위

다. 기타 사규 등을 위반하는 행위

② 회사는 이해관계자가 준법제보를 할 수 있도록 적절한 방법으로 홍보한다.

③ 회사의 임직원은 익명으로 준법제보 시 회사에 본조 제1항 각호의 행위를 소명할 수 있는 자료를 함께 제공한다.

④ 대표이사 및 준법지원인은 준법제보에 관하여 비밀을 유지하고 준법제보자를 보호한다.

⑤ 본조에 따른 준법제보 시스템 구축 시 제보의 수령인을 준법지원인으로 정한다.

제5조(조사절차)

① 준법지원인은 준법제보를 접수할 경우 지체없이 대표이사에게 보고하고, 준법제보 건에 관하여 조사한다.

② 대표이사는 준법지원인을 대상으로 한 내용의 제보, 제보 조사 역량 부족 등 기타 사유가 있을 경우, 준법지원인 이외의 제3자(이하 외부조사자라고만 한다)에게 준법제보에 관한 사항의 조사를 요청할 수 있다.

③ 준법지원인 및 외부조사자(준법지원인 및 외부조사자를 포함하여 준법제보 조사자라고만 한다)는 필요 시 관련 부서장에게 조사에 관한 사항의 전부 또는 일부를 위탁할 수 있다.

④ 준법제보 조사자는 준법제보 내용의 사실 여부를 확인하기 위하여 점검 및 조사를 실시할 수 있다.

⑤ 준법제보 조사자는 본조에 따른 조사 시 준법제보자의 신원이 공개되지 않도록 주의하고, 공개가 필요할 경우에도 최소한의 범위 내로 한정한다.

제6조(조사 이후의 조치)

① 준법제보 조사자는 조사 결과 및 조치에 필요한 사항을 대표이사에게 보고한다.

② 대표이사는 조사 결과를 검토하고, 조치사항을 결정할 수 있다.

③ 대표이사는 준법조사 결과의 검토 및 조치에 관한 결정을 위하여 필요할 경우 위원회 등을 개최할 수 있다.

④ 대표이사는 직접 또는 준법제보 조사자를 통하여 준법제보 대상 행위 등에 관하여 시정 조치 및 시정 조치 현황의 보고를 요구할 수 있다.

제7조(기타)

① 회사는 준법제보 조사 결과를 컴플라이언스 시스템 개선에 활용할 수 있다.

② 회사는 준법제보 조사 결과, 필요 시 관련 임직원을 징계할 수 있다. 다만, 회사는 내부제보자에 대하여는 징계를 감면할 수 있다.

③ 회사는 준법제보를 원인으로 내부제보자에 대하여 더 가중한 제재를 하거나, 별도 인사상의 불이익을 주지 않는다.

15.14 | 문서관리 프로세스

문서 관리는 컴플라이언스 시스템 관련된 정보를 문서화하고 기록을 증거로서 보존하는 것에 관한 프로세스이다.

개별 프로세스에 관련 양식과 문서를 남기는 업무의 근거가 된다. 회사에 문서관리 프로세스가 있을 경우, 기존 프로세스를 개정하거나 기존 프로세스와 어울리는 수준의 문서관리 프로세스를 제정한다. 대표이사 또는 준법지원인이 문서관리의 총괄책임을 부담하고, 주관부서 및 각 개별부서가 작성 책임이 있는 문서의 작성 및 보존을 관리한다. 회사에 사규관리 및 문서관리 지침 등이 존재한다면, 당해 규정에 컴플라이언스 문서관리 프로세스의 내용을 부가하여 관리하는 것이 간편하다.

문서관리의 구체적인 절차는 컴플라이언스 시스템에 관련된 문서를 분류하여 당해 문서에 관련 문서의 식별번호를 부여하고, 관련문서의 제·개정에 관하여 필요시 준법지원인의 승인을 받는다. 문서 혹은 문서화된 정보는 문서관리 대장 등을 통하여 관리한다.

문서관리 프로세스는 ISO 37301:2021 규격[159]과 표준준법통제기준[160]이 공통으로 요구하는 프로세스이고, 문서관리 프로세스에는 관리대상 문서 범위의 지정, 문서관리의 방법 및 컴플라이언스 관련문서의 보존기간 등을 규정한다.

문서관리 프로세스에 관련한 양식은 문서관리대장 등이며, 관련하여 보존해야 하는 문서는 작성한 문서관리대장 및 컴플라이언스 문서이다.

구체적인 문서관리 프로세스는 아래 문서관리 프로세스를 참조한다.

◆ 문서관리 프로세스의 예시

문서관리 프로세스

제1장 총론

1.1 적용범위

본 프로세스는 컴플라이언스 시스템의 효율적인 실행을 위한 컴플라이언스 시스템을 규정하는 문서(이하 규정이라고만 한다)와 기록물의 제정, 개정, 폐기 및 기록의 절차와 관리에 대하여 적용한다.

1.2 목적

본 프로세스는 문서화된 정보를 합리적으로 관리함으로써, 컴플라이언스 시스템 효과를 극대화함에 그 목적이 있다.

1.3 책임과 권한

가. 대표이사는 규정의 총괄 책임을 부담하고, 컴플라이언스 문서를 승인한다.

나. 준법지원인은 규정의 제정, 개정, 관리, 폐기를 검토하고, 개정, 관리, 폐기를 승인한다.

다. 주관부서는 규정의 작성 및 관리 실무를 수행하고, 관련 위임전결 규정 및 컴플라이언스 프로세스를 관리한다.

라. 개별부서는 개별부서가 작성하는 규정을 관리한다.

---

159 ISO 37301:2021 규격 7.5.1 문서화된 정보
일반사항
조직의 규범준수경영시스템은 다음 사항을 포함하여야 한다.
a) 이 표준에서 요구하는 문서화된 정보
b) 규범준수경영시스템의 효과성을 위해 필요한 것으로 조직이 결정한 문서화된 정보

160 제20조(정보 및 자료의 전달과 관리) ② 준법지원인은 준법통제 관련 정보 및 자료를 체계적으로 정리하고 안전하게 보관할 수 있는 통합 정보관리장치를 마련한다.
③ 준법통제체제에서 형성된 정보나 자료는 ○년 이상 보관한다.

1.4. 다른 규정과의 관계

회사의 사규관리규정과 본 프로세스 간 규정 또는 규정의 해석에 충돌이 발생하는 경우, 회사의 사규관리규정을 우선하여 적용하고 해석의 기준으로 삼는다.

제2장 업무 절차

2.1 문서화된 정보의 구분

컴플라이언스 문서는 규정과 기록물로 구분한다.

2.2 문서 번호의 부여

규정은 별첨 기준에 따라 문서의 종류, 문서의 등급, 문서의 작성 순서에 의하여 문서의 번호를 부여한다.

기록물에는 문서 번호를 부여하지 않는다.

2.3 문서의 작성 및 관리

가. 개별부서는 개별부서 규정의 제·개정의 필요가 있을 경우, 제·개정 품의서를 참고하여 문서를 제·개정한다.

나. 주관부서는 전사적 규정의 제·개정 품의서에 따라 대표이사 또는 준법지원인의 승인을 받아 제·개정한다.

다. 기록물은 작성자, 출처, 작성목적, 관련 컴플라이언스 활동, 작성시기 등을 구분하여 관리한다.

2.4 외부 출처 문서 관리

준법지원인은 외부 문서의 경우 출처를 확인하여 관리한다.

2.5 문서화된 정보의 등록 및 배포

가. 주관부서와 개별부서는 규정을 문서관리대장에 등록한다.

나. 주관부서는 전사적 규정을 그룹웨어에 게시하여 임직원이 접근할 수 있도록 한다.

다. 주관부서는 프로세스 등을 최신본으로 업데이트한다.

2.6 사후관리

가. 컴플라이언스 문서를 전자문서로 관리할 수 있다.

나. 컴플라이언스 문서는 생산일로부터 5년간 보존한다.

다. 보존기간이 경과한 문서는 준법지원인 또는 개별부서장의 승인을 받아 폐기할 수 있다.

라. 규정의 변경사항은 문서관리대장에 기록한다.

제3장 기록 및 보존

3 문서관리에 관하여 문서관리대장과 제·개정 품의서를 양식으로 관리하고, 관련 기록을 보존한다.

16 준법제보 시스템

16.1 준법제보 시스템의 의의

ISO 37301:2021 규격과 표준준법통제기준은 컴플라이언스 시스템의 미비점을 보완하기 위하여 준법제보 시스템을 요구한다. 준법제보 시스템은 컴플라이언스 의무 위반을 대표이사 또는 준법지원인에게 신고하는 시스템이다.

준법제보 시스템의 필요성은 상장회사 표준준법통제기준 제18조[161]와 ISO 37301:2021 8.3[162]을 근거로 한다. 상법에는 준법제보 시스템에 관하여 구체적으로 규정하고 있지는 않으나, 시행령 제40조 제1항 제7호[163]에서 그 근거를 찾을 수 있다.

ISO 37301:2021 규격과 표준준법통제기준은 회사의 내부 구성원이 준법지원인

---

161 표준준법통제기준 제18조(내부제보) ① 대표이사는 임직원의 위법 또는 부당한 업무집행행위 등에 관하여, 준법지원인 등에게 직접 제보할 수 있는 내부제보장치를 설치할 수 있다. ② 내부제보를 받거나 처리하는 사람은 내부제보자의 인적사항 및 제보내용에 대하여 비밀을 유지하여야 한다. ③ 내부제보자가 본인이 관련된 위법이나 부정을 제보한 경우에는 정상을 참작할 수 있고, 모든 내부제보자는 내부제보로 인하여 어떠한 인사상 불이익도 받지 않는다.

162 ISO 37301:2021 8.3 우려사항 제기
조직은 정보가 진실이라고 믿을 만한 타당한 근거가 있는 경우 규범준수 방침 또는 규범준수 의무사항 위반의 시도, 혐의 또는 실제 위반을 신고하도록 장려하고, 신고할 수 있도록 하기 위한 프로세스를 수립, 실행 및 유지하여야 한다. 이 프로세스는 다음과 같아야 한다.
- 조직 전체적에서 가시화되어 접근이 가능함
- 신고를 기밀로 취급함
- 익명신고를 받음
- 신고자를 보복으로부터 보호함
- 인원이 조언을 받을 수 있음

조직은 모든 인원이 신고 절차, 권리와 보호를 인식하고 이를 활용할 수 있도록 하여야 한다.

163 상법 시행령 제40조(준법통제기준등) 제1항 제6호 임직원의 준법통제기준 준수 여부를 확인할 수 있는 절차 및 방법에 관한 사항

에게 신고하는 내부제보 시스템을 요구하고 있으나, 내부 제보 시스템과 외부제보 시스템을 함께 구축하면, 준법제보의 채널을 두 배로 확장시키는 것이고, 내부 구성원 역시 외부 채널을 이용하고 제보할 수 있으며, 내부 제보 시스템을 외부에 적용하여 컴플라이언스 자원을 효과적으로 적용할 수 있어 내/외부 준법 시스템을 함께 구축할 것을 추천한다.

16.2 | 준법제보 시스템 구축 시 주의사항

준법제보 시스템 구축 시에는 몇 가지 주의할 사항이 있다. 우선은 준법제보를 처리하는 준법제보 처리자를 누구로 할 것인지를 주의하여 결정하여야 한다. 준법지원인을 준법제보 처리자로 지정하는 방법이 통상적이나, 준법지원인의 중립성을 신뢰할 수 없는 등 임직원의 신원노출 우려가 있을 경우 회사 외부에 준법제보 처리자를 지정할 수 있다.

준법제보 시 익명제보를 가능하게 할 것인지 여부 역시 문제가 될 수 있다. 익명제보를 허용할 경우, 허위 제보가 증가하는 문제가 있으나, 준법제보의 질적, 양적 향상을 이끌어 내는 장점이 있다.[164]

한편, 준법제보 설계 시에는 준법제보자를 "준법제보"를 이유로 처벌하지 않는다는 원칙을 세워야 한다. 제보자가 사규 등을 위반하였다면 관련 제재를 할 수 있으나, '준법제보를 하였다는 사실'을 이유로 제재하거나 가중하여 제재를 하여서는 안되고 오히려, 준법제보 사실을 이유로 제재 수준을 감경하여야 한다. 상장회사 표준준법통제기준도 동일한 사항을 요구한다.[165] 한편, 준법제보 접수 후 조사 시에는 준법제보 사실 및 이에 관한 조사 사실을 최대한 은닉하여 비밀로 유지하여야 한다.

준법제보에 관한 사항을 준법제보 프로세스에 규정할 수도 있고, 준법통제기준에 규정할 수도 있다.

---

164 허위의 익명제보로 인한 컴플라이언스 자원 낭비를 위하여 익명제보의 경우 소명자료를 요구한다는 단서를 붙일 수 있다.

165 내부제보자가 본인이 관련된 위법 또는 부정을 제보한 경우 내부제보자를 포함하여 그 위법 또는 부정에 관련된 사람을 제재할 수는 있다. 그러나 내부제보 하였음을 이유로 더 가중한 제재를 가하거나 별도의 인사상 불이익을 주어서는 안 된다.

16.3 | 준법제보 시스템 구축

16.3.1 준법제보 시스템 구축 개요

정보화 시대 이전에는 인편, 우편, 소원수리 상자 등으로 준법제보를 접수하였으나 정보화 시대 이후에는 전자메일, 웹페이지 화면으로 접수하는 것이 일반적이다. 특히, 익명 제보의 중요성이 부각되면서 웹페이지 화면으로 준법제보를 받는 것이 확고한 경향으로 자리잡았다. 다만, 웹페이지 준법제보에 우편, 전자메일 등을 통한 준법제보 접근방법을 고지하면 준법제보자의 선택의 폭을 넓힐 수 있다.

외부 제보 시스템은 제3자에게 공개된 회사의 홈페이지에 구축하고, 내부 제보 시스템은 임직원용 포털 또는 그룹웨어 내부에 구축할 수 있다.

16.3.2 웹페이지 준법제보 시스템 구성

◆ 준법제보 관련 안내

준법제보 시스템에는 준법제보의 취지, 준법제보의 처리절차를 안내한다.

또한 준법제보 시스템에는 제보자 보호원칙을 기재하여야 한다. 제보자 보호원칙은 제보자의 제보사실을 공개하지 않고, 정당한 제보를 원인으로 한 불이익이 없으며, 제보자와 관련된 부정비리 제보 시 정상참작이 가능하고, 회사가 제보자 보호원칙을 어겨서 제보자에게 불이익이 갈 경우 회사가 원상회복 등 책임을 부담한다는 내용이 포함되어야 한다.

이와 더불어, 준법제보를 받는 범위를 안내한다. 법령의 위반, 위반의 시도행위, 방침, 윤리규정, 사규 위반 등이 준법제보의 범위가 될 수 있다.

또한, 회사가 웹페이지 이외에 우편, 전자메일의 방법으로 준법제보를 접수할 경우, 관련 주소, 이메일 주소를 안내한다. 경우에 따라서는 익명 제보의 경우 소명자료가 있는 경우에 한하여 조사를 개시한다는 내용을 함께 안내하여 익명제보 범위를 제한할 수도 있다.

◆ 준법제보 항목

구체적인 준법제보 항목에는 준법제보 제목, 내용, 이메일 주소 등을 입력하게 한다. 준법제보자의 이메일 주소는 준법제보자가 준법제보 진행현황을 공유받을 수 있게 하기 위한 정보이다. 준법제보 내용은 필수 입력 사항으로 구성하되 제목과 이메일 주소는 선택사항으로 구성할 수 있다.

◆ **개인정보처리에 관한 동의**

준법제보에는 개인정보처리에 관한 동의를 기재하여야 한다.

◆ **기타**

외부 준법제보 페이지는 대중에게 공개되어 있어 이를 통한 스팸이 대량 발생하는 경우가 있다. 스팸의 방지를 위하여 자동등록 방지 기능을 설정하면 업무에 도움이 될 수 있다.

16.4 | 준법제보 시스템의 홍보

준법제보 시스템을 구축한 이후 회사의 내부 및 외부 채널을 이용하여 회사가 준법제보 시스템을 정상적으로 운용하고 있다는 사실을 홍보한다. 임직원에 대하여는 준법교육 및 사내 게시판을 통하여 준법제보 시스템의 운영을 홍보하고, 외부 이해관계자에 대하여는 외부 홈페이지에 게시하는 것으로 홍보하고, 실사 시 관련 사항을 의사소통하여 홍보를 보완한다.

16.5 | 준법제보의 처리

준법제보를 접수하였을 때, 준법지원인은 주관부서 직원 중 준법제보 처리를 보조할 직원의 비밀유지서약서가 있는지 여부를 확인하고, 조사 참여자의 비밀유지서약서를 준비한다.

준법지원인은 준법제보 접수 후 대표이사에게 준법제보 접수사실을 보고하고 준법제보를 조사한다. 준법제보의 조사는 제보자 보호를 위하여 상당한 수준의 밀행성을 유지하기 위하여 노력하여야 한다.

준법제보를 조사한 이후에는 회사 내부적인 제재 및 수사기관 등에의 고발에 관한 의사결정을 하여야 한다. 내부적인 제재 수준에 관하여 인사규정에 마련된 것이 없으면 컴플라이언스 시스템 구축 과정에서 정비하는 것이 타당하다.

준법제보 사건에 관한 조사 및 제재가 완료되었다면 준법제보 건이 컴플라이언스 시스템의 범위 내에 있는 것인지 여부 및 발생 원인을 조사하고, 컴플라이언스 시스템의 운영 범위 조정, 리스크 식별, 통제수단의 추가·변경을 시행한 후 준법제보의 처리 절차를 종료한다.

17 컴플라이언스 시스템 운영의 선언

17.1 이사회 승인

컴플라이언스 시스템을 구축하였다면, 컴플라이언스 시스템 관련 사항을 이사회에 보고하고, 이사회의 승인을 받아야 한다. 이사회로부터 승인받아야 하는 사항은 아래와 같다[166].

방침 및 준법통제기준의 제정, 준법지원인의 선임

방침 및 준법통제기준은 이사회 결의로 승인한다. 대표이사는 방침을 회사 내·외부에 공표하고, 회사 내부에 준법통제기준을 배포하여 실행한다. 준법지원인은 역시 이사회 결의로 대표이사가 임명한다.

주관부서는 방침, 준법통제기준의 제정 및 준법지원인의 선임에 관한 증거로 이사회 안건과 회의록을 기록물로 보존한다.

166 물론, 이사회의 승인을 받지 않고 컴플라이언스 시스템의 구축을 선언할 수도 있으나, 준법지원인 선임, 준법통제기준 및 방침을 이사회로부터 승인받지 않을 경우, ISO 37301:2021 인증 시 부적합을 받을 가능성이 아주 높다.

17.2 | 컴플라이언스 시스템 운영 선언

컴플라이언스 시스템 운영이 준비가 되면, 회사는 컴플라이언스 시스템의 운영을 선언한다.

회사는 준법통제기준을 배포하여 그 시행을 알리고, 준법지원인 선임에 관한 인사명령을 내린다. 또한, 방침을 회사 홈페이지와 임직원용 포탈에 게시하여 회사가 컴플라이언스 관련하여 나아갈 방향을 제시한다.

또한, 회사는 의사소통의 일부로서 대표이사 메시지를 통하여 회사가 컴플라이언스 시스템을 굳건히 운영하겠다는 메시지를 내외부에 공표하여야 한다. 대표이사 메시지는 언제 하여도 문제가 없지만, 통상 컴플라이언스 시스템의 운영을 알리면서 함께 배포하는 것이 가장 효과적이다.

컴플라이언스 선언식과 같은 오프라인 행사를 통하여 컴플라이언스 시스템의 개시를 알리는 것 역시 효과적이다. 회사의 컴플라이언스 시스템의 개요를 설명하고, 대표이사의 컴플라이언스 준수의지를 사내에 공표하는 행사로 구성할 수 있다. 대표이사의 행사 참여 자체가 임직원에게 컴플라이언스 시스템 운영에 협조하라는 강력한 메시지에 해당하고, 대표이사의 메시지 낭독은 컴플라이언스 시스템 운영에 힘을 더해준다. 선언식 행사 사진은 향후 컴플라이언스 활동의 증거로 사용할 수 있다.

준법통제기준을 배포하고, 준법지원인을 선임하고, 방침을 배포하고, 대표이사 메시지를 공표하였다면[167] 독자는 이제 컴플라이언스 시스템을 구축한 것이다. 축하한다. 이제 컴플라이언스 시스템을 운영해 보자.

---

167 배포와 선언은 의사소통에 해당한다.

제4편

컴플라이언스 시스템 안정화 및 운영

18 컴플라이언스 시스템 안정화 및 운영의 개요

컴플라이언스 시스템을 구축하여 그 운영을 선언하였다고 하여도 회사 운영이 특별히 변하지 않는다. 이사회에서 방침, 준법통제기준 제정, 준법지원인 선임을 승인하였고, 회사 홈페이지에 방침과 대표이사 메시지가 게시되었으며, 준법제보 페이지가 신설되었을 뿐, 주관부서가 특별히 수행할 일이 보이지도 않는다.

컴플라이언스 시스템의 구축을 바라보며 달려온 주관부서로서는 적잖이 당황할 수 있다. 독자가 준법지원인이거나 주관부서의 직원이라면 이제부터 정신을 다잡고 컴플라이언스 시스템을 안정화시키고, 관련 업무를 하나씩 수행하여야 한다.

본편을 통하여 주관부서가 컴플라이언스 시스템을 구축한 이후, 컴플라이언스 시스템을 안정화시키고 정상적으로 운영하기 위하여 어떠한 활동을 해야 하는지 살펴본다.

◆ 통제수단 시행 점검 및 지원

컴플라이언스 시스템 운영을 선언한 이후 주관부서가 가장 먼저 시행할 업무는 개별부서가 통제수단을 실제로 사용하는지 여부에 대한 점검과 지원이다.

개별부서 담당자는 리스크 식별표를 작성하면서 주관부서와 함께 통제수단의 설정을 함께 고민하였지만, 개별부서의 분위기, 업무관행, 기타 업무의 부담 등을 원인으로 통제수단의 시행을 주저할 수 있다. 따라서, 주관부서는 개별부서가 통제수단을 실제로 시행하는지 여부를 점검하고, 개별부서 담당자와 부서장에게 리스크 통제를 응원하고 지원하여야 한다.

개별부서는 통제수단을 시행하면서 여러 가지 시행착오를 가질 수밖에 없는데 이에 대한 적절한 기준을 제시하고 지원하는 업무를 주관부서가 수행하여야 한다.

◆ 준법 교육의 시행

컴플라이언스 시스템 운영을 선언하였다면 지체없이 전사적으로 준법 기본교육을 시행하여야 한다. 준법 기본교육의 내용은 회사 컴플라이언스 시스템의 구조[168], 회사의 컴플라이언스 관련 규정의 소개, 준법지원인, 주관부서 개별부서 담당자 등 컴플라이언스 관련 구성원의 권한과 책임, 임직원의 컴플라이언스 준수 의무 등이다.

준법 기본교육은 컴플라이언스 시스템 운영을 개시한 직후에 시행되어야 하므로, 가급적 컴플라이언스 시스템 구축 중 컴플라이언스 시스템의 구조 및 관련 규정이 완성된 이후부터 준비하여야 한다.

회사의 규모가 작을 경우에는 오프라인 교육이 효과가 좋다. 다만, 회사의 규모가 크고 사업장이 여러 지역에 분포되어 있을 경우에는 교육관련 소요 비용, 시간 등의 문제가 있으므로 교육 영상을 제작하여 온라인 교육을 진행하는 것이 여러모로 효율적이다.[169]

준법 기본교육은 컴플라이언스 운영을 개시할 때 전사적으로 시행한 이후, 매년 시기를 정하여 신입, 경력 임직원이 입사할 때 추가적으로 시행한다. 교육을 수강한 임직원도 적절한 주기로 재교육하여 컴플라이언스 시스템에 대한 이해도를 유지한다. 컴플라이언스 시스템이 변경될 수 있으므로 관련 변경이 있을 때에는 교육자료를 다시 준비하여 재교육한다.

주관부서는 회사의 컴플라이언스 자원이 허락하는 한도 내에서 준법 기본교육 이외에 공정거래위원회 소관 법령, 산업안전 관련 법령, 지식재산권 및 영업비밀 관련 법령, 개인정보보호 관련 법령 등 개별부서에 공통적으로 해당하는 의무 관련 법령을 중심으로 준법 교육을 시행한다.

주관부서는 회사의 교육관련 부서가 실시하는 교육을 준법교육에 포함시키고, 교육관련 부서와 교육 내용을 협의하여 준법교육을 전사적으로 관리할 수 있다.

주관부서는 준법 교육 절차가 종료된 이후 개별 준법 교육의 성과를 보고서 형식으로 작성하여 보관한다. 준법 교육의 성과를 확인하기 위하여는 교육의 내용, 교육관련 설문, 테스트 등을 적절히 구성하여 운영하는 것이 필요하다.

교육성과 보고서의 구체적인 예는 아래와 같다.

---

168 방침, 준법통제기준, 리스크 식별표 및 통제수단 등 컴플라이언스 시스템의 기본 흐름에 관한 교육을 포함한다.

169 온라인 교육을 계획하였다면 최소 2달 이상의 기간을 교육 영상 제작을 위한 기간으로 설정하는 것을 추천한다.

◆ 준법 교육 보고서의 예시

2024 - 03 준법교육 보고서

1. 목적

본 보고서는 2024. 2분기 시행한 '하도급법 기본교육'의 결과를 검토하는 것을 목적으로 한다.

본 보고서 검토를 통해 향후 하도급법 교육의 효율적인 유지 및 개선 방안을 모색하고, 설문조사 결과를 바탕으로 현업 업무 및 프로세스 개선, 교육 내용 보완 등 실질적 개선 사항으로 반영할 수 있는 방법을 도출하고, 미수료자 및 재교육 요구자의 관리방법 등 교육의 효과성을 보장한다.

2. 하도급법 기본교육 설계 및 결과

가. 하도급법 기본 교육의 설계

하도급법 온라인 강의 제작하여 온라인 교육 수강

비법대 출신 실무자가 이해할 수 있는 초급용 하도급 강의

전 임직원 대상, 목표 수료율 99%, 평가 80점 이상

교육 및 실무관련 설문(주관식, 객관식)

수료기준: 진도율 + 평가점수 80점 이상

나. 실시결과

교육기간 2024. 1. 8. - 1. 26.

수료율 95%, 평가 점수 평균: 85점

미수료 사유: 진도 미달 16명, 평가 과락 2명, 설문 미완료 5명

3. 설문결과

(생략)[170]

4. 교육의 개선

가. 교육의 형식

온라인 교육에 대한 평가는 3.8/5로 긍정적이므로, 하도급법 관련 온라인 교육 형식을 유지

강의 관련 강사에게 질문을 하고 싶다는 의견이 있고, 당해 의견이 타당하므

170 설문결과에는 객관식 주관식 설문의 결과를 평가한다. 각 설문 선택지별 비율, 객관식 정답률, 주관식 설문의 답변 경향(부서별, 업무별 등)에 관한 자료를 바탕으로 평가할 수 있다. 교육을 제공하는 온라인 교육회사에서 관련 결과를 제공한다. 분량상 생략한다.

로, 향후 교육영상 제작 시 영상 말미에 강사의 이메일 주소 등 추가

나. 교육의 내용

전반적으로 교육 내용에 대한 이해도는 확보된 것으로 보임

다만, 법령 개정을 모니터링하여 개정 법률 반영할 필요성이 있고, 입문용 교육에 더하여 하도급법 헤비유저에 대한 고급 과정을 필요성이 보임

◆ 준법실천서약서 징구

주관부서는 컴플라이언스 시스템 운영 개시를 전후하여 전 임직원으로부터 준법실천서약서를 징구한다[171]. 이후 채용하는 임직원에 대하여는 채용 시 준법실천서약서를 징구한다.

◆ 구체적인 컴플라이언스 운영

컴플라이언스 시스템의 운영은 크게 계획, 실시, 모니터링, 개선이다. 컴플라이언스 시스템 운영 초기에 관련 계획을 세워두지 않으면, 계획, 실행, 모니터링이 한꺼번에 몰리면서 주관부서와 개별부서의 무경험으로 업무가 꼬여 불편할 수 있다.

따라서, 컴플라이언스 활동별로 가급적 구체적인 계획을 세우고, 계획에 따라 컴플라이언스 시스템을 운영한다. 초기의 컴플라이언스 계획은 주관부서의 경험부족을 이유로 그 구성이 부족할 수 있으므로, 계획의 변경이 잦을 수밖에 없으니 주관부서는 이를 항상 염두에 두고 계획 변경에 유연하게 대응한다.

아래 19. 컴플라이언스 계획의 수립 이하로 컴플라이언스 시스템을 구축한 이후 주관부서가 수행할 컴플라이언스 활동에 관하여 설명한다.

171 인사팀 채용 프로세스에 준법실천서약서 징구를 포함시켜 업무프로세스를 간소화할 수 있다.

19 컴플라이언스 계획의 수립

19.1 | 컴플라이언스 계획의 의의

컴플라이언스 시스템은 컴플라이언스 활동에 대한 계획을 요구한다. 표준준법통제기준은 연간 업무계획[172]과 준법점검계획[173]을 요구하고 있고, ISO 37301:2021 규격은 6. 기획에서 전반적인 계획의 필요성을 규정하였고[174] 각 개별장에서 계획의 필요성을 규정하고 있다.[175]

컴플라이언스 계획은 컴플라이언스 시스템을 운영하면서 수행할 각 활동의 일정, 절차 및 자원을 사전에 규정하는 것이다. 컴플라이언스 계획을 하는 이유는 주관부서와 개별부서가 수행할 활동을 사전에 규정하여 관련 활동을 짜임새 있게 수행하고, 수행 이후 계획 대비 결과값을 주기적으로 평가할 필요가 있기 때문이다.

이와 같이 컴플라이언스 활동은 계획에 따라서 수행될 필요가 있으므로, 주관부서

---

172 표준준법통제기준 제17조 [참고] 준법지원인의 준법점검은 가장 중요하고 기본적인 권한이자 의무로서, 준법점검체제는 회사 업무 전체에 대한 정기 점검체제가 되어야 하고, 연간 업무계획에 반영되는 것이 바람직하다.

173 표준준법통제기준 제16조(임직원의 자율적인 준법점검) ① 각 부서는 자율적으로 준법교육을 포함한 준법점검계획을 수립하고, 정기적으로 자율 점검 실태를 평가할 수 있다.

② 각 부서는 효과적인 자율 준법점검을 위하여 점검사항목록을 작성하여 관리할 수 있다.

③ 준법지원인은 제1항에 따른 각 부서의 준법점검계획 수립을 지도하고 자율점검 실태를 평가한다.

174 ISO 37301:2021 규격 6.1. 조직은 다음 사항을 계획하여야 한다:

a) 이러한 리스크와 기회를 다루는 조치

b) 다음 사항에 대한 방법:

1) 규범준수경영시스템 프로세스에 이러한 조치들의 통합 및 실행

2) 이러한 조치들의 효과성 평가.

175 ISO 37301:2021 규격 7.2.3. 조직은 고용 개시 시점부터 그리고 조직이 결정한 계획된 주기로 관련 인원에게 정기적으로 교육훈련을 제공하여야 한다.

는 전사적으로 계획을 세우고, 개별부서의 계획수립을 지원한다.

19.2 | 컴플라이언스 계획의 작성

◆ 컴플라이언스 계획의 작성 시기

컴플라이언스 계획 시기에 관한 원칙은 없으나, 회계연도 종료 시 또는 개시 시에 수립하는 것이 일반적이다. 매년 컴플라이언스 활동을 종료하는 시기에 익년도 사업계획을 작성하면서 함께 작성할 수도 있다. 연말에 계획을 수립할 경우 컴플라이언스 예산과 함께 계획을 수립할 수 있다.

◆ 컴플라이언스 계획의 종류

컴플라이언스 계획은 컴플라이언스 활동 대부분에 대하여 작성한다. 구체적으로는 리스크 식별표 업데이트, 준법교육, 의사소통, 컴플라이언스 목표 달성, 적격성 평가[176], 내부심사, 준법점검[177], 실사, 모니터링, 경영검토, 개선 등이 작성이 필요한 계획의 대상에 해당한다.

이 중 컴플라이언스 목표 달성 계획은 컴플라이언스 목표 달성을 위한 일종의 로드맵으로서 계획보다는 기획에 가깝고, 나머지 계획은 일정, 절차 등에 관한 기술이므로 계획에 가깝다.

◆ 컴플라이언스 계획의 작성 방법

주관부서의 컴플라이언스 계획은 문서로 작성하여 준법지원인의 승인을 받아 관리한다.

컴플라이언스 계획은 관련 컴플라이언스 활동의 실시부서, 실시 시기, 실시 범위, 실시 절차 등을 포함한다. 계획에는 규정, 프로세스가 준법지원인의 재량으로 남겨준

176 적격성은 내부심사원 평가의 요소이므로, 적격성 평가 계획은 내부심사 계획에 포함시킬 수 있다.

177 준법점검은 정기 준법점검과 수시 준법점검으로 나뉘는데, 수시 준법점검은 해당 이슈가 발생할 때 시행하는 것이므로 별도의 계획을 세우지 않고, 정기 준법점검 절차의 일부를 준용하여 실시한다. 실사 역시 마찬가지로 수시 실사계획을 세우지 않는다.

사항, 규정되지 않는 사항에 관하여도 보충할 수 있다. 규정 및 프로세스에 해석의 여지가 있을 경우, 해석의 여지를 없애기 위한 사항을 기재할 수도 있다. 다만, 컴플라이언스 계획은 준법통제기준 등 상위 규정에 반하는 내용을 규정할 수는 없고, 필요시 관련 규정을 사전에 개정하거나 준법지원인의 재량으로 남겨두는 것이 필요하다. 구체적인 컴플라이언스 계획은 아래 예시를 참조한다.

19.3 | 컴플라이언스 계획의 구체적 예시

컴플라이언스 계획 중 일부에 대한 구체적인 예시를 든다. 각 장에 해당하는 컴플라이언스 계획은 해당 장에서 소개한다.

◆ 컴플라이언스 시스템 운영 1년 계획

컴플라이언스 시스템 운영을 위한 활동은 투입자원이 다양하고 상당한 수준의 예산을 요구한다. 또한 주관부서 외에 개별부서의 자원의 투입을 요구하므로, 1년 단위 계획을 세우는 것이 타당하다. 각 컴플라이언스 활동 별 구체적인 계획은 개별 컴플라이언스 계획에 따른다.

2025년 컴플라이언스 시스템 연간 계획

시기	컴플라이언스 활동
2024.12	내부심사원 명부확인, 내부심사원 선임 모니터링 활동 개시(4분기 모니터링 대상)
2025.1	모니터링 결과 분석 및 시정 조치 내부심사원 교육 실시 내부심사 수행계획 수립 및 내부심사 경영검토 보고서 작성개시

시기	컴플라이언스 활동
2025.2	모니터링 시정 조치 유효성 평가 경영검토(2025. 제1회 정기 이사회) 컴플라이언스 개선 계획 수립 리스크 식별표 업데이트 컴플라이언스 목표수립(전사적/개별부서) 및 취합
2025.3	리스크 식별표 업데이트(계속) 컴플라이언스 기본 교육 영상 및 교육 자료 수정 ISO 인증기관 계약 및 인증일정 수립
2025.4	ISO 37301 인증 갱신 심사(인터뷰) 대표이사 메시지 작성
2025.5	대표이사 메시지 배포 컴플라이언스 기본 교육(상반기) 표준계약서 개정검토
2025.6	방침, 준법통제기준 등 컴플라이언스 규정 리뷰 정기 준법점검(하도급법 위반)
2025.7	정기 준법점검 결과 검토 및 시정 조치 요구 정기 컴플라이언스 교육(건설산업기본법)
2025.8	정기 준법점검 시정 조치 유효성 평가 정기 실사(수급사업자 대상)
2025.9	정기 실사 결과 검토 및 시정 조치 요구 수시 컴플라이언스 교육(미정)
2025.10	정기 실사 결과 시정 조치 유효성 평가 컴플라이언스 기본 교육(하반기)
2025.11	연중 모니터링 사항 점검
2025.12	내부심사원 명부확인, 내부심사원 선임 모니터링 활동 개시(4분기 모니터링 대상)

1년 단위의 컴플라이언스 계획을 수립한 이후에는 개별 컴플라이언스 계획을 수립한다. 개별 컴플라이언스 계획의 구체적인 예는 아래를 참조한다.

◆ 의사소통 계획의 예시

2025년 의사소통 계획

작성일자: 2025. xx. xx.

1. 내부 의사소통

가. 공통: 내부 의사소통은 전임직원을 대상으로 한다.

나. 컴플라이언스 관련 규정

범위: 방침, 준법통제기준, 프로세스

시기: 2025. 3. 20.(컴플라이언스 시스템 운영 선포 시)

방법: 포털 공지 및 사규게시판 게시

증거: 포털 공지 및 사규게시판 화면 캡처

기타: 규정 개정 시 개정 후 즉시 포털 공지와 사규게시판에 배포

다. 준법제보 제도

범위: 준법제보 제도

시기 및 방법 : 2025. 3. 20.(포털 공지) 및 정기 준법교육 時

증거: 포털 공지 화면 캡처 및 준법교육 자료 사본

기타: 제도 변경 시 포털 공지

라. 준법문화

범위: 컴플라이언스 시스템 준수 요청

시기: 2025. 4. 30. 이내 개시하여 한달

방법: 준법문화 게시글(대표이사 메시지 포함) 포털 공지 및 사규 게시판 게시, 관련 포스터 사내부착

증거: 포털 공지 및 사규게시판 화면 캡쳐, 포스터 사본

마. 컴플라이언스 의무 및 리스크

범위: 개별부서 컴플라이언스 의무 및 리스크

방법: 개별부서 의무등록부 및 리스크 식별표 작성 후 부서별 이메일 배포

증거: 개별부서 의무등록부 및 리스크 식별표 사본, 배포 이메일 사본

바. 컴플라이언스 목표

범위: 전사적 / 개별부서 컴플라이언스 목표

시기: 컴플라이언스 목표 설정 후 1주일 이내

방법: 포털 공지(전사적) 및 부서별 이메일 공유(부서별)

증거: 포털 공지 화면 캡쳐, 이메일 사본

기타: 규정 개정 시 개정 후 즉시 포털 공지와 사규게시판에 배포

2. 외부 의사소통

가. 공통: 외부 의사소통은 외부 이해관계자를 대상으로 하고, 회사 홈페이지 게시.

나. 컴플라이언스 시스템 시행[178]

범위: 방침, 대표이사 메시지

시기: 2025. 3. 20.(컴플라이언스 시스템 운영 선포 시)

증거: 회사 홈페이지 화면 캡처

기타: 방침 개정 시 즉시 홈페이지 배포

다. 준법제보 제도

범위: 준법제보 제도

방법: 홈페이지 공지

시기: 2025. 3. 20.(컴플라이언스 시스템 운영 선포 시)

증거: 회사 홈페이지 화면 캡처

기타: 제도 변경 시 포털 공지

3. 개별부서 의사소통 지원

2025. 2. 개별부서용 의사소통 가이드라인 작성

2025. 3. 개별부서장에게 부서별 의사소통 가이드 안내

◆ 준법교육 계획의 예시

2025 컴플라이언스 교육 계획

작성일자: 2025. xx. xx.

1. 정기 준법 교육

가. 컴플라이언스 기본 교육[179]

내용: 컴플라이언스 시스템 일반, 준법통제기준 및 프로세스

178 회사가 컴플라이언스 시스템 운영을 개시할 경우, 운영개시에 관한 사항을 의사소통 대상으로 설정할 수 있다.

179 외부 강사를 초빙한 교육을 계획한 경우, 교육관련 예산을 계획에 포함할 수 있고, 내부 강사를 이용한 교육을 계획한 경우, 주관부서 임직원 등 강사를 기재할 수도 있다.

시기: 2025년 상하반기 각 1회(5월, 10월)

대상: 2024년 교육 미이수자 및 2025년 신규 채용자

방식: 온라인 교육

기타: 주관부서는 개정 컴플라이언스 시스템에 관하여 2025.3.까지 개정 교안을 마련

나. 하도급법 교육

내용: 하도급법 및 상생협력법 등

시기: 2025. 7월 중

대상: 신규채용자 및 하도급법 관련 임직원(구매, 제조, 설치 부서)

방식: 오프라인 교육, 법무법인 선임

기타: 주관부서는 2025. 6.까지 결정하여 인사팀에 통보

다. 개별부서 담당자 등 교육

1) 컴플라이언스 시스템 운영 교육: 2025. 1. 중, 오프라인 집체교육 방식, 개별부서 부서장 및 담당자 대상, 개별부서의 컴플라이언스 시스템 운영 및 문서 작성법 등에 관하여 교육

2) 리스크 식별표 고도화 교육: 2025. 2 ~ 3. 중, 1:1 튜터링 방식, 개별부서 담당자, 리스크 식별표 고도화, 내부심사 대응에 관하여 교육

2. 수시 준법 교육

준법지원인은 필요 시 수시로 준법교육을 구성하여 시행할 수 있다.

3. 기타

가. 기타 준법 교육이 필요할 경우 본 준법교육 계획에 준하여 실시한다.

나. 준법지원인은 교육 기관의 섭외, 예산 및 비용 상의 문제를 원인으로 곤란할 경우, 계획된 교육의 방식을 변경하거나 교육을 실시하지 않을 수 있다.

20 준법점검

20.1 | 정기 준법점검의 시작은 준법점검 계획

준법점검은 각 부서가 컴플라이언스 의무를 잘 이행하여 리스크를 통제하고 있는지 여부를 확인하는 컴플라이언스 활동이다. 준법점검은 임직원의 잘못을 찾아내는 것을 목적으로 하지 않는다. 회사가 비추지 못하는 컴플라이언스 시스템의 그늘을 찾아내서 회사가 보다 더 안전하고 합법적인 영역에서 활동하는 길을 찾아내어 제시하는 것을 목적으로 한다.

준법점검 계획 시부터 준법점검의 목적에 맞는 계획을 수립한다. 아래 준법점검 계획을 통하여 준법점검의 개요를 살펴본다.

◆ **준법점검 계획의 예시**

2025 준법점검 계획

계획일자: 2025. xx. xx.

1. 목적

본 계획은 준법점검 프로세스에 따른 2025년도 준법점검에 관한 계획 수립을 그 목적으로 한다.

2. 준법점검 계획

가. 하도급법 관련

범위: 2024년 하도급법상 서면미교부 행위

대상: 구매본부, 생산그룹, 설계본부

시기: 2025년 5월 ~ 7월

방법:

- 2024년 구매계약 체결일과 구매계약 계약기간을 비교하여, 구매계약 체결일이 구매계약 계약기간 내에 해당하는 구매계약을 선별하여 각 실무부서(구매본부, 생산그룹, 설계본부) 별로 구분
- 구매계약 관련 자료는 ERP 구매 모듈 기록을 근거로 하고, 기록에 미흡한 점이 있을 경우, 개별 계약서 검토
- 각 실무부서에 ERP 구매 모듈 기록을 발송하여, 서면미교부 및 서면교부 전 과업지시 소명 요구
- 소명되지 않은 계약건 하도급법 서면교부의무 위반으로 정리

나. 지식재산권 관련

범위: 고객사에 당사의 소스코드 및 소스코드에 대한 지식재산권 양도하였는지 여부

대상: IT팀

시기: 2025년 8월 두 번째 주 ~ 세 번째 주

방법:

- IT 영업팀의 2024년 계약 중 상위 20개의 고객을 선정하여, 각 고객별 계약서 2건을 선택(고객과의 계약이 1건일 경우, 1건만 선택), 총 40건의 계약서를 검토
- 계약서는 ERP 구매시스템에 등록된 계약서 날인본으로 수집하고, 고객은 매출 상위 순서로 선택하거나 무작위로 선택가능
- 계약서에 소스코드 및 소스코드에 대한 지식재산권의 양도 규정이 있는지 여부 검토
- IT영업팀장 및 실무담당자와 인터뷰를 통하여 소스코드 및 소스코드에 대한 지식재산권의 양도 규정에 따라 양도를 하였는지 여부, 당해 계약대금에 소스코드 등 양도에 따른 대금이 포함되었는지 여부, 소스코드의 양도에 관한 인식이 있는지 여부 등 점검
- 계약서 내용과 불합치하는 거래에 대하여는 관련 사항 정리

3. 후속 조치

가. 준법점검 결과 부적합이 있을 경우, 부적합 부서에 부적합 보고서를 발송한다.

나. 주관부서는 직접 개선조치를 작성하거나 부적합 부서로부터 시정 조치 계획을 받아 승인한다.

다. 주관부서는 부적합 부서가 시정 조치를 시행하였는지 여부를 모니터링한다.

라. 주관부서는 준법점검 시 준법점검 결과를 대표이사에게 보고하고, 경영검토에 반영한다.

마. 주관부서는 부적합 사유가 임직원의 고의 또는 중과실에 해당할 경우, 인사팀에 해당 임직원에 대한 징계절차 개시를 신청한다.

4. 수시 준법점검 계획

준법지원인은 정기 준법점검 이외에 임직원의 준법의무 위반의 시도, 준법의무 위반, 의무 관련 법령의 개정 등 사유가 있을 경우, 수기 준법점검을 시행할 수 있고, 관련 절차 등은 정기 준법점검을 준용한다.

5. 관련 자료의 문서화

준법점검 결과는 다음과 같이 문서화한다.

1) 정기 준법점검 결과 보고서

2) 시정 조치 실시에 관한 자료

20.2 준법점검의 범위 설정

준법점검의 범위를 설정할 때에는 전년도 컴플라이언스 시스템 운영에 미흡한 점이 있었거나, 의무위반이 있었거나 리스크가 현실화된 영역을 주요 점검 영역으로 삼는다. 혹은 리스크의 발생 원인에 인적 리스크가 강해서 발생가능성이 높은 영역을 점검의 범위로 세운다.

제조업의 경우 하도급법, 사내하청 등이 주요 점검의 대상이 될 수 있고, 건설업의 경우 건설산업기본법 위반이 될 수 있다. IT산업, 게임산업을 영업 범위로 삼는 경우 정보통신망법, 게임산업진흥법, 개인정보 보호법 위반이 준법점검의 범위가 될 수 있다. 기타 지식재산권에 관한 법률 및 영업비밀보호에 관한 법률, 기타 공정거래위원회 소관 법률 등을 정기 준법점검의 대상으로 삼을 수 있다.

회사의 컴플라이언스 수준 및 컴플라이언스 자원 수준에 따라 정기 준법점검을 실시하는 횟수, 범위, 대상부서를 조정할 수 있다. 예를 들어, 회사의 컴플라이언스 자원이 충분할 경우에는 하도급법 전체에 대한 준수여부를 점검할 수 있고, 충분하지 않을 경우에는 하도급법상 의무를 서면발급, 대금지급기일, 기술자료제공 등으로 분할하여 그 일부를 점검의 대상으로 삼을 수 있다.

20.3 | 준법점검의 방법

준법점검은 크게 서면조사와 인터뷰로 구분한다. 서면조사는 과거 작성된 기록을 조사하는 것이므로, 내부기안문, 이메일, 계약서, 각종 워드문서와 ERP 등 전산문서를 조사하는 것에 해당한다. 인터뷰는 담당자의 진술을 듣는 것인데, 대면인터뷰를 하거나 서면질의, 서면진술서 등을 취합하는 방법으로 시행한다.

서면을 통한 점검이 투입 자원 대비 효율적이고, 인터뷰는 심도 깊은 점검을 가능하게 한다. 하나의 점검에 있어서, 점검 범위를 설정하는데 서면조사를 이용하고, 구체적인 검토는 인터뷰를 이용하는 혼합적인 방식을 사용할 수 있다.

회사 ERP 등 전산자산의 기록을 토대로 점검하는 것이 일반적인 방식이며, 전산자산의 사용이 어려울 경우 인터뷰를 보조적인 점검수단으로 사용한다.

20.4 | 준법점검의 시기

정기 준법점검은 주관부서의 리소스를 상당부분 소비하므로, 주관부서의 업무량이 증가하는 리스크 식별표 업데이트, 내부심사, 인증심사를 피하여 선택하는 것이 업무량 조절에 효율적이다.

20.5 | 준법점검 사후처리

준법점검을 수행한 이후에는 사후처리를 수행한다. 사후처리의 기본은 시정 조치 프로세스를 진행하는 것이다. 시정 조치 이외에는 부적합 부서와 부적합 부서 및 관련 임직원에 대한 조치를 시행할 수 있다.

법률과 사규 위반을 발견하였을 때의 인사조치에 대한 고려 역시 필요하다. 의무위반이 가벼울 경우에는 구두경고로 마무리하는 것이 타당하다. 인사조치가 중할 경우 개인적, 조직적으로 의무 위반을 은폐하려는 시도가 발생할 수 있기 때문이다. 과실에 의한 위반이거나 위반의 수준이 낮을 경우에는 인사조치 없는 불문 경고의 수준으로 조치하거나 인사조치 없이 프로세스의 개선 등으로 마무리할 수 있다.

다만, 의무 위반이 고의적이고 정도가 강할 경우에는 징계 및 형사고발을 고려할 수도 있다.

의무 위반의 원인이 법률 및 사규에 대한 무지로 확인될 경우에는 주관부서는 시급히 관련 교육을 계획하여 개선을 시행한다.

20.6 | 대표이사 보고 및 경영검토 반영

준법점검의 실시, 실시에 따른 사후처리에 관하여서는 보고서를 작성하여, 대표이사에게 보고하고, 관련 사항을 정리하여 경영검토 시에 함께 이사회에 보고한다.

21 실사

실사[180] [181]는 컴플라이언스 이해관계자들의 현 상태를 조사하는 절차이다. 준법점검과 유사하나, 그 대상과 목적에서 차이가 난다. 준법점검이 조사대상이 임직원들이 법령과 사규 등 컴플라이언스 의무를 준수하는지 여부라면, 실사는 회사의 내외부 이해관계자들의 과거 및 현재의 상태를 확인하는 점에서 차이가 있다. 실사계획을 세울 때에는 이와 같은 실사의 목적을 염두에 두고 계획을 세운다.

21.1 실사 계획의 수립

실사의 계획은 준법점검과 유사하게 수립한다. 실사의 범위, 방법, 시기, 사후처리, 대표이사 보고 및 경영검토 반영의 목차로 계획을 수립한다.

180 준법점검은 상법상 준법통제기준이 요구하는 컴플라이언스 활동인데 반하여 실사는 ISO 37001:2016 규격이 요구하는 제도이다. ISO 37001:2016 규격의 인증까지 염두에 두고 있는 회사의 경우에는 컴플라이언스 활동에 실사를 포함시키는 것이 타당하다.

181 최근 글로벌 대기업들은 ESG를 시행 중인데, ESG에 공급망 실사가 포함되어 있다. 공급망 실사는 컴플라이언스 실사에 포함되는 활동으로서, 수급인이 컴플라이언스 시스템을 구축하여 법령과 사규를 준수하는지 여부를 확인하는 활동이다. 공급망 실사는 수급인이 컴플라이언스 시스템을 갖추었는지 여부를 확인하고, 수급인의 하수급인이 컴플라이언스 시스템을 갖추었는지 여부까지도 확인한다. 따라서, 글로벌 대기업과 거래하는 회사는 글로벌 대기업의 ESG에 부응하기 위하여 회사의 하수급인의 컴플라이언스 구축에 대하여 실사를 할 필요가 있다.

21.2 | 외부 이해관계자 실사의 범위

실사의 범위와 대상은 준법점검과 차이가 있다. 준법점검은 컴플라이언스 의무의 준수 여부를 조사의 대상으로 하므로, 회사의 임직원이 범위에 포함되나, 실사는 회사 내·외부 이해관계자의 현 상태를 조사하는 것이 목적이므로, 임직원을 기본으로 하고 회사의 수급사업자, 고객사 등 회사 외부의 이해관계자를 조사의 대상에 포함할 수 있다.

회사의 외부 이해관계자 중 하수급인을 실사 대상으로 삼을 경우에는 다음과 같은 사항을 실사할 수 있다. 하수급인의 매출액, 하수급인이 회사의 컴플라이언스 정책을 알고 있는지 여부, 회사의 준법제보 정책을 알고 있는지 여부, 하수급인이 컴플라이언스 시스템을 준수하고 하도급법을 준수하고 있는지 여부, 반부패 정책을 수립하여 시행하고 있는지 여부, 안전, 환경, 품질 관리 시스템을 구축하여 운영하고 있는지 여부 등이 외부 실사의 범위에 포함된다.

외부 이해관계자 실사평가표 예시를 통하여 실사평가의 구체적인 모습을 살펴본다.

◆ 외부이해관계자 실사평가표의 예시

외부이해관계자 실사평가표

1. 실사대상 정보

회사명 : 대표자 명:

주소: 법인등록번호:

거래관계: 주요거래품목:

직전 실사일:

2. 실사 체크리스트

항목	Y/N	소명방법
하도급 계약서 내 Compliance관련 조항이 포함되어 있습니까?		
하도급 계약 및 해당업무를 진행함에 있어 필요한 자격(인허가 등)을 보유하고 있습니까?		

항목	Y/N	소명방법
당사의 위탁업무를 수행함에 있어 위법한 행위를 한 사실이 있습니까?		
당사의 Compliance 방침을 전달받으셨습니까?		
당사의 임직원이 직·간접적으로 금품, 향응, 접대 또는 각종 편의 제공을 요구한 적이 있습니까?		
귀사가 계약서 내용에 따라 이행하지 않은 부분이 있습니까?		
귀사는 범죄행위로 인해 조사, 유죄 판결, 처벌 또는 자격을 박탈을 받은 적이 있습니까?		
귀사의 주주, 소유자, 주요 종업원 또는 대리인이 당사 임직원 출신 또는 임직원의 가족관계에 있습니까? (이해상충여부)		
청탁금지법 또는 뇌물수수, 업무상 배임에 대한 법령을 충분히 이해하고 준수하고 있습니까?		
귀사의 임직원들에게 정기적인 컴플라이언스 교육을 실시하고 있습니까?		
당사의 준법제보 시스템을 알고 있습니까?		

21.3 내부 이해관계자 실사의 범위

회사의 내부 이해관계자인 임직원에 대한 실사[182]는 임직원이 컴플라이언스 시스템에 대하여 알고 있는지 여부, 컴플라이언스 정책을 위반한 사실이 없는지 여부 등을 조사한다.

ISO 37001은 경력직 임직원 채용 시 이전 경력에서 법령을 위반하거나 컴플라이언스 정책에 어긋나는 행위를 하였는지 여부까지 조사할 것을 요구하나, 한국의 법제상 특별한 경우를 제외하는 채용 대상자의 범죄경력을 조회할 수 없으므로, 평판조회 정도의 수준에서 가능하다. 다만, 임직원의 승진, 전보 시에는 과거 인사자료, 사내의 평판 등에 관하여 실사할 수 있다.

182 다만, 임직원에 대한 실사는 채용 및 인사발령 시 인사팀의 업무이므로 인사팀에 위임하고 주관부서의 실사계획에서

21.4 | 실사 사후처리

실사 수행 후에는 필요에 따라 부적합 및 시정 조치 보고서를 작성하여 내외부 이해관계자에게 시정 조치를 요구한다. 다만, 실사의 성격상 시정 조치 요구가 필수적이지 않다. 특히, 외부 이해관계자에게 대하여는 관련 정보의 제공 등의 방법으로 의사소통을 수행한다.

실사 결과는 보고서로 작성하여 대표이사에게 보고하고 향후 경영검토에 반영한다.

실사 후 결과에 관한 대표이사 및 이사회 보고는 준법점검의 보고와 동일하다.

제외한다.

22 내부심사

22.1 | 내부심사 계획 수립

내부심사는 컴플라이언스 시스템의 유효성을 확인하고, 컴플라이언스 활동의 결과물을 확인하는 절차이다. 내부심사 계획의 큰 틀은 연말/연초에 결정하고, 내부심사 시기가 다가올 때 심사팀장이 구체적인 내부심사 수행계획을 세운다.

아래 내부심사 계획 예시를 살펴본다.

◆ **내부심사 계획의 예시**

2025 내부심사 계획

계획일시: 2025. 00. 00.

1. 내부심사 목적

개별부서의 컴플라이언스 시스템 운영 실태 확인 및 시정 조치를 통한 컴플라이언스 시스템 운영 역량 강화

2. 내부심사 계획

가. 내부심사 대상부서 선정

1) 선정시기 2025. 11.

2) 선정방법 총 30개 부서 중 20개 부서를 선발함. 각 본부 별 최소 2개 이상의 팀이 선정되도록 조정함

나. 내부심사원 선발

선발시기 2025. 11.

선발방법: 내부심사 대상부서 선정 후 내부심사 대상부서에서 내부심사원 선발

내부심사원과 별도로 내부심사 팀장 선발

내부심사원 및 내부심사 팀장 선발 시 적격성 평가 실시.

적격성 평가 미통과 시 관련 교육 실시 또는 내부심사원 변경

다. 내부심사원 교육

1) 시기: 2025. 12.

2) 방법 등: 내부심사원 교육은 본사 대회의실에서 집체교육 시행, 내부심사원 교육내용은 내부심사 기본이론, 내부심사 실습으로 구성, 내부심사원 교육은 8시간 이상으로 구성.

3) 대상: 내부심사원 교육 3년 이내 미수료자

4) 수료증: 내부심사원 교육 후 내부심사원 교육 수료증 배부

라. 내부심사 실시

1) 시기: 2026. 1.

2) 세부계획: 2026. 1. 내부심사 세부 계획 수립 후 내부심사 실시

3) 방법: 내부심사원은 자신 소속 부서 이외의 부서를 심사. 심사일 내부심사 팀장 주관 회의로 심사일정, 범위 등 협의

내부심사는 내부심사 체크리스트를 기본으로 하되, 개별부서 업무 관련 사항 심사 추가

매일 심사종료 후 종료회의로 부적합, 권고사항, 심사평 정리, 내부심사 종료일 총 정리하고, 심사평 정리

마. 사후조치

내부심사 종료 후 1개월 이내에 내부심사 프로세스에 따른 사후조치 시행

22.2 | 내부심사 시기

연초에 내부심사 계획을 세웠다면 일년의 컴플라이언스 활동을 수행한 이후에 내

부심사를 수행한다. 이에 내부심사는 연말 또는 이듬해 초에 수행하는 것이 타당하다. 또한, 내부심사 후 경영검토를 할 수 있기 때문에, 내부심사 시기는 이사회 일정과 조율이 필요하다.

22.3 | 내부심사원 선발

내부심사 계획 수립 후 내부심사원 선발로 내부심사 업무를 시작한다. 컴플라이언스 시스템 구축 시에 내부심사원을 선발하였으나 조직 변동이 있거나 인사이동이 있을 경우에는 내부심사원을 보충하여 선발한다. 내부심사원이 충족되어 있을 경우, 별도의 선발절차가 필요하지 않다.

내부심사원 선발 시 자격과 교육실적으로 적격성을 평가하여 선발한다. 선발한 이후 적격성 미달로 확인될 경우, 적격성을 보충하거나 다시 선발한다.

◆ 내부심사원 적격성 평가표의 예

내부심사원 적격성 평가표[183 184]

대상자: 홍길동　　　　　　평가자: 허균

평가일: 2025. 3. 1.　　　　평가종류: ☑ 최초평가 □ 재평가

평가결과: ☑ 적격 □ 부적격

가. 적격성 항목

1) 자격 및 경력의 조건, 다음 중 하나를 충족 - 변호사 자격 - 입사 후 1년 이상의 경력 - 유관 경력 2년 이상 - 부서 업무 관련 전공

2) 교육 이수 조건, 다음 교육을 모두 이수

- 회사 컴플라이언스 기본교육 2시간 이상 이수
- 회사 내부심사원 양성 교육 4시간 이상 이수

나. 충족여부 및 심사평

유관경력 2년 이상을 경력증명서 및 재직증명서를 통하여 확인하고, 컴플라이언

183 회사 정책에 따라서, 적격성 유지기간 또는 갱신평가 기한을 기재하여 관리할 수 있다.

184 필요 시 주관부서 직원, 컴플라이언스 담당자 등의 적격성 평가표를 유사한 형식으로 사용할 수 있다.

스 기본 교육 3시간 이수와 내부심사원 양성 교육 4시간이수를 수료증 및 교육보고서를 통하여 각 확인함.

☑ 내부심사원 적격성 기준 통과

◆ **적격성 충족을 위한 활동**

내부심사원 명부의 내부심사원이 적격성 기준을 통과하지 않는다면 적격성 기준을 통과하지 못한 내부심사원을 교체하거나 교육실적을 채워서 적격성 기준을 통과시켜야 한다.

◆ **내부심사원의 외부 지원**

내부심사는 회사 각 부서의 내부심사원을 통하여 수행하는 것이 원칙이지만, 회사 내부사정, 정책 또는 내부심사원의 숙련도 등의 원인으로 각 부서 내부심사원이 내부심사를 수행하기 어렵다고 판단될 경우, 주관부서 인력을 통하여 내부심사를 진행하거나 컨설팅 회사로부터 외부 지원을 받아 내부심사를 진행하는 것도 충분히 활용 가능한 내부심사 전략이다.

◆ **내부심사 팀장의 선발**

내부심사원 선발 시 내부심사 팀장도 함께 선발한다. 내부심사 팀장은 내부심사 시시작 및 종료회의를 주관하고, 내부심사 종료 시 내부심사 체크리스트를 취합하고, 내부심사 결과에 따른 부적합 또는 개선권고의 수준을 결정하여 내부심사 보고서를 작성하는 등의 업무를 수행한다.

내부심사 팀장은 컴플라이언스 시스템 구축 및 운영에 참가한 주관부서의 시니어 직원으로 지명하는 것이 타당하다.

22.4 | 내부심사원 교육

내부심사원을 선발하고 적격성을 확인한 이후 주관부서는 내부심사원을 대상으로 컴플라이언스 시스템 및 내부심사에 대한 교육을 진행한다. 내부심사원에게 컴플라이언스 시스템의 이해가 충분하다고 판단될 경우에는 컴플라이언스 시스템에 대한 교육을 생략하고 내부심사에 관한 교육만 수행할 수 있다.

컴플라이언스 시스템에 대한 교육은 컴플라이언스 시스템 일반과 회사의 컴플라이언스 시스템에 대한 교육을 내용으로 하고, 내부심사에 대한 교육은 내부심사 시 심사대상, 심사방법, 체크리스트 작성법, 심사보고서 작성법, 당해 내부심사에서 주의를 기울여 심사할 영역에 대한 사전 세션 형식의 교육이면 충분하다.

22.5 내부심사 수행

내부심사 개시 전 준법지원인은 내부심사 팀장을 선임하여, 구체적인 내부심사 계획을 세운다. 구체적인 내부심사 계획은 내부심사 대상부서, 내부심사 일시, 부서별 내부심사의 소요시간이다. 업무가 유사한 부서의 경우 내부심사를 통합하여 수행할 수도 있다.

내부심사 팀장은 내부심사 당일 내부심사원 회의를 소집하여 심사규격, 심사범위, 심사계획, 발견사항의 구분 및 후속조치에 관한 사항을 공지하고, 내부심사원으로부터 기밀준수 서약서를 징구한다.

내부심사원은 내부심사 체크리스트를 이용하여 내부심사를 수행한 이후 심사팀장에게 제출한다. 아래 내부심사 체크리스트를 살펴본다. 다만, 내부심사 체크리스트를 기본으로 하되, 인터뷰 흐름에 따라 심사 범위를 가감할 수 있다. 내부심사 체크리스트의 구체적인 예를 살펴본다.

내부심사 체크리스트 예시

근거[185]	점검 사항(Checklist)	방법[186]	결과[187]
4.1	컴플라이언스 시스템을 수립할 때, 회사의 대내·외 이슈를 충분히 고려하여 결정하였는가?		

185 근거조항으로서, 본 예에서는 ISO 37301:2021 규격의 근거조항을 기준으로 한다.

186 평가방법으로서, 서면조사, 인터뷰 등을 기재한다.

187 평가결과로서 적합, 중/경 부적합, 개선권고 등을 기재한다.

근거[185]	점검 사항(Checklist)	방법[186]	결과[187]
4.2	컴플라이언스 시스템과 관련된 이해관계자 및 이들의 요구사항을 적절히 파악하고 결정하였는가?		
4.4	고유리스크 평가를 위한 기준을 설정하였는가?		
4.5 /4.6	의무 및 리스크를 식별, 분석, 평가하여 우선순위를 결정하고, 관련 문서를 보유하고 있는가?		
4.3	회사의 컴플라이언스 시스템 적용 범위를 결정하고, 이를 문서화하였는가?		
5.2	컴플라이언스 방침을 수립하고 이를 문서화하였으며, 조직 내외에 적절한 언어로 전달하고 있는가?		
5.1	컴플라이언스 방침은 이사회의 승인을 받았는가?		
5.1 5.2	이사회는 회사의 컴플라이언스 시스템 내용과 운영에 대해 정기적인 보고를 받고 이를 검토하고 있는가?		
4.3 7.4	대표이사는 컴플라이언스 시스템 준수 중요성을 조직 내에 효과적으로 전파하였는가?		
5.3	회사의 컴플라이언스 시스템 관련 인원에 대한 책임과 권한이 명확히 정의되어 있는가?		
5.3	준법지원인 및 담당자는 적격성 기준을 충족하였는가?		
5.3	준법지원인은 충분한 자원을 보유하고 있는가?		
6.2	회사의 컴플라이언스 시스템 목표가 설정되고, 목표 달성을 위한 세부 계획이 수립되어 있는가?		
7.1	컴플라이언스 시스템의 수립, 시행, 유지 및 개선에 필요한 자원을 결정하고 이를 적절히 제공하고 있는가?		
7.2.1 7.3	내부심사원의 필수 역량을 결정하고, 이들에게 적절한 교육과 훈련을 제공하고 있는가?		
7.2. 2.1	채용 시 컴플라이언스 방침과 컴플라이언스 시스템 준수를 요구하며, 미준수 시 해당 인원에 대한 징계를 실시하고 있는가?		
7.2. 2.1	회사는 인원 채용 후 적정시일 내에 컴플라이언스 방침에 대한 접근 권한을 제공하고, 관련 교육을 실시하고 있는가?		
7.2. 2.2	"중간" 이상의 최종 잔여리스크에 노출되는 모든 임직원에게 적절한 관리(실사 등)를 수행하고 있는가?		

근거[185]	점검 사항(Checklist)	방법[186]	결과[187]
7.3	컴플라이언스 시스템에 대한 교육 계획을 수립하고 교육을 실시하고 있으며, 이와 관련된 문서를 보유하고 있는가?		
7.4	컴플라이언스 시스템 관련 내외부 의사소통 대상, 내용, 시기 및 방법을 결정하고, 이를 효과적으로 수행하고 있는가?		
7.5.2	컴플라이언스 시스템 관련 문서나 기록에 대한 작성, 배포, 발행, 검토 및 승인 절차가 수립되어 있는가?		
8	회사는 "중간" 이상의 리스크를 야기하는 사업관계자에 대해 실사 및 윤리준법준수 서약서를 요구하고 있는가?		
8	회사는 의무 위반 행위에 대한 신고 절차를 수립하고, 이를 실질적으로 활용하도록 권장하고 있는가?		
8	준법제보가 접수되거나 리스크가 발생하였을 경우, 이를 조사하고 결과를 대표이사에게 보고하는가?		
9.1	회사는 컴플라이언스 시스템에 대한 모니터링 기준을 수립하고 이를 실제로 운영하고 있는가?		
9.2	회사는 컴플라이언스 시스템에 대한 내부심사 기준을 수립하고 이를 실제로 시행하고 있는가?		
9.2	준법지원인은 컴플라이언스 시스템이 효과적으로 시행되고 있는지에 대해 정기적으로 평가하는가?		
9.3.1	대표이사 및 이사회는 컴플라이언스 시스템의 적합성, 충분성, 효과성을 보장하기 위해 정기적으로 경영검토를 실시하는가?		
심사총평			

◆ 내부심사 중 심사팀장의 역할

심사팀장은 심사 기간 중 또는 심사 종료 후에 내부심사 시 발견된 사항에 관하여 그 부적격 정도, 사유, 부적격 인지 여부에 관하여 내부심사원 및 각 부서장과 협의하여 의사소통을 한다. 또한, 심사 도중에 발생한 이슈를 소통으로 해결하도록 노력한다.

심사팀장은 내부심사 기간 중 매일 내부심사 종료 후 내부심사원을 소집하여 해당일 내부심사의 진행과정, 이슈사항 등을 점검하고 내부심사원들에게 필요한 사항을 공유하거나 지시할 수 있다. 심사팀장은 내부심사 종료 후 체크리스트를 취합한다.

22.6 | 내부심사의 종료 절차

내부심사를 완료한 이후에는 내부심사 종료회의를 진행하고, 심사팀장은 각 내부심사원이 제출한 내부심사 체크리스트, 내부심사 종료회의 결과 등을 기준으로 하여 내부심사 보고서[188]를 작성하여 이를 준법지원인에게 보고한다.

주관부서는 내부심사 종료 후 부적합 및 시정 조치 보고서 양식에 부적합 또는 개선권고 등 시정 조치가 필요한 사항을 기재하여 개별부서 발송한다.

개별부서장은 부적합 및 시정 조치 보고서 양식에 시정 조치 계획을 기재하여 주관부서에게 회신하고. 준법지원인 또는 주관부서는 각 부서의 시정 조치 계획을 확인하여 적합 및 부적합 의견을 제시하고, 부적합일 경우에는 부적합 이유를 기재하여 각 부서에 다시 시정 조치 계획의 작성을 요구할 수 있다. 개별부서는 승인받은 시정 조치 계획에 따른 시정 조치를 시행한 이후에 시정 조치의 유효성에 관하여 주관부서의 평가를 받는다.

부적합 및 시정 조치 보고서에는 부적합 사항, 시정 조치 계획, 시정 조치 계획의 유효성 평가 결과, 시정 조치 결과의 효과성을 기재하여 보관한다.

내부심사의 과정 및 (시정 조치를 포함한) 결과는 추후 경영검토 보고서에 반영한다.

188 내부심사 결과는 컴플라이언스 시스템의 유효성으로 정리하여, 모니터링 항목 중 컴플라이언스 시스템 유효성을 구성한다.

23 모니터링

23.1 | 모니터링 일반

주관부서와 개별부서는 컴플라이언스 시스템에 따른 모든 활동 및 활동의 결과에 대하여 모니터링을 실시한다. 컴플라이언스 시스템을 구축하여 운영을 개시할 경우 본장에서 제시한 모니터링 방법으로 모니터링에 적응하고, 이후 각자의 방법으로 모니터링 대상을 확장하고, 다양한 모니터링 기법을 활용하고 더 많은 데이터와 더 깊은 분석 결과를 도출하여 각자의 컴플라이언스 시스템을 개선할 수 있을 것이다.

모니터링 프로세스를 통하여 모니터링의 대상과 대략적인 절차를 설정한 이후 모니터링 계획을 수립하고, 모니터링을 시행한다. 모니터링 결과를 반영하여 컴플라이언스 시스템을 개선하는 것으로 모니터링 사이클을 완성한다. 모니터링의 구체적인 수행은 모니터링 관련 양식을 활용한다.

23.2 | 모니터링 대상

주관부서의 모니터링 대상은 전사적 컴플라이언스 시스템 운영에 관한 사항이다. 주관부서는 개별부서의 컴플라이언스 목표 달성 여부, 통제수단의 실시 및 유효성에 관한 모니터링에 관하여는 직접 실시하지 않고, 개별부서가 수행한 모니터링 결과에 관한 문서를 검토하는 방법으로 모니터링한다.

◆ **주관부서의 모니터링 대상**

준법교육의 효과성, 부서별/전사적 컴플라이언스 목표 달성 여부 및 정도[189], 컴플라이언스 시스템의 유효성, 통제수단의 실시 및 유효성, 시정 조치의 유효성

◆ **개별 부서의 모니터링 대상**

컴플라이언스 목표 달성 여부 및 정도, 통제수단의 실시 여부 및 실시 정도, 통제수단의 유효성

23.3 | 모니터링 계획의 수립

매년 초 모니터링 계획을 수립하여 컴플라이언스 시스템 활동의 평가 범위, 시기, 절차를 결정한다. 아래 모니터링 계획의 예시를 살펴본다.

◆ **모니터링 계획의 예시**

2025년 모니터링 계획

작성일자: 2025. xx. xx.

1. 목적[190]

본 계획은 '컴플라이언스 프로세스' 제 ~조[191]에 따라 2025년 모니터링에 관한 세부사항을 정하는 것을 목적으로 한다.

다만, 본 모니터링 계획 수립 시 2025년도 적용할 리스크 식별표가 완성되지 않았으므로, 주관부서는 2025년 X월 이후 목표, 리스크 식별표 등을 수립한 이후 본 모니

189 준법목표 모니터링은 프로세스 및 계획으로 설명이 되므로, 본편에서 별도의 설명을 생략한다. 같은 이유로 컴플라이언스 시스템의 유효성에 대한 설명도 생략한다.

190 경우에 따라서, 회사는 계획의 목적을 기재할 수 있다.

191 모니터링 계획의 근거 규정을 기재할 경우, 업무 수행 시 관련 규정을 참조하는데 용이하다. 회사의 규정 체계에 따라 준법통제기준, 모니터링 지침 등을 근거로 삼을 수 있다.

터링 계획을 재검토할 수 있다.[192]

2. 모니터링 실시 부서

주관부서 및 개별부서

3. 모니터링 실시 시기

가. 주관부서: 각 컴플라이언스 활동이 요구하는 시기에 모니터링을 시행. 다만, 각 활동에 별도의 모니터링 시기가 규정되어 있지 않은 경우 2025년 4분기에 모니터링을 시행한다.

나. 개별부서: 주관부서와 동일하게 하되, 별도의 사유가 있을 경우, 별도 시기에 시행한다.

4. 모니터링 대상

가. 주관부서

1) 준법 교육의 효과성

2) 전사적/부서별 컴플라이언스 목표 달성 여부 및 정도

3) 리스크 별 통제수단의 실시 여부 및 유효성

4) 컴플라이언스 시스템의 유효성

5) 시정 조치의 유효성

나. 개별부서

1) 부서별 컴플라이언스 목표 달성 여부 및 정도

2) 부서별 리스크 통제수단의 유효성

3) 부서별 리스크 통제수단의 실시 여부 및 실시 정도

5. 모니터링 절차

가. 모니터링 실시

나. 모니터링 결과 분석 및 '모니터링 평가 결과표' 작성

다. 부적합 도출 시 시정 조치 계획 및 시정 조치 실시

라. 모니터링 결과 평가

6. 모니터링 방법

가. 주관부서

1) 준법교육의 효과성은 준법교육 평가시험 결과 및 교육기관의 교육보고서

---

192 모니터링 계획을 세울 당시 모니터링 계획에 영향을 미칠 수 있는 사항이 완성되지 않았을 경우, 모니터링 계획의 재검토 계획도 미리 마련할 수 있다.

를 검토하는 방법으로 모니터링 한다.

2) 전사적 컴플라이언스 목표 및 부서별 컴플라이언스 목표를 모니터링한다.
컴플라이언스 목표 및 컴플라이언스 목표에 대한 추진활동에 대하여 모니터링 양식 기재에 따라 달성횟수, 달성도 등을 측정하고, 이에 대하여 달성도의 의미, 개선방향 등을 평가한다.
개별부서의 컴플라이언스 목표는 개별부서의 컴플라이언스 목표 모니터링 결과를 취합하여 2차 평가하는 방법으로 모니터링한다.

3) 통제수단의 유효성은 개별부서의 리스크 통제수단 평가 결과를 취합하여 2차 평가의 방법으로 모니터링한다.

4) 컴플라이언스 시스템의 유효성은 내부심사 결과를 바탕으로 개별부서 단위로 평가하고, 아래와 같이 등급(S ~ C)을 부여한다.
S: 컴플라이언스 시스템이 계획에 충실하게 운영되고, 회사의 준법경영을 위하여 실제적으로 작동하는 경우
A: 컴플라이언스 시스템이 계획대로 운영되었거나 회사의 준법경영을 위하여 다소 우수하게 작동하는 경우
B: 컴플라이언스 시스템이 계획과 다르게 운영되었거나 회사의 준법경영을 위하여 다소 미흡하게 작동하는 경우
C: 컴플라이언스 시스템이 비효율적으로 운영되거나 회사의 준법경영이 이루어지지 아니하는 경우

5) 시정 조치의 유효성[193]은 시정 조치 결과에 따른 개선여부에 대하여 아래와 같이 등급을 부여한다.
S: 시정 조치가 계획에 충실하게 실시되고 부적합 사항을 매우 우수하고 실제적으로 개선한 경우
A: 시정 조치가 계획대로 실시되었거나 부적합 사항을 우수하게 개선한 경우
B: 시정 조치가 계획대로 실시되지 아니하였거나 부적합 사항을 미흡하게 개선한 경우
C: 시정 조치가 계획과 무관하게 실시되거나 부적합 사항을 개선하지 못한 경우

193 준법점검, 실사, 내부심사 등에 따른 시정 조치 결과에 대한 모니터링이다.

나. 개별부서

1) 개별부서의 컴플라이언스 목표 및 추진활동에 대하여 모니터링 양식 기재에 따라 달성횟수, 달성도 등을 측정하고, 이에 대하여 달성도의 의미, 개선방향 등을 평가한다.

2) 부서별 리스크 통제수단의 효과성은 부서별 모니터링 양식에 따라 적합도, 저감도를 평가하고, 유지여부, 평가사유 등을 기재한다.

7. 시정 조치

가. 시정 조치 대상[194]

1) 평가 결과 시정 조치가 필요하다고 판단되는 경우

2) 평가 등급이 B 이하인 경우

나. 시정 조치 절차

1) 개별부서는 부적합 및 시정 조치 보고서 양식에 따라 시정 조치 대상, 시정 조치 예정일, 시정 조치 내용 등을 기재하여 주관부서에 시정 조치 계획에 대한 유효성 평가를 받고, 주관부서는 이에 대한 평가를 한다.

2) 주관부서는 시정 조치 계획을 수립하고, 별도의 시정 조치 계획에 대한 유효성 평가를 하지 않는다.

3) 시정 조치 실시

주관부서와 개별부서는 시정 조치 계획에 따라 시정 조치를 실시한다.

8. 모니터링 결과 평가

가. 모니터링 시행 후 3개월 이내, 다만, 시정 조치의 실시가 3개월 이내에 완성되지 않을 경우, 3개월 이후에 별도로 실시한다.

나. 모니터링 결과 평가 대상

1) 모니터링 대상에 누락이 없었는지 여부

2) 모니터링 실시 시기에 지연이 없었는지 여부

3) 모니터링 평가가 객관적이고 공정하게 이루어졌는지 여부

4) 모니터링 평가 항목에 누락이 없었는지 여부

5) 개별부서의 시정 조치의 시행여부 및 시정 조치의 유효성

다. 모니터링 결과는 다음 각호와 같이 평가한다.

---

194 통제수단의 유효성, 컴플라이언스 목표에 대한 모니터링 결과에 대하여는 시정 조치 대상에서 제외하고, 차년도 컴플라이언스 시스템 개선 과업에서 시행할 수도 있다.

S: 모니터링 결과 평가 대상이 탁월하거나 매우 우수한 경우
A: 모니터링 결과 평가 대상이 우수한 경우
B: 모니터링 결과 평가 대상이 평범한 경우
C: 모니터링 결과 평가 대상이 미흡하거나 개선이 필요한 경우

23.4 준법교육 모니터링

주관부서의 모니터링 대상 중 준법교육의 유효성은 준법 교육의 참석률, 준법 교육에 따른 테스트 결과를 기준으로 평가한다. 준법교육 모니터링의 평가 근거는 대부분 교육기관이 제공하는 자료이므로, 주관부서는 교육기관이 제공하는 자료를 근거로 평가한다.

23.5 통제수단 실시 모니터링

통제수단 실시에 관한 모니터링은 개별부서가 실시하고, 주관부서는 개별부서의 모니터링 문서를 종합하여 2차 평가를 수행한다. 통제수단 실시 여부에 대한 모니터링은 실시 여부, 실시 정도를 확인한 후, 적합, 부적합, 개선의 기회 제공으로 분류하여 평가한다.

통제수단의 실시 정도는 통제수단을 실시한 횟수를 세어서 계산한다. 일부 통제수단은 실시 횟수를 세어서 계산할 수 있으나, 일부 통제수단의 경우에는 실시 횟수를 계산하기 굉장히 어려운 경우도 있다.

예를 들어, 컴플라이언스 교육 같은 통제수단은 실시 횟수를 세어서 계산할 수 있으나, 프로세스 수립 및 실행과 같은 통제수단은 실시 횟수를 세는 것이 어렵다. 또한, 컴플라이언스 교육과 같은 통제수단도 실시횟수보다는 참여율이 중요할 수 있다. 이 경우 통제수단 실시를 모니터링하면서 실시 정도에 지표를 섞어서 모니터링한다. 예를 들어, 프로세스 수립 및 실행은 그 실시 정도에 관하여 '적절한 수준의 프로세스를

수립하였는지 여부', '당해 프로세스를 문서화하였는지 여부', '개별부서 구성원에게 배포하였는지 여부', '당해 프로세스의 준수를 해당 부서의 장이 부서의 직원들에게 요구하였는지 여부', '실제 당해 부서의 직원들이 해당 프로세스를 준수하였는지 여부' 및 '준수를 하였다면 어느 정도 수준에서 준수하였는지 여부'를 개별적으로 판단한 뒤에 종합하여 실시 정도에 대한 평가한다.

위와 같이 통제수단에 따라 실시 정도에 관한 모니터링이 객관적인 지표를 통하여 실행될 수 있어 모니터링이 간편한 경우도 있으나, 장기간 관찰 또는 주관적인 평가에 의존할 수밖에 없는 경우도 있다. 객관적 지표에 의한 평가가 가장 바람직하나 객관적 평가 지표를 발굴하기 어려울 경우에는 억지스러운 객관적 지표를 지양하고 적절한 주관적 평가기준을 마련하여 평가하는 것이 타당하다.

통제수단의 실시 정도에 대한 평가를 마쳤을 경우, 통제수단 실시 여부를 아래와 같은 표에 정리하여 마무리한다.

통제수단	실시 여부	실시 정도	모니터링 결과			비고
			적합	부적합	개선의 기회	

모니터링 후 실시 여부 및 실시 정도에 따라 적합, 부적합, 개선의 기회로 구분한다. 통제수단을 적절하게 실시하였을 경우에는 적합으로, 통제수단을 실시하지 않았거나 통제수단 활용이 부족할 경우에는 부적합으로 분류한다. 개선의 기회는 적합의 영역으로 평가할 수는 있으나, 통제수단을 더욱 적절히 사용하여 개선의 여지가 있을 경우 선택한다.

통제수단 실시 정도에 대한 주관적 평가가 있을 경우, 또는 객관적 지표가 여러 개 있어 이에 대한 설명이 필요하거나 객관적 지표에 부가하여 별도의 설명이 필요할 경우, 비고란에 상세히 기재한다.

비고에 기재할 수 있는 기재례는 아래와 같다.

2025년 신입사원이 있어서 통제수단 중 교육의 실시 정도가 일부 낮음. 익년에 보충할 예정
부서원 중 해외 출장 인원이 있어서, 통제수단인 그룹웨어를 통한 내부결재를 사용하

지 않고, 이메일 사용, 해외 출장자 그룹웨어 사용 접근방법에 관한 전사적 고려가 필요함

23.6 | 통제수단 유효성 모니터링

통제수단의 유효성 모니터링 역시 개별부서가 1차 평가하고, 주관부서는 개별부서의 평가 결과를 기반으로 2차 평가한다.[195] 통제수단 유효성 모니터링은 통제수단의 적합도와 저감도를 평가하는 것이다. 통제수단을 한 사이클 시행한 이후에는 통제수단이 리스크 통제에 적합한 수단인지 여부와 저감도를 낮추는데 어느 정도 효과가 있는지 여부를 재평가하여 해당 통제수단을 계속 사용할 것인지 여부를 결정하는 것을 목적으로 한다.

개별부서가 통제수단의 적합도를 평가할 때에는 직전 통제수단 평가 시 고려하였던 사항을 함께 평가한다. 직전 평가 시와 비교하여 적합도가 올라갔다면 점수를 올리고, 적합도가 내려갔다면 점수를 내리는 식이다. 만약, 유의미한 변화가 없거나, 평가할 만한 충분한 데이터 또는 근거가 없다면 평가를 유보하기나 이진과 동일한 수준으로 평가한다.

통제수단 저감도의 경우, 통제수단 유효성 평가 시 사용한 저감도 측정방식을 사용할 수 있다. 모니터링 시행 당시와 과거를 합산하여 리스크 현실화 건수를 합산하여 저감도를 평가한다.

평가를 하면서는 평가를 한 근거를 '평가사유'란에 작성하고, 당해 통제수단을 계속하여 사용할 것인지 여부를 결정하여 '유지여부'란에 기재하여 통제수단에 대한 평가를 마무리한다.

위와 같은 통제수단 유효성 모니터링을 정리하면 아래 표와 같다.

195 주관부서는 개별부서의 1차 평가 결과를 신뢰할 수 없다고 판단될 경우, 별도의 1차 평가를 실시할 수 있다.

<table>
<tr><th rowspan="3">통제수단</th><th colspan="4">전기</th><th colspan="4">당기</th><th rowspan="3">유지여부</th><th rowspan="3">평가 사유 등</th></tr>
<tr><th rowspan="2">적합도</th><th rowspan="2">저감도</th><th colspan="2">유효성</th><th rowspan="2">적합도</th><th rowspan="2">저감도</th><th colspan="2">유효성</th></tr>
<tr><th>점수</th><th>퍼센트</th><th>점수</th><th>퍼센트</th></tr>
<tr><td></td><td></td><td></td><td></td><td></td><td></td><td></td><td></td><td></td><td></td><td></td></tr>
</table>

주관부서는 개별부서가 통제수단 유효성 모니터링을 완료하면, 개별부서의 모니터링 문서를 취합하여 유효성 모니터링이 적절한지 여부를 2차 평가하고, 그 결과를 개별부서에 피드백하여 통제수단 유효성 모니터링 절차를 종료한다.

23.7 | 시정 조치 모니터링

시정 조치 모니터링은 준법점검, 실사, 내부심사 과정에서 작성되는 부적합 및 시정 조치 보고서를 통하여, 주관부서 혹은 개별부서가 시행한 시정 조치가 유효한지 여부, 부적합 사항을 어느 정도 개선하였는지 여부를 평가한다.

23.8 | 대표이사 보고 및 경영검토 반영

모니터링의 결과는 대표이사에게 보고하고, 경영검토에 반영하여 이사회에 보고한다. 일부 시정 조치의 경우 연말/연초에 시행할 수 있으므로 시간적 한계가 있어 이사회 보고가 곤란할 수 있다. 내부심사와 같이 연말/연초에 실시하는 컴플라이언스 활동의 시정 조치에 대한 모니터링의 경우, 경영검토 시기 이후에 실시할 수도 있다. 이를 방지하기 위하여는 컴플라이언스 계획 시 내부심사와 경영검토 사이에 충분한 기간을 설정하는 것이 타당하다. 다만, 컴플라이언스 계획상 피할 수 없을 경우에는 시정 조치에 대한 모니터링 결과를 다음 경영검토 시에 보고하거나 경영검토와 별도의 문서로 이사회에 보고할 수 있다.

24 경영검토

24.1 | 경영검토에 포함할 사항

컴플라이언스 계획부터 내부심사까지 완료하였다면, 한 해 컴플라이언스 시스템 운영을 모두 마무리하였다. 컴플라이언스 시스템은 기본적으로 이사회가 감독하는 것이므로 한 해 컴플라이언스 운영 사항, 운영의 성과, 미비점, 개선사항 등을 이사회에 경영검토의 형식으로 보고한다.

준법통제기준, CP 관련 법령 규정, 컴플라이언스 및 반부패 경영 시스템 규격은 다음과 같은 사항을 경영검토에 포함시키거나 경영검토 시에 고려할 것을 요구하고 있다[196].

◆ 준법통제기준, CP 관련 법규, ISO 37301:2021, ISO 37001:2016 규격에 따라 경영검토에 포함할 사항

이전 경영 검토 결과에 따른 조치사항

컴플라이언스 시스템 관련 외부 및 내부의 이슈, 과제의 변화

컴플라이언스 시스템 관련 이해당사자의 요구사항과 기대의 변화

준법점검, 실사 및 내부심사에 따른 부적합, 적합 및 시정 조치 결과

컴플라이언스 시스템 운영에 관한 모니터링 및 측정 결과

196 규격에 따라 경영검토에 포함할 사항과 경영검토 시 고려할 사항이 중복될 수 있어, 고려할 사항 중 포함할 사항에 포섭되는 사항은 포함할 사항에 기재하고, 고려할 사항에서 삭제한다.

◆ **준법통제기준, CP 관련 법규, ISO 37301 :2021, ISO 37001:2016 규격에 따라 경영검토 작성시 고려할 사항**

준법지원인(규범준수 책임자)의 독립성
자원의 적절성
보고시스템의 효과성

24.2 경영검토 보고서의 작성

회사마다 이사회 보고 양식이 다를 수 있으나, 경영검토는 가급적 자세하게 기재하여 이사회가 회사의 컴플라이언스 시스템 운영에 관하여 상세히 보고받을 수 있도록 하는 것이 이사의 회사에 대한 책임을 경감하는데 도움이 된다.

◆ **경영검토 보고서의 예시**

경영검토 보고서

보고일시: 2025. 1. 20. 제1회 정기 이사회

1. 이전 경영검토 결과에 따른 조치사항

이전 경영검토 시 중대재해처벌법 시행에 따른 대응, 지방 각 공장에서의 컴플라이언스 시스템 운영, 구매 프로세스의 구축 및 투명한 운영이 요구되었음.

외부 ABC(가칭) 컨설팅 社의 컨설팅을 받아 안전팀 중심으로 안전보건관리체계를 구축하였고, 2024. 10.부터 실제 운영 중에 있음.

지방 각 공장별 컴플라이언스 운영 공장책임자를 선임하고, 주관부서가 각 공장 주무부서와 함께 리스크 및 통제수단을 설정하고 2024. 6.부터 컴플라이언스 시스템 운영을 개시하였고, 내부심사를 통해 실제 운영여부를 확인하였음.

설계, 자재구매, 제조, 공사 별로 입찰, 수의계약의 프로세스를 마련하였고, 구매 관련 협력사 관리, 공정관리 프로세스를 별도로 마련하였으며, 2024. 12. 위 관련 프로세스를 전산으로 구현하여 실제 운영 중에 있음.

2. 컴플라이언스 시스템에 관련된 내외부 이해관계자의 요구사항, 내외부 이슈 및 과제의 변화

가. 중대재해처벌법 사건의 보편화

이해관계자: 노동청, 검찰청, 법원, 건설관련 하수급인, 회사 내 안전 및 건설 관련 실무부서

이슈 및 과제의 변화: 중대재해처벌법 시행이 안정화되고 있고, 중대재해처벌법 위반 사건이 법원에 누적됨에 따라 회사가 안전보건관리체계를 어떠한 방식으로 운영해야 할지 여부가 구체화되고 있음. 이에 따라 당사 역시 구체적인 액션 플랜을 가지고 안전보건관리체계를 운영할 필요가 있음.

나. 관세 변동성 및 리스크 확대

이해관계자: 외국 정부, 고객사, 수급사업자

이슈 및 과제의 변화: 미국발 관세 정책의 불확실성이 증가하고 있음. 이에 따라, 영업 및 구매 관련 계약서에 운송관련 조건, 관세부담 또는 관세 변동을 부담해야할 주체에 관한 검토 및 반영 필요함.

다. 미국법인 업무증가에 따른 컴플라이언스 시스템 포섭 필요성 증대

이해관계자: 미국 정부, 회사 미국 법인, 회사 미국법인 소속 근로자

이슈 및 과제의 변화: 회사의 대미 사업의 증가에 따라 회사 미국 법인에 대한 고객사, 수급사업자, 근로자와의 법률 관계에 미연방법, 해당 주법이 적용됨에 따라, 미국 법인을 컴플라이언스 시스템에 포섭하고, 미국 법무법인의 선임을 통한 법률관계 자문이 필요함.

3. 준법점검, 실사 및 내부심사 결과

가. 준법점검 결과

2024년 9월 하도급법 중 서면미교부 행위에 관한 정기준법점검을 수행하였고, 그 결과 2,500건의 하도급 계약 중 370건의 계약에 관하여, 하도급계약 기간 내에 하도급계약을 체결한 것을 확인함.

이는 하도급법에 따른 서면교부의무 위반으로서, 그 위반의 행태와 위반 건수가 중대하여 하도급법 준수에 대한 전사적인 재평가가 필요한 것으로 판단됨.

시정 조치로 하도급법 재교육과 관련 프로세스의 점검, 향후 위반 임직원에 대한 징계 규정 점검 및 대표이사의 메시지를 시정 조치로 설정하고, 2024

년 11월 이내에 모두 시행함.
시정 조치의 유효성 평가는 익년도 시행 예정.

나. 실사 결과

2024. 8월 회사의 수급사업자 중 최근 3년간 거래액이 10억 이상인 수급사업자 중 50%인 50개를 선정하여, 회사의 컴플라이언스 시스템 운영, 준법제보 시스템에 대하여 알고 있는지 여부를 조사하였고 이와 더불어 회사가 수급사업자에게 요구한 준법서약서를 회사의 시스템에 보관하고 있는지 여부를 실사함.
수급사업자 중 45개 업체는 회사 컴플라이언스 시스템과 준법제보 시스템에 대하여 인지하고 있고, 준법서약서는 50개 모두 확인함. 회사 컴플라이언스 시스템에 대한 인지의 미흡은 수급사업자 회사의 의사소통이 원인인 것으로 확인함. 수급사업자 회사에 당사 컴플라이언스 시스템에 대한 의사소통을 요청하는 것을 시정 조치 수행함.
시정 조치의 유효성 평가 결과 적합으로 평가되어 시정 조치 절차 종료함.

다. 내부심사 결과

2025. 1. 회사의 전체 팀 30개 중 20개 팀에 대한 내부심사를 수행함. 내부심사 항목은 컴플라이언스 시스템을 준법통제기준 및 ISO 37301:2021 규격에 따라 구축하고 운영하는지 여부, 리스크 식별표를 부서의 업무에 맞게 작성하고 통제수단을 시행하는지 여부임.
심사결과 1개 팀에 대하여 통제수단 미실시의 경부적합이 발견되었고, 나머지 팀은 모두 적합 판정을 받음.
경부적합 사항의 원인은 담당자의 업무 과다를 원인으로 한 실수로 파악이 되었음. 이에 컴플라이언스 담당자에 대한 업무분장 조정과 통제수단 실시를 계획으로 세우고, 이를 시행하였음. 시정 조치에 유효성이 있는 것으로 평가되어 시정 조치 절차 종료함.

4. 모니터링 결과

가. 컴플라이언스 교육 모니터링

기본교육, 개인정보보호 교육, 직장내 성희롱 및 괴롭힘 방지 교육, 공정거래법 교육 시행. 전과목 출석률 100%, 시험점수 100점 만점에 전체 평균 85점. 컴플라이언스 교육 수준은 S로 평가

나. 컴플라이언스 목표 모니터링

전사적 컴플라이언스 목표 중 하도급법 위반 적발건수 0건, 중대재해처벌법 및 산업안전보건법 위반 적발건수 0건, 신규 리스크 발굴 20건, 통제수단 이행률 95% 전사적 컴플라이언스 목표 달성 S로 평가

개별부서 컴플라이언스는 개별부서 주요 리스크 발생 건수 또는 발생빈도의 감소, 준법교육의 이수율, 신규리스크 발굴 등이고, 모든 부서가 컴플라이언스 목표를 달성함

다. 리스크별 통제수단의 실시 및 유효성

2025. 1. 전체 30개팀이 사용하는 100개 통제수단에 대하여 조사한 결과, 통제수단의 실시 여부에 대하여는 모든 통제수단에 대하여 적합 판정을 받음.

100개 통제수단의 효과성에 관하여 평가한 결과, 90개의 통제수단은 유효성 평가를 통과하였으나, 나머지 10개의 통제수단은 유효성이 부족함. 이에 이 중 5개의 통제수단은 다른 통제수단으로 변경하고, 나머지 5개의 통제수단은 추가적인 통제수단을 설정하여 고유리스크를 관리하기로 결정하여 시정 조치 종료함

라. 컴플라이언스 시스템의 유효성

컴플라이언스 시스템의 유효성은 내부심사 결과로 대체함.

마. 시정 조치의 유효성

개별 모니터링 안건에 대한 시정 조치 기재로 대체함.

바. 준법지원인의 독립성

준법지원인은 대표이사가 선임하고 이사회가 승인하며, 대표이사 직속의 임원급 지위를 가지고 있음. 준법지원인은 대표이사를 제외한 임직원에게 보고하지 않고, 준법통제기준이 요구하는 대표이사 보고 사항을 제외한 나머지 사항은 독립적인 권한으로 결정하고 시행함. 이에 준법지원인이 독립적으로 컴플라이언스 업무를 수행한다고 판단됨.

5. 컴플라이언스 자원의 적절성

컴플라이언스 예산은 회사 전체의 예산 수립 체계에 의하여 배정되고, 별도의 예산 통제는 없어 준법지원인이 자율적으로 예산을 수립하여 사업을 시행함. 예산의 규모는 회사의 규모에 비하여 적절한 수준으로 수립됨.

컴플라이언스 주관부서는 준법지원인을 제외하고, 직원 6명으로 구성되어 있어,

30개 팀에 해당하는 컴플라이언스 업무를 수행하는데 적절함.

개별부서는 개별부서 당 각 1명의 컴플라이언스 담당자를 배정하고 있으며, 컴플라이언스 담당자의 업무 수준이 향상되어 다음 회계연도부터는 개별부서 담당자가 내부심사원으로 활동할 계획임.

6. 보고시스템의 효과성

2024년 동안 총 2건의 준법제보 접수. 준법지원인은 각 준법제보를 접수하여, 대표이사에게 보고함.

준법제보의 내용은 당사의 하수급인과 재하수급인 간 계약대금에 관한 분쟁, 당사의 하수급인의 당사에 대한 기술사양에 대한 불만임.

준법지원인은 당해 준법제보가 준법제보 대상에 해당하지 않는다고 판단하여, 대표이사에게 보고하고 종결처리함.

7. 기타

본 경영검토 보고서 각 기재 내용에 따른 세부 사항은 별첨 준법점검 결과보고서 등 참조

24.3 | 개선 및 경영검토 계획의 수립

경영검토 역시 컴플라이언스 활동에 해당하므로, 경영검토에 대한 계획이 필요하다. 경영검토는 개선사항과 긴밀히 연관되어 있기 때문에 경영검토 계획은 개선계획과 함께 세우는 것이 타당하다. 예를 들어, 2025년도 2월에 이사회가 2024 년 컴플라이언스 시스템 운영실적에 관한 경영검토를 하였다면 이사회의 경영검토 결과를 바탕으로 2025년도 3월에는 2025년도 컴플라이언스 시스템 개선계획을 세워 2025년도 컴플라이언스 시스템 운영을 준비해야 한다. 이때 2026년도에 실시할 경영검토 계획을 함께 수립하는 여러모로 효율적이다.

따라서, 컴플라이언스 시스템 구축 첫해에는 개선에 대한 계획없이 경영검토 계획을 수립하면 족하고, 컴플라이언스 시스템 운영 2년차부터는 경영검토 계획 수립 시 경영검토에 따른 개선사항의 이행계획을 함께 세운다.

◆ 경영검토 계획의 예시

2025년 개선 및 경영검토 계획

계획일자 : 2025. 03. XX.

1. 2025년 준법성과 개선 계획

가. 2024년 경영검토 내 개선 사항

1) 리스크 식별표상 리스크가 당사가 실제 부담하는 리스크와 거리감이 있으므로, 당사가 실제 부담하는 리스크로 개선 필요

2) 2024년도에 준법점검을 수행하지 않은 점 지적, 2025년도에는 정기점검과 수시점검 시행 필요

3) 모니터링 프로세스가 체계적이지 않고, 복잡한 실무상 적용이 어려우므로, 관련 프로세스 개선이 필요

4) 2024년 모니터링을 2024년 9월에 수행하여, 컴플라이언스 목표 달성 등에 대한 모니터링이 이루어지지 않았고, 한 해 컴플라이언스 실적에 대한 전반적인 모니터링이 이루어지지 않음. 이에 따른 모니터링 실시 시기에 대한 재검토 필요

5) 개정 상법 및 공정거래위원회 소관 법령에 따른 리스크 식별 등 보완 필요

나. 2025년 개선 계획

1) 리스크 식별표 작성 프로세스 및 리스크 식별표 등 문서 개선

시행시기 : 2025년 4월

법령 중심으로 식별한 리스크를 실제 업무상황에 맞는 리스크로 식별 및 평가

리스크 식별 시 리스크의 발생 원인 및 발생 상황 등에 관하여 구체적으로 식별

주관부서 제공 통제수단 선택방식을 개별부서 서술형 통제방식으로 변경

2) 준법점검 시행

시행시기 : 2025년도 준법점검 계획에 따라 시행

정기, 수시 준법점검 시행하여 컴플라이언스 의무 위반이 있는지 여부 조사 및 조치

3) 모니터링 관련 프로세스 및 문서 개선

시행시기 : 2025년 4월

모니터링 대상 및 시기 관련 프로세스 정리

모니터링 중 준법교육, 시정 조치 제외 관련 문서 통합 배포

4) 모니터링 시기 조절

회계연도 끝까지 컴플라이언스 시스템을 운영한 이후 연말 또는 익년도에 모니터링 실시

5) 상법 및 공정위 소관 법령 반영

시행시기 : 2025년 4월 ~ 5월

주관부서가 상법 및 공정위 소관 법령 개정사항 확인 후 회사의 의무 및 리스크 식별 예시(안) 작성하여 개별부서 배포. 2025년 5월 리스크 식별표 개정

연중 법령 개정 시 주요 리스크 식별하여 리스크 식별표 반영 방법으로 리스크 식별 프로세스 개선

2. 2025년 경영검토 계획

2025년도 컴플라이언스 시스템에 대한 경영검토는 2025년 컴플라이언스 시스템 운영을 마친 이후인, 2026년 상반기에 내부심사 종결 후 정기 이사회를 통하여 시행함

25 리스크 식별표 업데이트

25.1 리스크 식별표에 따른 통제수단의 운용

컴플라이언스 시스템 운영을 개시한 이후 개별부서는 리스크 식별표에 기재된 통제수단을 시행하여 리스크를 통제한다. 주관부서는 통제수단을 직접 시행할 수 없으므로[197], 개별부서가 통제수단을 적절히 운영하고 있는지 여부를 주기적으로 확인한다.

25.2 의무등록부 및 리스크 식별표 업데이트

컴플라이언스 시스템을 처음 구축한 해에는 의무등록부와 리스크 식별표를 업데이트 할 필요가 없고, 구축한 이후에 다음해가 되면 통제수단 모니터링 결과에 따라 의무등록부와 리스크 식별표를 업데이트한다.

◆ **의무와 리스크의 업데이트**

의무와 리스크의 업데이트는 아래와 같은 프로세스를 따라, 주관부서와 개별부서가 협업하여 시행한다.

우선, 작년에 식별하지 못하였거나, 식별하였음에도 불구하고 회사의 컴플라이언

197 개별부서가 전사적 컴플라이언스 교육을 통제수단으로 설정한 경우와 같이 주관부서가 간접적으로 통제수단을 시행하는 케이스도 있다.

스 자원 현황, 컴플라이언스 수준에 따라 반영하지 않은 의무와 리스크를 식별하여, 의무등록부와 리스크 식별표를 업데이트한다.

다음으로 법률, 시장, 고객의 변화 등 회사의 환경과 이해관계자의 변화 등을 원인으로 새로이 발생한 의무와 리스크를 의무 등록부와 리스크 식별표에 업데이트한다.

기 식별한 리스크의 경우에도 시간의 경과, 컴플라이언스 시스템 운영에 따른 임직원 인식의 변화 등을 원인으로 리스크의 영향도가 변경될 수 있으므로 주기적으로 재평가하여 업데이트한다.

◆ 통제수단의 업데이트

통제수단 유효성 모니터링 후 그 결과에 따라 유효성이 낮은 통제수단을 교체하거나 통제수단을 추가한다.

회사는 통제수단 유효성 모니터링 이외에도 회사 컴플라이언스 자원의 보강, 기술발전 등을 원인으로 보다 신뢰도가 높은 통제수단을 발견하거나 개발할 경우, 당해 통제수단으로 교체하거나 추가한다.

통제수단의 유효성은 장기간 유효성 변경 추세를 확인할 필요가 있으므로, 통제수단의 유효성 모니터링에 따른 결과를 관련 문서에 유효성을 기록하여 관리한다.

26 ISO 인증심사

컴플라이언스 시스템을 구축하여 1~2년 운영하였다면, 회사의 컴플라이언스 시스템이 ISO 규격에도 부합하는지 여부를 확인하기 위하여 ISO 인증심사를 받아보는 것을 제안한다.

◆ ISO 인증심사의 효과

ISO 인증심사는 회사의 컴플라이언스 시스템의 상태를 외부의 기준으로 확인할 기회를 제공한다. 또한, ISO 인증심사는 회사의 컴플라이언스 시스템 운영을 외부에 효과적으로 홍보할 수 있는 수단이다.

◆ ISO 인증심사 범위

ISO 인증심사 신청 시 인증심사기관은 회사에 인증을 원하는 범위를 설정할 것을 요구하고, 회사는 인증심사 신청의 범위를 지정할 수 있다.

회사가 여러 개의 사업장, 사업분야 등을 가지고 있다면 사업장, 사업분야에 따라서 인증 범위를 구분하여 신청할 수 있다. 예를 들어, 국내와 해외에 법인 또는 사업장을 운영하는 회사가 국내에는 컴플라이언스 시스템을 운영하고 있으나, 해외 사업장에는 아직 컴플라이언스 시스템 구축하지 않았다면, 해외 사업장에 컴플라이언스 시스템을 구축할 때까지 국내 사업장을 한정하여 ISO 인증 심사를 받을 수 있다.[198]

198 ISO 인증서에는 ISO 인증심사의 범위가 기재된다.

◆ ISO 인증심사 기관의 선정

인증심사 기관은 개별 회사의 컴플라이언스 시스템을 평가하고 인증하는 기관이이다. 이와 별도로 인정기관이 있는데 인정기관은 인증심사 기관이 적절한 인증을 할 수 있는지 여부를 평가하는 기관이다.

한국의 인증기관 대부분은 한국인정지원센터(KAB)[199] 소속으로 활동하고 있고, 일부 인증기관은 미국 인정기관(ANAB), 국제 인정기관(IAS) 소속이다.

인증기관의 소속 인정기관에 따른 인증 서비스의 품질에는 차이가 있을 여지가 적으나, 인증기관의 소속 인정기관에 대한 인지도는 차이가 있을 수 있다. 특히, 해외의 경우에는 자국 인정기관 또는 국제 인정기관 소속의 인증기관의 인증을 중요시할 수도 있다. 따라서, 해외 영업을 주로 하는 회사가 영업 목적으로 ISO 인증이 필요할 경우, 인정 기관 인지도에 따른 인증기관 선택을 고려할 수 있다.

인증심사 시에 심사가 이루어지나 인증심사에 참여한 개별부서 담당자가 인증기간 동안 컴플라이언스 시스템에 대한 인증심사원의 의견, 견해, 지식을 간접적으로 습득하는 경우가 많다. 따라서, 인증기관 선택 시 인증업무의 업력, 인증심사원의 경력 등을 참조하고, 인증기관 선택 후에는 인증심사기관에 경력있는 인증심사원의 배정을 요구할 수 있다.

◆ ISO 인증심사 실무

ISO 인증기관을 선정한 경우, ISO 인증기관은 심사팀을 꾸리고 심사팀장을 선임하여 회사에 통지한다. 심사팀장 선임 후 회사는 심사팀장과 협의하여 심사대상 부서를 선정한다.

인증 심사는 서류심사(1차 심사)와 대면심사(2차 심사)로 구분된다. 서류심사 결과 부적합 또는 개선의 기회 결과가 나올 경우, 대면심사 시까지 부적합 사항을 개선하여 이를 심사팀장에게 발송하여 평가를 받는다. 통상 서류심사에 따른 부적격 사항에 대한 시정 조치 시행의 기간을 염두에 두어 서류심사 후 약 30일 이후에 대면심사를 시행한다.

---

199 KAB 홈페이지에서 KAB 소속의 인증기관의 목록과 당해 인증기관이 인증하는 ISO 규격을 확인할 수 있다.

대면심사는 심사팀장을 중심으로 개별부서에 대한 심사를 약 1시간 ~ 1시간 30분가량 소요하여 실시한다. 심사 전 사전회의, 심사 후 종료회의는 내부심사의 절차와 유사하다.

대면심사 중 시정 조치 사항이 도출될 경우, 회사는 대면심사 이후에 인증기관에 시정 조치 사항에 대한 회신을 하고, 시정 조치 사항이 없을 경우 그대로 인증심사 절차가 마무리된다.

인증심사 이후 보통 한 달의 기간이 경과하면 인증서가 회사에 도달한다. 인증서 수령 시 인증심사기관과 인증서 수여식 행사를 마련하고 관련 사진, 영상물을 내부 교육자료와 외부 홍보자료로 사용할 수 있다.

색인

저자 약력

주요약력

경북대 법학전문대학원 졸
고려대 정치외교학과 졸
제1회 변호사시험 합격
전 현대무벡스 주식회사 준법지원인, 법무팀장
BHI 주식회사 법무팀장
SPC 주식회사 법무팀
법무법인 위민 파트너 변호사
현 법무법인 연두 파트너 변호사

주요논저

교원지위법정주의를 기준으로 한 고등교육법 비판, 인권과 정의(2019)
침익적 처분의 근거가 되는 행정법규의 엄격한 해석·적용의 한계, 형평과 정의(2020)

변호사가 쓴 컴플라이언스 구축과 운영 실무

초판발행 2026년 1월 5일

지은이 신명근
펴낸이 안종만·안상준

편 집 이승현
기획/마케팅 김한유
표지디자인 Ben Story
제 작 고철민·김원표

펴낸곳 (주) 박영사
서울특별시 금천구 가산디지털2로 53, 210호(가산동, 한라시그마밸리)
등록 1959. 3. 11. 제300-1959-1호(倫)
전 화 02)733-6771
f a x 02)736-4818
e-mail pys@pybook.co.kr
homepage www.pybook.co.kr
ISBN 979-11-303-2492-0 93360

정 가 22,000원